Ostsibirische See
Karasee
Barentssee
RUSSLAND
2009 - 2010
Barnaul
Altai
Baikalsee
DEUTSCH-
LAND
mberg
ÖSTERREICH
UNGARN
RUMÄNIEN
SLOWENIEN
BULGARIEN
ITALIEN
KASACHSTAN
USBEKISTAN
Taschkent
Almaty
Naryn
KIRGISTAN
TURKMENISTAN
Aschgabat
Ulan-Bator
MONGOLEI
Peking
CHINA
Istanbul
TÜRKEI
GRIECHEN-
LAND
Mittelmeer
Teheran
IRAN
ISRAEL
Jerusalem
JORDANIEN
Kairo
ÄGYPTEN
Luxor
Abri
SUDAN
2014 - 2015
Harar
ÄTHIOPIEN
UGANDA
KENIA
Nairobi
TANSANIA
Sansibar
MALAWI
SAMBIA
ZIMBABWE
Windhoek
BOTSWANA
NAMIBIA
LESOTHO
SWASILAND
SÜDAFRIKA
Durban
Kapstadt
Arabisches
Meer
LAOS
Vientiane
THAILAND
Bangkok
KAMBODSCHA
Angkor
2011
Kuala
Lumpur
Medan
MALAYSIA
SINGAPUR
SUMATRA
n. USA
INDISCHER
OZEAN
N
W
O
S
0
1000
1500
2000 km

Sabine Hoppe | Thomas Rahn

Sechs Jahre Weltumrundung

SABINE HOPPE | THOMAS RAHN

SECHS JAHRE WELTUMRUNDUNG

Im Lkw-Oldtimer durch 54 Länder

Mit 39 farbigen Fotos und vier Karten

MALIK

Mehr über unsere Autoren und Bücher:
www.malik.de

Namen und Merkmale einiger Personen wurden geändert, sofern dies zum Schutz ihrer Persönlichkeitsrechte notwendig erschien. Dialoge und Erlebnisse wurden aus der Erinnerung wiedergegeben und können daher in Details von der Realität abweichen.

Die Autoren danken Dr. Ruth Sittl für die beratende Unterstützung.

ISBN 978-3-89029-496-4

Redaktion: Antje Steinhäuser, München
Fotos: Sabine Hoppe/Thomas Rahn
Karten: Marlise Kunkel, München
Satz: Uhl + Massopust GmbH, Aalen
Litho: Lorenz & Zeller, Inning am Ammersee
Druck und Bindung: GGP Media GmbH, Pößneck
Printed in Germany

Unseren Familien, die uns ziehen ließen
und deren gute Wünsche uns stets begleiteten

INHALT

TEIL 3
TRANSAFRIKA 279

PROLOG: IN DER FALLE

Sabine

Nichts zu sehen. Durch das Fenster spähe ich in die Dunkelheit. Habe ich mir das Klopfen nur eingebildet? Nein. Ich erkenne einen kleinen Mann, der vor unserem Fahrzeug steht. Thomas erhebt sich von der Sitzbank, schiebt den dicken Eisenriegel zur Seite, drückt den Hebel nach unten, und die Tür schwingt auf. Erst jetzt entdecke ich weitere Schatten. Thomas schaltet die Außenbeleuchtung ein und zuckt zurück. Wir blicken in die finsteren Gesichter von gut zwanzig Männern, die mit Gewehren, Macheten und Holzknüppeln bewaffnet vor dem Lkw stehen und uns genauso stumm anstarren wie wir sie.

Spät am Abend auf der Suche nach einem Nachtplatz hatten wir am Rande eines kleinen Dorfes im Norden von Laos geparkt. Alles schien ruhig und friedlich, als wir ankamen. Weit und breit war kein Mensch zu sehen. Aber jetzt, eine Stunde später, steht dieser Trupp vor uns, mit weit aufgerissenen Augen, die Waffen fest im Griff. Die Männer sind stämmig, manche Gesichter dunkel und faltig, einige von ihnen tragen Mützen. Soldaten sind es nicht, denn die würden keine Macheten in den Händen halten. Es war leichtsinnig, gleich die Tür zu öffnen. Was machen wir jetzt?

Mein erster Blick fällt auf den schmalen Durchgang, über den wir vom Wohnkoffer in die Fahrerkabine gelangen. Doch bei Nacht in diesem unwegsamen Gelände wäre ein Fluchtversuch mit unserem behäbigen Fahrzeug aussichtslos. Wir sitzen in der Falle.

TEIL 1
TRANSASIEN

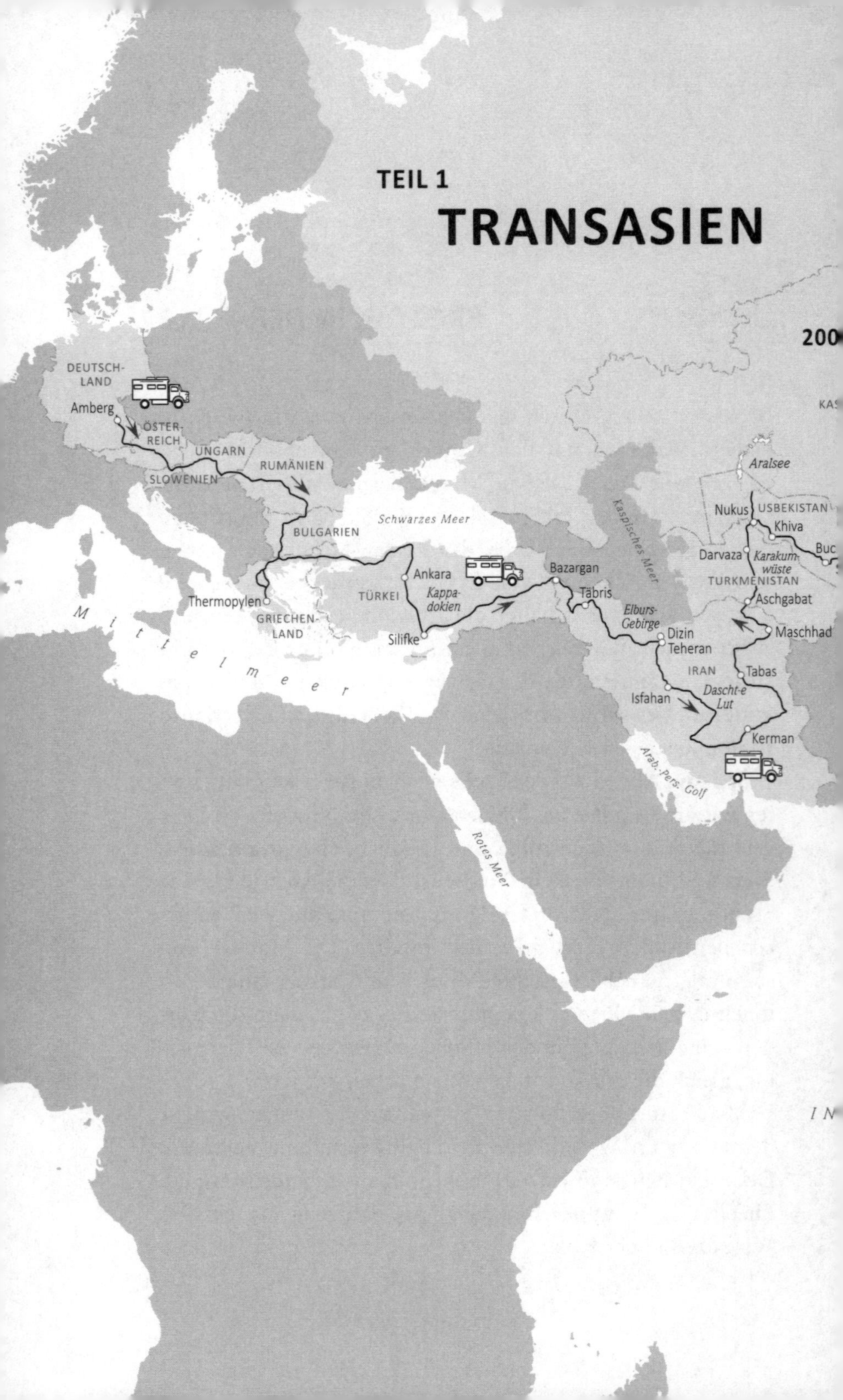

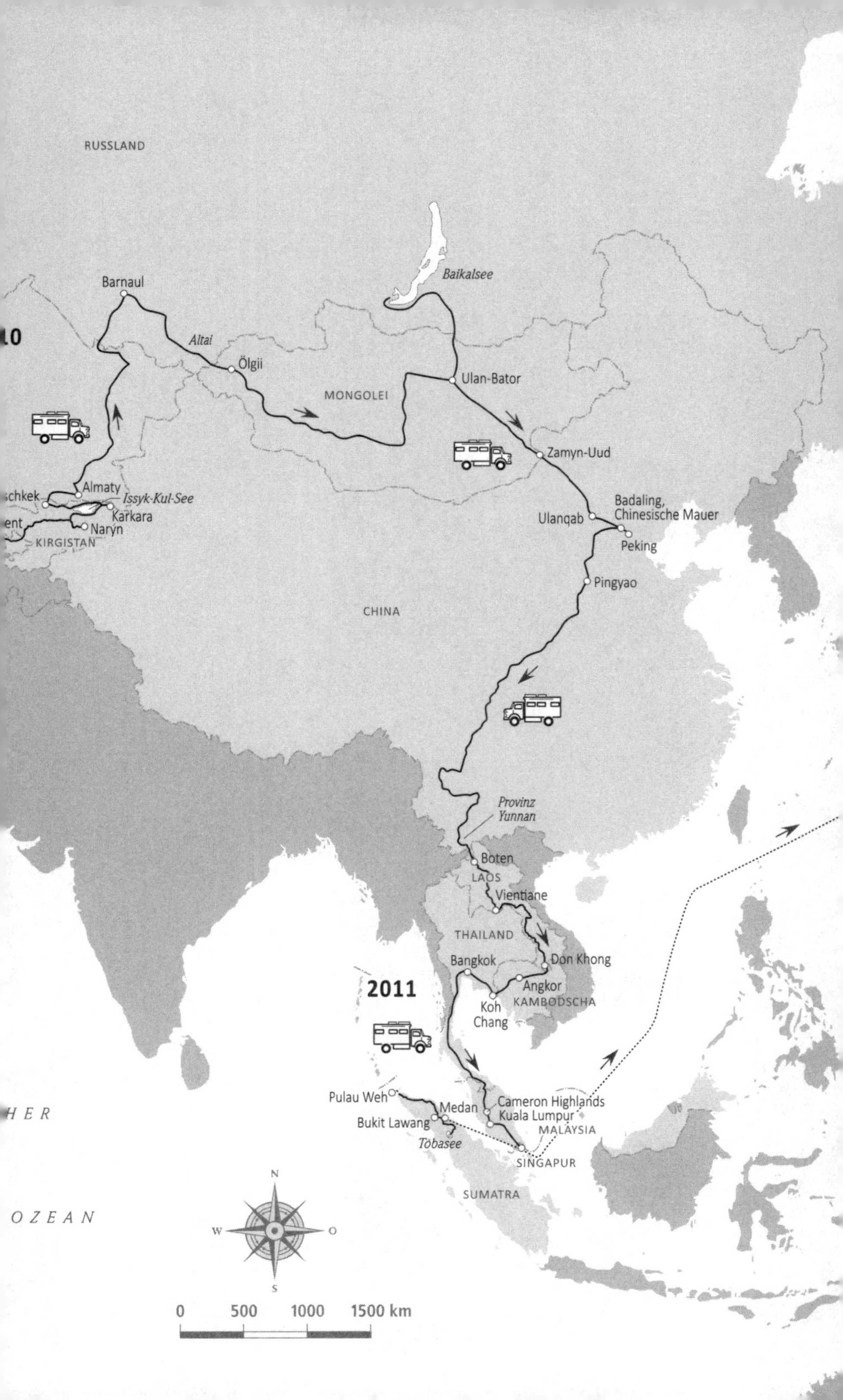

RUSSLAND
Barnaul
Altai
Ölgii
Baikalsee
Ulan-Bator
MONGOLEI
Zamyn-Uud
10
Almaty
schkek
Issyk-Kul-See
Karkara
ent
Naryn
KIRGISTAN
Badaling,
Chinesische Mauer
Ulanqab
Peking
Pingyao
CHINA
Provinz
Yunnan
Boten
LAOS
Vientiane
THAILAND
Bangkok
Don Khong
Angkor
2011
Koh
Chang
KAMBODSCHA
Pulau Weh
Medan
Bukit Lawang
Tobasee
Cameron Highlands
Kuala Lumpur
MALAYSIA
SINGAPUR
SUMATRA
HER
OZEAN
N
W
O
S
0
500
1000
1500 km

EINE IDEE NIMMT GESTALT AN

Sabine

»Was denkst du, wie lange dauert es, einmal um die Welt zu fahren?«

»Keine Ahnung. Lass es uns doch ausprobieren!«

Ich kenne Thomas, seit er mit vierzehn in meine Klasse kam. Beide besuchten wir das Gregor-Mendel-Gymnasium in Amberg in der Oberpfalz. Mit siebzehn wurden wir ein Paar, mit neunzehn schnürten wir zum ersten Mal unsere Rucksäcke, um auf eigene Faust Europa zu erkunden. Wir ließen den alltäglichen Luxus zurück, schliefen in Gemeinschaftssälen mit bis zu sechzig Leuten, kauerten auf Bahnhöfen und liefen uns die Füße wund. Doch da war es, das Gefühl von Freiheit und Abenteuer.

Jahr für Jahr wurden die Reisen länger, die Ziele ferner. Unsere Neugier auf die Welt und ihre Bewohner wuchs und mit ihr die Idee einer Langzeitreise.

2007 tauschten wir erstmals die Rucksäcke gegen einen kleinen Bus und erkundeten acht Wochen lang Neuseeland. Nicht mehr angewiesen auf öffentliche Verkehrsmittel und Unterkünfte hatten wir die herrlichsten Fleckchen Erde ganz für uns, konnten abseits ausgetretener Pfade die entlegensten Ecken entdecken und lernten das Gefühl von Freiheit noch einmal vollkommen neu kennen. Davon wollten wir mehr, das war uns klar.

Also nahmen wir eine Karte und überlegten, wie lange es dauern würde, einmal mit dem eigenen Fahrzeug um die

Welt zu fahren: Ein Jahr Europa und Asien, ein Jahr Nord-, Mittel- und Südamerika, ein Jahr Afrika. Drei Jahre – das klang unglaublich lang. Wollten wir das wirklich? Einen derart langen Zeitraum unterwegs zu sein, konnte sich weder Thomas noch ich mir vorstellen. Dennoch begannen wir mit der Planung.

Thomas studierte damals im sechsten Semester Forstwissenschaft in Freising bei München. Ich hatte gerade in Stuttgart mein Vordiplom in Freier Malerei absolviert. Die Uni abzubrechen kam für uns nicht infrage. Wir nahmen uns also vor, den Abschluss des Studiums anzugehen und in den etwa zwei Jahren bis dahin all die Dinge zu organisieren und zu planen, die vorab erledigt werden konnten.

Drei Jahre reisen, was würde das kosten? Wir kalkulierten Essen, Treibstoff, Verschiffungen, Visa, Gebühren und Eintrittsgelder und kamen auf 750 Euro pro Person und Monat. Für die gesamte Zeit bräuchten wir somit je 27000 Euro.

Thomas hatte bereits als Kind den Wunsch gehegt, eine Weltreise zu machen. Mit dieser Idee im Hinterkopf legte er das ihm zur Verfügung stehende Geld schon immer lieber zur Seite, als es auszugeben. Er lebte günstig in einer Wohngemeinschaft, arbeitete neben dem Studium an mehreren Lehrstühlen an der Uni, im Winter als Snowboardlehrer. Auch ich hatte bereits etwas Geld angespart. Ich verkaufte mein Auto, einige Ölgemälde, die ich in den letzten Jahren gemalt hatte, und arbeitete jede freie Minute in der Kaffeerösterei meiner Brüder. Ich kündigte meine Einzimmerwohnung in Stuttgart, zog für ein Semester in mein Atelier an der Kunstakademie und übernachtete auf einem Sofa zwischen Leinwänden, Paletten und Ölfarben.

Auf der Suche nach einem geeigneten Reisefahrzeug entdeckten wir im Internet die Anzeige für einen gebrauchten Lastwagen mit Wohnkabine und Allradantrieb, der früher beim Bundesgrenzschutz seinen Dienst getan hatte. Groß, laut, langsam, 7,5 Tonnen schwer und damals gerade dreißig

Jahre alt. Der Vorbesitzer hatte den ehemaligen Funkwagen bereits zum Wohnmobil ausgebaut und ihm einen Namen gegeben: Paula.

Paula hatte alles, was wir wollten: Eine Küchenzeile mit Gasherd, Spülbecken und Kühlschrank, eine Sitzecke für vier Personen, die zum Gästebett umgebaut werden konnte, und ein Doppelbett. Ein winziges Bad mit Toilette und Dusche, Solarzellen und Staukisten auf dem Dach und große Wasser- und Dieseltanks. Paula war perfekt. Fast. Thomas konnte nur unter der Dachluke aufrecht stehen, während ich mit meinen ein Meter 64 genügend Platz zum Umherspringen hatte.

Uns war schnell klar, das wird unser neues Heim. Nachdem Paulas Aufgabe über zwanzig Jahre darin bestanden hatte, Grenzen zu beschützen, sollte sie fortan das Gegenteil machen: Sie sollte uns helfen, Grenzen zu überschreiten. Wir bauten einen kleinen Holzofen ein, ergänzten eine Schiebetür, damit wir den Durchgang zwischen Fahrer- und Wohnkabine schließen konnten, gaben ihr einen neuen Anstrich, und dann war Paula startklar.

Auch die Reiseroute stand fest. Wir wollten in Richtung Osten aufbrechen, über die Türkei nach Iran einreisen, Turkmenistan durchqueren und entlang der Seidenstraße durch Usbekistan bis Kasachstan fahren. Nach zwölf Monaten würden wir Wladiwostok am äußersten Ende Russlands erreichen und dort Paula auf ein Schiff setzen, das sie über den Pazifik nach Kanada bringt. Nach einem Jahr entlang der Panamericana bis Argentinien sollte eine weitere Passage über den Atlantischen Ozean folgen. In Südafrika angelandet, würden wir dann über Land zurück nach Europa fahren. Es konnte losgehen!

28. November 2009, heute ist der Tag der Abreise. Seit Wochen verdränge ich den Gedanken an den Moment des Abschieds. Jetzt ist er gekommen. Bringen wir ihn hinter uns. Eine letzte Umarmung, dann steigen wir ein. 2009

Es fällt mir schwer, meine Gefühle zu ordnen. Da ist die Traurigkeit, meinen Eltern, Großeltern und Brüdern auf unbestimmte Zeit Lebewohl zu sagen. Da ist die Unsicherheit und die Angst vor dem, was in der Fremde auf uns wartet. Aber gleichzeitig spüre ich auch die riesige Vorfreude auf ein freies, selbstbestimmtes Leben und die unbändige Neugierde auf fremde Kulturen und ferne Länder.

Während wir beide, jeder für sich, unseren ganz eigenen Gedanken nachhängen, fahren wir unserem neuen Leben entgegen: Einem Leben voller Unbekanntem, Spannung und Abenteuer.

KILOMETER 2718
ALLES ANDERS ALS GEDACHT

Sabine

Ich will nach Hause, denke ich, sage es aber nicht. Seit drei Wochen sind wir unterwegs, und der Reisealltag sieht ganz anders aus, als ich ihn mir vorgestellt hatte. Dabei hätte ich es ahnen müssen. Schon die erste Probefahrt im vergangenen Frühjahr war ein Desaster. Auf dem Weg nach Slowenien platzte bei Paula eine verrostete Bremsleitung. Nicht irgendwo, sondern ganz oben am Wurzenpass in Österreich bei achtzehn Prozent Gefälle. Ein Spezialabschleppwagen konnte Paula bis zur nächsten Werkstatt bringen. Vier Stunden am Haken, zwei Tage Reparatur. Die komplette Reisekasse für die zweiwöchige Probefahrt war innerhalb von drei Tagen aufgebraucht. Großartige Vorzeichen für unser Vorhaben, mit dieser alten Kiste um die Welt zu fahren.

Warum habe ich zu dem Zeitpunkt nicht schon erkannt, dass unsere Vorstellungen von einer Langzeitreise mit einem Oldtimer, der älter ist als wir, absolut naiv sind?

Immerhin verbreitet nun der neu eingebaute Holzofen wohlige Wärme in der Wohnkabine. Doch statt zahlreicher interessanter Begegnungen und kulturellem Austausch tuckern wir mit durchschnittlich sechzig Stundenkilometern durch menschenleere Landstriche. Österreich, Slowenien, Ungarn liegen hinter uns, jetzt sind wir in Bulgarien: und keine Menschenseele weit und breit.

Wer würde jetzt auch freiwillig einen Fuß vor die Tür setzen? Es ist Mitte Dezember und bitterkalt. Uns geht es ja ganz ähnlich. Nur kurze Zeit, nachdem wir ausgestiegen sind, um einen Ort zu besichtigen, klettern wir auch schon die kleine Metallleiter zurück in die warme Stube. Winter im Wohnmobil ist miserabel. Es wird spät hell und früh dunkel. In den wenigen Stunden Tageslicht versuchen wir, Strecke zu machen, Städte zu besichtigen, Einkäufe zu erledigen und einen geeigneten Stellplatz für die Nacht zu finden. Um vier Uhr kündigt sich bereits die Abenddämmerung an. Ab drei heißt es somit Ausschau halten. Ungeübt holpern wir stundenlang Feldwege entlang. Die Stimmung wird von Minute zu Minute schlechter, weil wir uns nicht einigen können.

»Komm lass uns hier parken, hier stören wir zumindest niemanden.«

»Nein. Hier ist es hässlich. Da war doch ein Fluss auf der Karte eingezeichnet, da kann man bestimmt schön am Ufer stehen.«

Es kommt aber kein idyllisches Ufer, vielmehr wird der Feldweg so eng, dass wir rückwärts rangieren müssen. Die Sonne ist untergegangen, ich stehe in der Dunkelheit, Äste verkratzen laut quietschend die Kunststofffenster, und ich gestikuliere wild mit der Stirnlampe in der Hand, in der Hoffnung, dass wir den Lkw nicht auch noch in dem sumpfigen Abwassergraben festfahren, aus dem gerade modrig stinkendes Wasser in meinen Schuh rinnt.

Gestern allerdings hatten wir Glück. Zur richtigen Tageszeit tauchte ein offizieller Lkw-Stellplatz auf. So konnten wir die Nacht zwischen laufenden Motoren und Schlagschraubern am Rande der Straße verbringen. Nicht gerade die pure Reiseromantik, und dennoch sind solche Abende wie gestern kleine Lichtblicke. Wir fühlen uns wohl zwischen den freundlichen und hilfsbereiten Fahrern aus aller Welt.

Der bisherige Reisealltag ist eintönig, das Fahren ist anstrengend und unangenehm laut. Der alte Diesel dröhnt uns in den Ohren. Wir halten den Lärm nur mit Gehörschutz mehrere Stunden am Stück aus. An eine Unterhaltung beim Fahren ist kaum zu denken, an Musik überhaupt nicht. Wo bleibt das Gefühl von Freiheit und Abenteuer? Haben wir uns derartig getäuscht?

»Sag mal, wir wollten ja eigentlich ein paar Wochen hier in Bulgarien bleiben, aber bei dem Wetter hat das doch keinen Sinn«, scheint Thomas meine Gedanken zu erraten. »Was hältst du davon, wenn wir Gas geben, Rumänien zügig durchfahren und die Zeit lieber in Griechenland verbringen? Wenn wir Glück haben, können wir Weihnachten am Strand feiern.«

In Gedanken sehe ich uns schon im warmen Sand liegen und höre die Wellen sanft rauschen. »Klingt gut!«, stimme ich zu.

Die höheren Temperaturen in Griechenland bringen neue Überraschungen mit sich. Ein dünner weißer Schimmelflaum überzieht auf einmal den halben Holzausbau der Wohnkabine. Durch das viele Heizen muss sich Feuchtigkeit an den Wänden abgesetzt haben, und die steigenden Temperaturen bringen das Ganze nun zum Blühen. In Litochoro besorgen wir Chlorreiniger und suchen uns außerhalb des Ortes ein Plätzchen, wo wir dem Schimmel zu Leibe rücken können. Wir reiben die Oberflächen ab und säubern mit alten Zahnbürsten jede Ritze. Wir bauen sämtliche Fenster aus, um auch die Rahmen behandeln zu können, und lassen sie in der Sonne trocknen.

Um uns herum wächst nichts als kleine, dornige Büsche. Wir stehen irgendwo im Norden Griechenlands, mitten in der Einsamkeit auf einem Hügel. Mein Blick schweift in die Ferne, die endlos scheint. Vereinzelte Wolken ziehen vorüber. Die untergehende Sonne taucht den Himmel in kitschiges Rot-Violett. Ich streife die gelben Plastikhandschuhe ab und lasse mich mit Thomas auf die Campingstühle nieder. Ja, so habe ich mir das vorgestellt! Genau so. Nur ohne die Kälte, die wir bisher hatten, ohne den Lärm beim Fahren, ohne die anstrengende Stellplatzsuche und ohne schimmelnde Innenverkleidung. Genau genommen hatte ich mir bis auf den kleinen Hügel und die Dornbüsche alles vollkommen anders vorgestellt. Und doch versöhnt mich der Anblick und weckt die Hoffnung in mir, dass da draußen mehr auf uns wartet.

KILOMETER 3330
HEISSE QUELLEN AN SILVESTER

Thomas

Den Weihnachtsabend verbringen wir am Strand. Ein abgebrochener Kiefernzweig steckt als provisorischer Weihnachtsbaum vor uns im Sand. Wir sind auch hier die einzigen Menschen weit und breit. Zum Baden ist es eindeutig zu kalt. Die Strände im Norden Griechenlands sind verwaist, die Ferienanlagen zugesperrt, Cafés und Restaurants geschlossen.

»Schau mal. Eine Nachricht von Wolfgang. Sie sind bei den heißen Quellen der Thermopylen und wollen dort Silvester verbringen. Sie fragen, ob wir in der Nähe sind und vorbeikommen wollen«, sage ich zu Sabine.

Wolfgang und Diana sind mit Töchterchen Gaia wenige Monate vor uns in einem ähnlichen Fahrzeug aufgebrochen.

Sie sind in unserem Alter, stammen auch aus der Oberpfalz. Ein Treffen wäre eine gute Gelegenheit, sich näher kennenzulernen.

Am übernächsten Abend liegen wir alle gemeinsam im dampfend heißen Wasser der Thermalquelle. Ich schaue in den klaren Sternenhimmel und habe zum ersten Mal auf der Reise das Gefühl, genau im richtigen Moment am richtigen Ort zu sein.

Es stellt sich heraus, dass auch Wolfgang, Diana und Gaia in Richtung Osten unterwegs sind. Wohin, ist noch nicht ganz klar. Vielleicht nach Russland, später eventuell nach Nepal oder Indien. Es tut gut, sich auszutauschen, denn wir stehen vor ganz ähnlichen Herausforderungen. Wir unterhalten uns stundenlang über technische Details am Fahrzeug, Wolfgang kennt sich wesentlich besser mit der alten Technik aus. Weder Sabine noch ich hatten bisher je an Autos geschraubt. Vor der Abfahrt hatten wir einmal einen Reifen an Paula gewechselt, viel mehr Ahnung haben wir nicht. Wir verbringen die Nachmittage unter dem Fahrzeug, und ich versuche zu verstehen, wie wir bei Bedarf Bremsen und Kupplung nachstellen können, wie man die Filter reinigt und an welchen Stellen Paula regelmäßig geschmiert werden möchte.

Wir vergleichen unsere Methoden, in der Wildnis umweltschonend Wäsche oder Haare zu waschen, wie man auf dem Gasherd Brot backen kann und diskutieren lange über Vor- und Nachteile verschiedener Reiserouten.

Eine Woche verbringen wir gemeinsam, dann treibt die Neugier Sabine und mich weiter. Wir haben nicht nur Kraft und Zuversicht getankt, sondern verabschieden uns mit dem Wissen, dass wir nicht allein sind. Ich bin mir ziemlich sicher, dass sich unsere Wege früher oder später wieder kreuzen werden.

KILOMETER 4569
EIN HAUCH VON ORIENT

Thomas

Am 15. Januar erreichen wir knapp dreißig Kilometer hinter Alexandroupolis die griechisch-türkische Grenze. Gleich werden wir die Europäische Union verlassen. Unser erster richtiger Grenzübertritt steht bevor. Haben wir alle wichtigen Dokumente griffbereit? Wie sollen wir Einreiseformulare ausfüllen, wenn wir kein Türkisch können?

Angespannt halte ich neben dem ersten Grenzhäuschen, und wir steigen aus. Vor uns öffnet sich ein Fenster. Ein junger Beamter in Uniform streckt mir seine Hand entgegen. Unsicher zieht Sabine die Pässe aus der Dokumentenmappe und reicht sie mir, ich gebe sie weiter an den Beamten.

»Nein«, winkt dieser ab, »die Pässe will ich nicht.«

Wieder streckt er mir die Hand entgegen und blickt mich erwartungsvoll an.

Ich zögere, sehe ihn irritiert an.

Er beugt sich so weit es geht aus seinem Häuschen, streckt seine Hand noch ein Stückchen weiter in meine Richtung und sagt mit freundlicher Stimme: »*Hoşgeldiniz!*«

Endlich begreife ich: Er möchte mir die Hand schütteln. Was bin ich aber auch begriffsstutzig! Es folgt ein kräftiger Händedruck. »*Hoşgeldiniz.* Willkommen in der Türkei!«

Es kann so einfach sein. Eine kleine Geste mit großer Wirkung. Meine Unsicherheit ist verflogen. Mit gespannter Neugier durchlaufen wir die kurze Grenzabwicklung. Meine Bedenken waren unbegründet, die Einreiseformulare sind zweisprachig auf Englisch und Türkisch. Wenn wir irgendetwas nicht verstehen oder nicht wissen, an welchen Schalter wir als Nächstes müssen, wird uns von allen Seiten geholfen. Bereits nach einer knappen Stunde rollen wir über türkische Straßen in Richtung Istanbul.

»Geschafft«, lächelt Sabine, packt die Unterlagen wieder ins Handschuhfach, legt die Füße aufs Armaturenbrett und macht es sich bequem. Doch lange kann sie nicht so entspannt sitzen. Um die Orientierung zu behalten, verwenden wir ein kleines GPS-Gerät. Warum wir uns für dieses Modell entschieden haben, weiß ich nicht mehr, doch schon jetzt verfluche ich es. Das kleine Display gibt keinerlei Überblick über den Verlauf der Strecke, und die große Datenmenge in Städten überfordert es komplett. Bis sich die Karte endlich fertig aufgebaut hat, sind wir längst falsch abgebogen. Das ist mit einem Pkw schon lästig, aber wie soll man mit einem Lkw in engen Altstadtgassen wenden? Oder im dichten Verkehr die gesamte Strecke rückwärtsfahren? Solche Situationen so gut es geht zu vermeiden, erfordert von Sabine mindestens so viel Konzentration wie von mir. Geduldig versucht sie, die winzige Karte zu lesen. Ich versuche, auf ihre Anweisungen zu reagieren.

»Jetzt auf die linke Spur wechseln!«

»Hier?«

»Ja. Moment. Nein, halt.«

»Was jetzt?«, rufe ich genervt.

»Doch nicht links. Wir müssen rechts weg. Hier!«

Sabine streckt ihren Kopf aus dem Beifahrerfenster, winkt wie wild mit dem rechten Arm und zeigt dem Autofahrer neben uns an, dass wir die Spur wechseln werden.

Im Rückspiegel sehe ich, dass der Fahrer bremst und uns einscheren lässt. Sabine fällt zurück auf ihren Sitz und widmet sich wieder dem GPS: »Jetzt links!«

»Wo?«

»Hier!«

Ich steige auf die Bremse, die Autos hinter uns hupen. »Kann ich die Anweisungen nicht ein klein wenig früher haben?«, schimpfe ich angespannt, obwohl ich weiß, wie schwer es ist, mit dem Gerät die richtige Abzweigung zu finden.

Der Verkehr in Istanbul ist erheblich trubeliger, als wir das gewöhnt sind. Über verstopfte Stadtstraßen rollen wir ins Zentrum. Zwischen Altstadt und Bosporus finden wir einen öffentlichen Parkplatz. Nicht ruhig, nicht schön, aber praktisch. Ich drücke auf den Abstellknopf für den Motor. Das Brummen verstummt, und auch draußen scheint der Verkehr für einen Moment innezuhalten. Als würden sie gemeinsam einen Kanon anstimmen, erklingen von allen Seiten nach und nach Gesänge der Muezzine und breiten einen Klangteppich über der Stadt aus. Wir stehen auf einem Parkplatz neben einer vierspurigen Straße. Neben uns Wohnhäuser, Hafenanlagen, Verkehrsschilder und eine Ampel. Nichts Ungewöhnliches, doch die Stimmen der Muezzine haben eine solche Kraft, dass es der Situation jede Banalität nimmt und mir zeigt, dass wir jetzt dort sind, wo wir hinwollten: in der Fremde.

Am nahe gelegenen Hafen sitzen Angler, die ihre Schnüre in die Meerenge zwischen Europa und Asien hängen lassen. Die Selbstverständlichkeit, mit der sie das tun, kommt mir vollkommen fehl am Platze vor. »Mensch! Hier treffen sich Europa und Asien! Wie großartig, an diesem besonderen Platz zu angeln«, möchte ich ihnen zurufen. Natürlich albern. Sie sind jeden Tag hier, und ihre Begeisterungsfähigkeit für den Ort entspricht wohl der eines Münchners, der jeden Tag auf dem Weg zur Straßenbahn am Hofbräuhaus vorbeiläuft und nicht ebenso entzückt darüber ist wie der japanische Tourist aus Osaka, der es soeben zum ersten Mal sieht.

Sabine und ich sind fasziniert. Wir sitzen auf einer niedrigen Betonmauer und starren auf die andere Seite des Bosporus. Dort liegt es: Asien. Einen knappen Kilometer entfernt. Häuser mit flachen roten Ziegeldächern staffeln sich einen sanften Hügel hinauf. Einige Minarette und eine große, im Wind wehende türkische Fahne überragen die Häuser. Istanbuls asiatischer Teil glänzt nicht in bunten Farben wie auf den Postkarten der Souvenirläden. Im winterlichen Nebel erscheint alles eher trüb und grau, denn es regnet. Es regnet von früh bis spät, und es ist kalt. Schneeflocken mischen sich in den Dauerregen. Istanbul könnte so schön sein, doch jetzt, Mitte Januar, wirkt alles etwas trostlos.

Wir besuchen die Blaue Moschee, die auffällig nach Fußkäse riecht, und schlendern durch den quirligen Basar, doch die meiste Zeit hangeln wir uns von Teestube zu Teestube, um der Kälte zu entfliehen. Dass Sabine dort meist die einzige Frau ist, stört weder sie noch die Einheimischen. Wir schlürfen süßen Schwarztee und sehen beim Okey zu. Ein Spiel mit kleinen nummerierten Spielsteinen, das ich von zu Hause unter dem Namen Rummikub kenne. In den Teehäusern wird mit solcher Geschwindigkeit gespielt, dass ich nur staunen kann. Ein junger Mann mit dunklem Haar, braunem Hemd und einem verschmitzten Lächeln auf seinem schmalen Gesicht sitzt am Tisch neben uns und dreht die kleinen Spielsteine mit unbegreiflicher Geschicklichkeit. Egal wie sehr ich mich auf den Spielstein zwischen seinen Fingern konzentriere, ich habe keine Chance, etwas zu erkennen. Doch er kennt die Zahl auf der Unterseite bereits, noch bevor er den Stein zieht und mit einem lauten Klacken auf das kleine Holztableau vor sich stellt.

Wir schlendern lange durch die Gassen und erst spät am Abend zurück zu Paula. Ich bin aufgeregt, denn morgen verlassen wir Europa.

KILOMETER 4888
ANKOMMEN IM REISEN

Sabine

Mit jedem Meter steigt meine Vorfreude. Mit einem lauten »Tack-Tack« rollen wir über die letzte Fuge der Brücke über den Bosporus, und Paulas Räder drehen sich auf einem neuen Kontinent. Wir sind tatsächlich mit der alten Kiste bis nach Asien gefahren.

Ein neuer Kontinent, doch noch immer die gleiche Stadt. Weitere 25 Kilometer erstreckt sich der asiatische Teil von Istanbul vor uns, dann führt die Autobahn aus dem Stadtgebiet heraus. Wir biegen auf eine Nebenstraße nach Norden ab, die zur Schwarzmeerküste führt.

Aus der Teerstraße wird nach einer Stunde ein Feldweg, aus dem Feldweg eine Fahrspur, die schließlich vor ein paar von Sträuchern bewachsenen Dünen endet. Mehrere Ruinen ohne Dächer stehen davor, die es offensichtlich nie zu ihrer Bestimmung als Ferienanlage geschafft haben. Eine hellbraune kugelrund gefressene Kuh mit kurzen schwarzen Hörnern blickt mich verdutzt an, als wollte sie sagen: Ich glaube, ihr seid hier falsch.

Ich bin müde. Der stete Regen hat bereits seinen Weg durch das Dach ins Fahrzeuginnere gefunden. Je nachdem wie wir parken, tropft es entweder ins Bad oder aufs Bett. Bad ist nicht schlimm, dann läuft es durch den Ablauf der Dusche wieder hinaus. Heute tropft es wieder auf das Bett, das ist deutlich schlechter. Thomas klettert aufs Dach und dichtet die Stellen notdürftig mit Klebeband ab.

Ein paar Tage tasten wir uns an der Schwarzmeerküste entlang, doch der stete Schneeregen treibt uns nach Süden.

Wir verlassen die Küste, lassen Ankara links liegen und sind unterwegs nach Kappadokien, das für bizarre kegelförmige Gesteinsformationen, Höhlenwohnungen aus der

Bronzezeit und zahlreiche Felsenkirchen bekannt ist. Der Himmel ist strahlend blau, die Luft ist klar und stechend kalt. Auf der Suche nach einem schönen Fleckchen für die Mittagspause biegen wir von der Hauptroute ab und folgen einer Schotterpiste zu einem abgelegenen Stausee. Vor uns stehen zwei Männer auf dem Weg, vielleicht Anfang sechzig, Gewehre über die Schulter gehängt. Als wir näher kommen, halten sie uns freudig winkend auf. Mit einer unverkennbaren Bewegung, bei der sie ein gedachtes Teeglas zwischen Daumen und Zeigefinger an den Mund führen, bitten sie uns in ihr Haus. Ich frage mich, wie wohl die Frauen über diese spontanen Einladungen ihrer Männer denken. Schließlich bleibt die Arbeit an ihnen hängen, und sie werden vorher ja nicht einmal gefragt.

Ismaels Frau allerdings scheint über unseren Besuch sehr erfreut. Sie läuft uns mit offenen Armen entgegen, und Ismael stellt sie als Semra vor, indem er sich schmunzelnd würdevoll vor ihr verbeugt. Die beiden leben in einem kleinen Steinhaus, das aus einem Vorraum und einem etwa gleich großen, durch einen Holzherd geheizten Wohnraum besteht. Die Mauersteine sind nur grob behauen und stellenweise weiß gekalkt. Durch zwei kleine Fenster fällt Licht herein. Krumme Baumstämme tragen das Dach, und am Boden liegt ein alter, ausgeblichener Teppich. Auf einer Kommode im Eck sind Polster gestapelt, zwei weitere liegen am Boden. Ich nehme an, bei Tag dienen sie als Sitzgelegenheit, nachts als Bett. Aus der Einladung zum Chai wird ein ganzes Essen. Semra holt Teig aus dem kühlen Vorraum, setzt sich mit ausgestreckten Beinen auf den Boden und stellt einen niedrigen Tisch über ihren Schoß. Auf ihm walzt sie den Teig mit einem langen Holzstab blitzschnell zu hauchdünnen Fladen, wobei sich der Teig mehrfach um den Stab wickelt. Fasziniert schauen wir zu. Sie winkt mich zu sich und reicht mir das Rundholz. Vorsichtig probiere ich das Rollen, doch bei mir klebt der Teig sofort zusammen. Ich lache über meine

Ungeschicktheit, und alle lachen mit. Semra bestreicht die Fladen mit einer Füllung aus klein geschnittenem Gemüse und Tomatenpaste, rollt sie zusammen und schiebt sie für wenige Minuten in den Ofen. Dazu gibt es Oliven, selbst gemachten Schafskäse und frische Milch.

Unsere fehlenden Türkischkenntnisse verhindern zwar eine flüssige Unterhaltung, aber Ismael hat seine ganz eigene Verständigungsmethode aus Pantomime und Schreien entwickelt, die zumindest teilweise von Erfolg gekrönt ist. Semra und Ismael leben schon lange hier. Ihr einziger Sohn ist vor Jahren bei einem Lkw-Unfall ums Leben gekommen. Ich spüre die Trauer in ihren Worten, als sie uns davon erzählen. Nun lebt ein junger Bursche als Angestellter mit in ihrem Haus.

Ismael fragt, ob wir einen Fotoapparat dabeihätten. Schreipantomimisch macht er uns klar, dass sie sich sehr freuen würden, wenn wir ein paar Bilder machen und ihnen schicken würden. Wir hatten die Kamera im Auto gelassen, denn obwohl wir gerne und viel fotografieren, hätten wir es in einer Situation wie dieser als unangebracht empfunden, gleich mit der Kamera in der Hand in das Haus zu laufen. Wir wurden aus Gastfreundschaft eingeladen, um zusammenzusitzen und gemeinsam Tee zu trinken, nicht um als Erstes alles für das Fotoalbum festzuhalten. Umso mehr freut mich die Frage nach einem gemeinsamen Erinnerungsfoto. Ismael posiert erst mit einem großen Messer in der Hand, dann mit seiner Schrotflinte. Semra zieht schnell ein besonders schönes, strahlend weißes Kopftuch an, und Ismael stellt sich mit einer respektvollen Geste neben seine Frau, dann fotografieren wir die beiden vor ihrem Haus. Eine Begegnung wie die mit Semra und Ismael, die herzliche Gastfreundschaft, die uns entgegengebracht wurde, entschädigt uns für alle Mühen und zerstreut die Zweifel.

Langsam bekommen wir auch ein besseres Auge dafür, wo wir einen geeigneten Stellplatz finden, wie wir an Gas,

Brennholz oder Trinkwasser kommen. Langsam finden wir uns in diese Form des Reisens ein.

Im nächsten größeren Ort lassen wir die Fotos drucken und schicken Abzüge an die Adresse, die uns Ismael mitgegeben hat. Ein weiteres Bild der beiden hängen wir neben unseren Esstisch im Lkw. Jetzt freue ich mich jedes Mal beim Betrachten über diese besondere Begegnung.

KILOMETER 6677

EXTRAVAGANTER SCHULBESUCH

Thomas

Mit seiner ordentlichen Kleidung, kräftigen Statur, eleganten Brille und dem freundlichen Ausdruck passt Orhan perfekt in das Bild eines gutmütigen Musiklehrers. Wir lernen ihn und seinen Kollegen Emre in einem Café in Silifke kennen, einer kleinen Stadt unweit des Mittelmeers.

»Du bist Künstlerin?«, fragt Emre, der ein bisschen Englisch spricht. »Orhans Frau ist Kunstlehrerin. Ihr müsst sie unbedingt kennenlernen.«

Emre und Orhan wechseln ein paar Worte auf Türkisch, dann erklärt Emre uns: »Heute seid ihr bei mir zum Abendessen eingeladen, morgen bei Orhan, und zu seiner Chorprobe müsst ihr auch unbedingt mitgehen.«

Die beiden übertrumpfen sich in Gastfreundschaft. Orhan hat am ersten Abend bei Emre mitbekommen, dass Sabine kein Fleisch isst, deshalb hat seine Frau ausschließlich vegetarische Gerichte gekocht, obwohl wir nicht die einzigen Gäste sind. Auch viele Kollegen und der Schuldirektor sind zu dem Abendessen geladen. Eine lustige Feier, wie ich sie zu Hause auch mal haben möchte: Vor dem Abschied greifen alle Gäste zu Besen und Staubsauger, putzen und fegen und hinterlassen die Wohnung sauberer als zuvor. Wo wir nun schon das halbe Kollegium kennen, werden wir vom Direktor auch gleich noch eingeladen, seine Schule zu besuchen.

Gleich am nächsten Morgen sitzen wir in seinem Büro. Ein kleiner Raum mit einem viel zu großen Holzschreibtisch in der Mitte, dahinter ein breiter Drehsessel, auf dem zurückgelehnt der stattliche Direktor sitzt. In dem kleinen Raum bleibt kaum Platz, um an dem Tisch vorbeizugehen, denn an den Wänden sind Stühle aufgereiht, die sich nach und nach mit Lehrerinnen und Lehrern jeden Alters füllen. Ich zähle sechzehn Personen. Bei der Größe der Schule muss das fast das gesamte Kollegium sein.

Auf meine Frage, wer denn momentan die Kinder in den Klassenzimmern beaufsichtige, erklärt Emre mit hochgezogenen Augenbrauen: »*They work hard, very hard!*«, und lacht. Im Rektorat sind mittlerweile fast alle Stühle besetzt. Jedes Mal wenn sich die Tür öffnet, dringt ohrenbetäubendes Kindergeschrei vom Gang herein. Eine zierliche Frau schlüpft durch die Tür und steigt mit kleinen Schritten über die vielen Füße im Raum. Emre, der bisher neben uns saß, rutscht einen Sitz nach rechts und macht für sie den Stuhl neben uns frei.

»*Now you can talk. She is our English teacher*«, erklärt Emre, der bis jetzt der Einzige mit Englischkenntnissen war.

Die junge Englischlehrerin setzt sich unsicher auf den angebotenen Platz neben uns. Nach zwei Sätzen stellt sich heraus, dass auch sie kaum ein Wort Englisch spricht. Sie sagt leise, sie beherrsche eher die Grammatik, im Sprechen sei sie nicht so geübt. Ihr ist es sichtlich peinlich, und wir bemühen uns, es dennoch nach einem Gespräch aussehen zu lassen. Natürlich bemerkt trotzdem jeder, dass unsere Unterhaltung stockend verläuft. Zum Glück scheint dies weder den Rektor noch ihre Kollegen zu wundern. Nach kurzem gespannten Zuhören vertiefen sich alle wieder in ihre sichtlich amüsanten Gespräche. Ich suche gerade nach einer möglichst leicht verständlichen Frage auf Englisch, da ertönt lautes Klopfen.

Wieder öffnet sich die Tür, wieder schwappt der Lärm der schreienden Kinder – »*they work very hard*« – vom Gang herein. Ein schlanker Mann mit einem großen Koffer in der Hand betritt schwungvoll den Raum. Aus der Reaktion der anderen ersehe ich, dass niemand ihn zu kennen scheint. Er legt seinen Koffer auf den großen Holztisch. Alle warten gespannt, was nun kommen mag. Eine kurze Begrüßung, ein paar Sätze auf Türkisch, die ich nicht verstehe, die aber sehr routiniert klingen. Dann öffnet er den Koffer und packt ein großes beigefarbenes Gerät aus, das aussieht wie ein riesiger Föhn mit viel zu langem Griff. Er steckt das Kabel in eine Dose in der Wand, tritt hinter den Direktor und lässt die beweglichen, surrenden Rollen erst über den Rücken dann über die Oberschenkel des Rektors gleiten. Eigentlich ist gerade Unterrichtszeit, aber das ganze Kollegium sitzt im Direktorat und beobachtet, wie ein Vertreter für Massagegeräte den Körper des Rektors bearbeitet und dabei die Vorteile seines Produkts erklärt.

»Wer möchte es noch ausprobieren?«, fragt der Vertreter offenbar, und schon kreist das Gerät durch die Lehrerschaft. Der Rektor ist nach der fünfminütigen Vorführung überzeugt, kauft das Gerät und lädt uns sowie das gesamte Kollegium kurzerhand zum Mittagessen in ein nahe gelegenes Restaurant ein.

KILOMETER 8219
VERMEINTLICHER GRENZHELFER

Sabine

IRAN. Vier große Buchstaben stehen auf dem Wegweiser über uns. In dem Moment, als wir unter ihm hindurchfahren, stellt sich ein leichtes Kribbeln in der Magengegend ein und Assoziationen dringen aus dem Unterbewusstsein hervor: Schurkenstaat. Die Achse des Bösen. Muslimische Fundamentalisten.

Zwar hatten wir auch positive Berichte über Iran gelesen, aber jetzt, drei Kilometer vor der Grenze, bin ich doch beunruhigt. Mich beschleicht eine Mischung aus Skepsis und Unsicherheit, und zugleich warte ich gespannt auf die Gelegenheit, meine diffusen Vorstellungen mit der Realität abzugleichen. Bald ist es so weit, wir nähern uns dem Grenzposten von Bazargan. Den Kopf voller Zweifel. Die Taschen voller Bargeld.

Zum Glück hatten wir vorgestern noch erfahren, dass unsere Kreditkarten in Iran nicht funktionieren werden. Das Land ist wegen der weitreichenden Sanktionen vom internationalen Zahlungsverkehr abgeschnitten. Kein Bargeld per VISA oder Mastercard. In Doğubeyazıt, dem letzten großen türkischen Ort, spuckte der Bankautomat zum Glück auf Wunsch noch US-Dollar aus. Wir sind also zumindest finanziell gerüstet. 2000 Dollar und zusätzlich 800 Euro als Reserve, das sollte mehr als genug sein, um zu zweit acht Wochen durch Iran zu reisen. Länger dürfen wir nicht bleiben, unsere Visa sind sechzig Tage gültig.

Auch was die Kleidung betrifft, habe ich mich vorbereitet. In Diyarbakır, im Osten der Türkei, habe ich mir einen halblangen, dunklen Mantel und Kopftücher zugelegt, um mich entsprechend der iranischen Kleiderordnung bedecken zu können. In einem Youtube-Video habe ich gelernt, welche

Varianten es gibt, einen Hidschab zu tragen. Noch fühlt sich das Kopftuch ungewohnt an, und ich habe Angst, dass es mir beim nächsten Windstoß vom Kopf fliegt. Ständig zupfe ich daran herum.

Auch Thomas ist angespannt. Wir wissen nicht, wie der Grenzübertritt verlaufen wird. Wir haben viel gelesen, was in Iran alles verboten sein soll: Schweinefleisch und Alkohol, Literatur mit unsittlichen Inhalten und anstößigen Bildern, wozu auch Kataloge und Zeitschriften mit Frauen in Bikinis zählen können. Keine Einfuhr von CDs mit verbotenen Liedern, keine Navigationsgeräte. Selbst Jeans seien als Zeichen des Westens nicht gern gesehen, heißt es im Reiseführer. Ganz generell bestünde die Gefahr, für einen ausländischen Spion gehalten zu werden. In Gedanken gehe ich unser Gepäck durch. Wir haben zwei Laptops, zwei Handys, ein GPS-Gerät, drei Festplatten, eine große Fotoausrüstung und ein Diktiergerät. Jeder von uns hat zwei gültige Pässe dabei. Diese haben wir vor der Abreise beantragt, weil wir gehört hatten, dass ein iranisches Visum im Pass Probleme bei der Einreise in die USA verursachen kann. Sollen wir all diese Dinge auf den Formularen bei der Einreise angeben oder sie lieber versteckt lassen? Geben wir sie nicht an und sie werden aber beim Durchsuchen des Fahrzeugs gefunden, was erwartet uns dann?

Kaum haben wir die iranische Grenze erreicht, plagt uns ein völlig anderes Problem. Es ist etwa einen Meter siebzig groß, dunkelhaarig und grinst unentwegt. Seit wir ausgestiegen sind, klebt er an uns wie ein Blutegel. Wie werden wir diesen selbst ernannten Grenzhelfer los?

»Nein, danke. Wir möchten keine Hilfe.«

»Doch, doch, mit meiner Hilfe geht alles schneller«, erwidert er.

»Vielen Dank, aber wir haben keine Eile.«

»Es ist viel billiger, wenn ich euch helfe.«

»Wir brauchen Ihre Hilfe nicht«, werde ich deutlicher.

»Gebt mir die Dokumente, ich erledige das«, sagt er bestimmt und streckt seine Hand nach unseren Pässen aus.

»Nein. Lass uns in Ruhe!«

Freundliches Ablehnen hilft nicht. Ignorieren auch nicht. Bestimmtheit ebenso wenig. Dass man in Iran ein Angebot oft drei Mal ausschlagen muss, bis die Ablehnung gilt, hatten wir gelesen. Doch um Taarof, die iranische Höflichkeit, geht es hier schon lange nicht mehr. Seit einer Stunde weicht er nicht von unserer Seite. Jetzt, da er gemerkt hat, dass wir ihn loswerden wollen, läuft er uns auch noch voraus. Langsam werde ich richtig sauer. Egal welches Büro wir betreten, er ist vor uns dort und redet bereits auf die Beamten ein. Dabei sind Typen wie er an den Grenzen in den wenigsten Fällen hilfreich. Ich habe vielmehr das Gefühl, sein Job ist es, die Grenzabwicklung derart zu verkomplizieren, dass man am Ende glaubt, man hätte es ohne ihn nie geschafft. Aber darauf lassen wir uns nicht ein, und sein aufgesetztes Grinsen macht mich zunehmend wütend.

Die iranischen Beamten selbst sind überaus hilfsbereit und freundlich. Sie bieten uns Tee und Kuchen an, und auf unser Bitten hin setzen sie unseren »Freund« vor die Tür. Doch er kennt natürlich den Ablauf. Als wir das nächste Büro betreten, das in einem kleinen Gebäude einige Hundert Meter den Berg hinab liegt, wartet er bereits auf uns und reibt sich freudig die Hände. Der Uniformierte am Schreibtisch erklärt, wir müssten zunächst 800 Euro für iranische Tankkarten bei der Bank einzahlen.

Unser Helfer grinst weiterhin breit: »Und, glaubt ihr mir nun, dass es mit meiner Hilfe günstiger ist?«

»Nein, das glauben wir nicht!«

Wir lassen die beiden mit der Forderung nach 800 Euro stehen und fahren wieder zurück zu den hilfsbereiten Beamten, um uns den Ablauf noch einmal genau erklären zu lassen.

Tatsächlich brauchen Ausländer seit wenigen Wochen spezielle Tankkarten, und zwar aus folgendem Grund: Diesel wird hier im Land nur von kommerziellen Fahrzeugen gefahren und deswegen staatlich subventioniert. Der Liter kostet derzeit 650 Rial, das entspricht 1,4 Eurocent, also ziemlich genau ein Hundertstel dessen, was er im Nachbarland Türkei kostet. Daher wird, oder wurde, naheliegenderweise viel Diesel ins Nachbarland geschmuggelt. Um das zu verhindern, braucht jeder, der in Iran tanken möchte, eine Tankkarte. Ausländer müssen dazu vorab die staatliche Subvention kompensieren. Ein Liter kostet dann letztlich für den Touristen etwa fünfzig Cent. An der Grenze sollen wir angeben, welche Strecke wir in Iran zurücklegen wollen, und die entsprechende Treibstoffmenge in Form einer Tankkarte kaufen.

Die Beamten beschreiben, wo diese Tankkarten ausgegeben werden. Wir fahren zu dem Gebäude und parken auf der gegenüberliegenden Straßenseite. Während Thomas im Inneren des länglichen Hauses verschwindet, beobachte ich alles vom Fahrzeug aus. Das Gebäude hat zwei nebeneinanderliegende Eingänge in zwei Räume. Nach kurzer Zeit kommt Thomas aus dem rechten Eingang und betritt den linken. Da biegt unser lästiger Helfer im Taxi um die Ecke, steigt aus und läuft in den rechten Eingang. Kurz darauf kehrt er zurück, steigt wieder ins Taxi und fährt davon. Jetzt kommt Thomas von links zurück und geht wieder durch die rechte Tür. Ich frage mich gerade, ob unser Freund aufgegeben hat, da kehrt das Taxi zurück, und das Katz-und-Maus-Spiel geht weiter. Dieses Mal steigt nicht der Helfer, sondern der Taxifahrer aus und geht durch die linke Tür. Gut, denke ich, noch hat er Thomas nicht gefunden, und fühle mich ein klein wenig wie Miss Marple. Schon ist der Taxifahrer zurück und verschwindet durch die rechte Tür. Jetzt muss ich eingreifen und Thomas warnen.

Ich rutsche vom Beifahrersitz, folge dem Taxifahrer und lande in einer Schalterhalle voller wartender Männer. Ich schlüpfe zwischen ihnen hindurch und entdecke Thomas, wie er sich bereits freudig, aber unwissend mit dem Taxifahrer unterhält.

»Pass auf, der steckt mit dem Helfer unter einer Decke«, warne ich ihn.

Thomas nickt; jetzt ist er im Bilde.

Zufrieden kehre ich auf meinen Beobachtungsposten zurück und warte. Kurz darauf kommt Thomas mit zwei Tankkarten zurück. Statt wie behauptet 800 Euro musste er lediglich 246 Euro bezahlen. Kein Wunder, dass der Grenzhelfer so hartnäckig war – bei dieser Gewinnspanne.

KILOMETER 8821
DIE FREUNDIN HEIRATET MAN NICHT

Sabine

Ich merke sofort, dass ich mit meiner strengen Art, das Kopftuch zu tragen, fehl am Platze bin. Auch in meinem langen, gerade geschnittenen Mantel fühle ich mich plump gekleidet, wenn ich all die hübschen Iranerinnen um mich sehe, die kurze, figurbetonte Mäntelchen tragen. Ich muss mir in Täbris dringend etwas anderes zum Anziehen kaufen.

Mit neuem Mantel und lockerem Kopftuch fühle ich mich nun schon wohler, doch ich bin unsicher, wie ich mich Männern gegenüber verhalten soll. Ich habe gelesen, es sei unhöflich, wenn ein Mann einer fremden Frau die Hand gibt. War der junge Student, der uns gerade im Park begrüßt hat, also frech? Darf ich meinerseits einem Mann die Hand anbieten, oder wirkt das vulgär?

So manche Frage klärt sich, als wir Samira und Karim kennenlernen. Die beiden sind 27 Jahre alt, also zwei Jahre jünger als wir. Samira ist schick gekleidet, ihre braunen Augen strahlen Selbstbewusstsein aus, sie trägt ihr Kopftuch lässig über dem Hinterkopf. Karim, schlank und kaum größer als sie, ist ein charmanter junger Mann. Ein hübsches Paar, könnte man meinen, doch so einfach ist das in Iran nicht. Laut Gesetz ist es Frauen verboten, sich privat mit einem Mann zu treffen, der nicht zur Familie gehört. Auch gesellschaftlich ist es verpönt. Dabei wohnen die beiden nicht etwa zusammen, sie verbringen lediglich ab und zu Zeit in der Öffentlichkeit gemeinsam. Selbst das kann zu großen Problemen führen.

Als wir die beiden näher kennenlernen, erzählt Samira eines Abends, dass sie vor zwei Jahren kurz davorstand zu heiraten: »Die Mutter eines jungen Mannes hat bei meinen Eltern angefragt, ob sie sich eine Verbindung zwischen mir und ihrem Sohn vorstellen könnten. Meine Eltern überließen mir die Entscheidung. Ich kannte den Jungen nicht, aber ich fühlte mich geschmeichelt und war neugierig. Also wurden erste Treffen vereinbart.« Samira seufzt.

Ich höre ihr schweigend zu.

»Wir mochten uns auf Anhieb und verliebten uns. Er lud mich ein, ihn zu Feierlichkeiten bei Freunden zu begleiten. Wir verbrachten immer mehr Zeit miteinander, und ich freute mich auf die Hochzeit. Doch als seine Mutter erfuhr, dass ich mit ihm ausgegangen war, wollte sie die Verbindung nicht mehr. Sie war der Meinung, wenn ich mit ihrem Sohn ausginge, täte ich das auch mit anderen Männern.« Samira hält kurz inne. Mit Tränen in den Augen spricht sie weiter: »Ich war überzeugt, dass seine Liebe stark genug sein würde, um seiner Mutter zu widersprechen. Doch er hörte auf sie und heiratete kurz darauf ein anderes Mädchen, das noch nie mit einem Jungen ausgegangen war.« Samira schüttelt ungläubig den Kopf. »Auch meine Eltern konnten das nicht verstehen. Sie hatten mir ja erlaubt, mit ihm auszugehen, wir sollten uns doch kennenlernen. Aber meine Eltern kommen ursprünglich aus Urmia, dort sind die Leute viel liberaler als hier in Täbris. Ich kann bis heute nicht glauben, dass mir das passiert ist. Wenn ich Pech habe, passiert mir das Gleiche auch mit Karim.«

»Nein, so bin ich nicht«, wehrt Karim ab.

»Würdest du dich gegen deine Familie stellen, wenn sie mich nicht wollen?«, fragt Samira energisch zurück.

Ohne seine Beteuerungen abzuwarten, fügt sie erklärend hinzu: »Ich würde gern daran glauben, aber es ist ein ungeschriebenes Gesetz: Seine Freundin heiratet man nicht.«

Wir unterhalten uns noch lange weiter. Von dem schwierigen Thema, wie junge Menschen in Iran ihre Beziehungen verheimlichen müssen, wechseln wir zu Erfreulicherem. Es ist Mitte März, das Neujahrsfest in Iran steht kurz bevor. Nowruz, der »Neue Tag«, wird am 21. März gefeiert. Danach folgen dreizehn Festtage, an denen landesweit das öffentliche Leben stillsteht und alle Basare geschlossen sind.

»Morgen ist Tschahar Schanbe Suri. In der ganzen Stadt werden Feuer angezündet, und alles feiert. Wenn ihr mitkommen wollt, holen wir euch ab!«, bietet Karim an.

Gemeinsam mit ihm und Samira sitzen wir am folgenden Tag in einem neuen weißen Kleinwagen und rasen durch die Nacht. Frische Luft weht durch die offenen Fenster, und unsere Kopftücher flattern im Wind.

»Menschenansammlungen sind verboten, daher weiß man nie, wo gerade gefeiert wird«, lacht Samira. »Halt! Schau, dort in der Seitengasse brennt ein Feuer!«

Karim bremst ruckartig, wir springen aus dem Fahrzeug. Samira hält mich zurück: »Geht nicht zu nah ran. Die Jungs springen nicht nur übers Feuer, sie werfen auch Knaller rein. Man weiß nie, welche Wucht die haben. Die Feuerwerkskörper sind meist selbst gebaut.«

Kaum hat Samira das gesagt, erschüttert ein mächtiger Schlag den Boden und eine Druckwelle die kühle Nachtluft. Unbeeindruckt kommt Karim aus der feiernden Menge zurück: »Das Feuer brennt schon zu lange, die Polizei wird gleich da sein. Lasst uns abhauen.«

Wir rasen von Feuer zu Feuer, steigen aus, beobachten, wie junge Männer zu lauter Musik aus dem Kofferraum um die Flammen tanzen und junge Frauen Beifall klatschen. Im richtigen Moment halten wir uns die Ohren zu, steigen wieder ein und düsen davon, bevor die Polizei auftaucht. Gewaltige Donnerschläge lassen die Stadt erzittern. Autos preschen durch die Straßen. Ich weiß nicht, was in dieser Nacht riskanter ist, der komplett verrückte Verkehr oder die selbst gebastelten Böller.

Zwei Tage nach Nowruz lädt uns Samira zum Auftakt der Feiertage zu sich nach Hause ein. Sie wohnt bei ihren Eltern. Ich freue mich riesig über die Einladung, aber damit stellt sich für mich auch die Frage: Was zieht Frau zu einer privaten Feier an? In der Öffentlichkeit muss ich ein Mäntelchen tragen, dort lege ich es sicher ab. Kann ich eine kurzärmelige Bluse darunter tragen? Ich entscheide mich doch lieber für etwas Langärmliges.

Samira öffnet die Tür im zweiten Stock eines Mehrfamilienhauses und heißt uns willkommen. Sie trägt ihr Haar offen und ein Trägeroberteil aus schwarzer Spitze, das ich als »gewagt« bezeichnen würde. Ich habe meinen Mantel noch nicht ausgezogen und fühle mich schon jetzt underdressed.

Wir betreten die gepflegte Vierzimmerwohnung und lernen Samiras Eltern, ihren wenige Jahre jüngeren Bruder Said und ein befreundetes junges Ehepaar kennen. Auch Karim ist gekommen. Alle sprechen fließend Englisch, wir können uns gut unterhalten. Samira zeigt uns ein Album ihrer Eltern. Auf kleinen vergilbten Fotos sehen wir ein junges Paar in Badehose und Bikini an einem See, die beiden in Schlaghosen vor einem schicken BMW, sie trägt wallendes, langes Haar, er hat einen lustigen Schnauzer.

»So sah es hier in den Siebzigerjahren aus, als der Schah noch an der Macht war. Die beiden sind oft zum Urlaub in die Türkei gefahren«, erzählt Samira von ihren Eltern.

Wir sind überrascht. Das Album sieht aus, als könnten wir es aus jeder deutschen Schrankwand gezogen haben. Wie schwer muss es für die Eltern sein, selbst in Freiheit aufgewachsen zu sein und nun zu erleben, wie die eigenen Kinder unter den strengen Regeln leiden.

»Die Jugend hat es mit den Einschränkungen am schwersten«, erzählt Samiras Vater, »wenn man erst einmal verheiratet ist, wird vieles einfacher.«

Doch wie soll man den richtigen Partner finden, wenn man sich vor der Hochzeit kaum kennenlernen darf?

Viele junge Iraner sehen die Auswanderung als einzigen Weg in die Freiheit. Immer wieder wurden wir in den letzten Tagen hier in Täbris auf der Straße gefragt, welche Chancen man als Iraner in Deutschland habe, welche Berufe dort gefragt seien. Viele wollen weg. Dabei lieben sie ihr Land. Auch Samira will weg. Gemeinsam mit ihrem Bruder hat sie sich für die Greencard in den USA beworben. Ihr Bruder hat eine gewonnen, sie nicht. In wenigen Wochen wird er Iran und seine Familie verlassen.

»Stell dir vor«, sagt Samira leise an diesem Abend zu mir, »du hättest mein Leben – nur für einen Tag.«

Für uns als Touristen ist Iran ein tolles Reiseland. Die Menschen begegnen uns ausgesprochen herzlich. Wo immer wir auftauchen, werden wir mit den Worten »*Welcome to Iran*« begrüßt. Fragen wir nach dem Weg, werden wir in ein Taxi gesetzt, das bereits bezahlt ist, bevor wir überhaupt eingreifen könnten. Die Polizisten sind freundlich und drücken ein Auge zu, wenn wir falsch parken. Als Frau werde ich in Iran sehr zuvorkommend und höflich behandelt, wenngleich manche Fragen, die mir gelten, an Thomas gerichtet werden: »Wie heißt sie? Wie geht es ihr? Gefällt ihr Iran?«

Die iranische Kleiderordnung kann ich als zeitlich begrenztes Experiment gut ertragen. Zwei Monate, dann kann ich wieder T-Shirts anziehen, Röcke in beliebiger Länge und die Haare offen tragen. Ich fühle mich sehr wohl und sicher in diesem Land. Als Gast ist es wunderschön, hier zu sein. Als junger Mensch in Iran aufzuwachsen, ist hingegen sicherlich alles andere als einfach.

Der einzige Ort, an dem ich Frauen in der Öffentlichkeit ohne Kopftuch sehe, sind die Skipisten von Dizin. Das Band der Schneebrille wird hier offenbar als ausreichende Verhüllung geduldet. Auf den Snowboards sausen wir den Berg hinab.

Von den verschneiten Gipfeln des Elburs-Gebirges reisen wir durch Teheran bis nach Isfahan, eine Stadt, von der man sagt, sie sei die halbe Welt. Meine Eltern besuchen uns dort für zehn Tage, und mit ihnen gemeinsam streifen wir durch die schummrigen Basare, durch prachtvolle Moscheen und über die weitläufigen Plätze der Stadt.

Von Kerman im Süden des Landes fahren wir in die Dascht-e Lut, die große Sandwüste, bis in die Oasenstadt Tabas. Wasser strömt durch uralte Kanäle aus den nahe liegenden Bergen. Für uns ist es angenehm, nach fünf Tagen in der lebensfeindlichen Trockenheit wieder Grün zu sehen. Welche Bedeutung diese Oasen damals für die Kamelkarawanen hatten, die über Wochen durch die Hitze der Wüste unterwegs waren, kann ich mir nun gut vorstellen.

Am Rande der Salzwüste Dascht-e Kawir tasten wir uns bis Maschhad, von dort an die Grenze zu Turkmenistan. Direkt hinter dem iranischen Grenzposten nehme ich das Kopftuch ab. Es ist ein wenig ungewohnt, dass der Wind wieder um meine Ohren pfeift. Ungewohnt ist auch, dass die resolute turkmenische Grenzbeamte nicht Thomas, sondern mich fragt, ob ich den Lkw bitte ein Stück zur Seite fahren kann. Eine Frage, die mir als Frau in Iran nie gestellt worden wäre.

KILOMETER 13 602
EINE ANDERE WELT

Thomas

Turkmenistan, Usbekistan, Kasachstan? Für mich klingen diese Länder alle nach endloser Steppe und grenzenloser Weite. Mehr kann ich mir darunter nicht vorstellen. Ganze fünf Tage haben wir Zeit, um uns von Turkmenistan ein Bild zu machen, länger gilt das Transitvisum leider nicht.

Fast genau fünf Monate nach unserer Abreise aus Deutschland, am 1. Mai, erreichen wir die turkmenische Hauptstadt Aschgabat. Frauen laufen in Miniröcken und High Heels über die Straßen, andere tragen Samtkleider, die in der Sonne glänzen, die Haare zu langen Zöpfen geflochten oder in bunte Tücher gehüllt. Pärchen umarmen sich in der Öffentlichkeit, und junge Leute treffen sich abends in Cafés und Kneipen. Auch wir freuen uns über die ungezwungene Atmosphäre bei einem frisch gezapften Bier. Ich kann kaum glauben, dass wir vor wenigen Stunden noch in einer völlig anderen Welt gewesen sind. Erst jetzt wird mir richtig bewusst, auf wie viel Freiheit die Menschen in Iran verzichten müssen.

Das Zentrum von Aschgabat ist ein surrealer Ort. Eine große Vision, ein Hirngespinst – ein Albtraum? Straßenzüge lang reiht sich Prunkbau an Prunkbau. Alle menschenleer. Eine Straße weiter steht eine Allee aus gigantischen Wohngebäuden, jedes mit strahlend weißem Marmor verkleidet. Ein drei Kilometer langer Springbrunnen säumt die Hauptachse. Parks, Monumente, Alleen, Regierungsgebäude aus Marmor mit golden funkelnden Kuppeln. Im Zentrum von Glanz und Gloria thront eine ebenfalls goldene Statue des verstorbenen Präsidenten. Er dreht sich über der Stadt, auf der Spitze des Unabhängigkeitsmonuments mit dem Lauf der Sonne um sich selbst. Museen, Theater und Universitäten erstrahlen in Gold, Gold, noch mehr Gold und weißem Marmor.

Die gesamte Stadt wird von einer Heerschar Arbeitern mit kleinen Besen blitzblank gefegt. Kein Krümel findet sich auf der Straße oder auf dem Gehweg. Die Rasenkante ist geschnitten wie mit dem Lineal gezogen. An jeder Ecke steht ein Polizist und wacht darüber, dass alles seinen geregelten Gang nimmt. Er schwingt seinen orangefarbenen Leuchtknüppel, falls wir ein Foto vom falschen Monument machen wollen oder wenn wir verbotenerweise vor dem Präsidentenpalast stehen bleiben, anstatt zügig vorbeizuschreiten. Eine absurde Stadt. Selbst die adrett gekleideten Mädchen in ihren grünen Schuluniformen mit weißen Spitzenschürzchen und langen dunklen Zöpfen wirken entrückt.

Wirklichkeitsnäher erscheint mir der Tolkuchka-Wochenmarkt am Stadtrand. Nichts ist hier blitzblank gefegt, kein Gold und kein Marmor. Die Verkäufer sitzen auf dem staubigen Boden und bieten eine Handvoll Zwiebeln, einen Eimer Kartoffeln, Tomaten, selbst gemachten Käse oder Fleisch, gekocht oder gegrillt, roh oder getrocknet, an. Daneben gibt es Stoffe, Seidentücher und bunte Kleider, Fellmützen und gefilzte Teppiche. Hier eine Gasse mit handgeschmiedeten Sicheln und Spaten, dahinter beginnt der Tiermarkt. Hunderte kleiner Stände reihen sich aneinander, viele geführt von geschäftstüchtigen Händlerinnen, die uns freudig anlächeln.

Fünf Tage sind wirklich nicht viel Zeit. Wir müssen die Strecke bis Usbekistan schaffen und etwas Reserve mit einplanen, da wir jederzeit eine Panne haben könnten.

Doch auf dem Weg nach Norden liegt mitten in der Karakumwüste noch etwas, wovon wir gehört hatten und das ich nicht verpassen möchte: der brennende Gaskrater von Darvaza. Das Dorf, nach dem er benannt ist, ist wie vom Erdboden verschluckt. Wegweiser gibt es nicht. Die Koordinaten des Kraters helfen uns nicht, den Weg dorthin zu finden. Nach langer Suche entdecken wir kurz vor Sonnenuntergang neben dem löchrigen Teer der Hauptstraße endlich eine Spur Richtung Osten, die in die Dünen führt. Wir folgen ihr und landen endlich am »Tor zur Hölle«: ein riesiges, brennendes Loch mitten in der Wüste, mehr als fünfzig Meter im Durchmesser. Keine Absperrung, kein Geländer. Ein Schritt zu weit und wir landen im Fegefeuer. Umgeben von schwarzer Nacht stehen wir am Kraterrand und starren stundenlang in das Licht der lodernden Flammen. Mit jedem Windstoß spüre ich die brachiale Kraft des Feuers, brennt die heiße Luft in meinem Gesicht.

Nicht nur wir werden vom nächtlichen Strahlen angezogen, auch unzählige Insekten und mit ihnen Vögel, deren Flügel im Licht der Flammen blutrot leuchten.

Entstanden ist das Tor zur Hölle 1971 bei einer Probebohrung. Eine unterirdische Gasblase stürzte in sich zusammen, die Reste des alten Bohrturms liegen noch heute zwanzig Meter tief am Grund des Kraters in den Flammen. Darum, wie es zu brennen begann, ranken sich verschiedene Geschichten. Entweder die Arbeiter entzündeten das Gas kurz nach dem Einsturz, oder aber es war ein Hirte, der es leid war, dass das ausströmende Gas Tiere seiner Herde verenden ließ. In jedem Fall muss es damals einen ordentlichen Knall gegeben haben.

Ich würde gerne noch mehr Zeit hier verbringen, doch es geht nicht. Schon morgen früh müssen wir weiter nach Norden. Falls die Schlaglochpiste so miserabel bleibt wie bisher, wird es lange dauern, bis wir die Grenze zu Usbekistan erreichen.

KILOMETER 14 272
M35, M27, МВД

Thomas

Seit zwanzig Minuten holen wir ein Geldbündel nach dem anderen aus der Plastiktüte, die zwischen uns auf dem Stuhl liegt. Schein um Schein zählen wir es durch. Auf dem wackeligen Plastiktisch häufen sich die Banknoten, die mit verschiedenfarbigen Fäden zu Bündeln geschnürt sind.

Wir befinden uns in Nukus, dem ersten größeren Ort in Usbekistan, und sitzen einem Geldwechsler gegenüber. Der inoffizielle Wechselkurs für US-Dollar ist um fünfzig Prozent höher als bei der Bank. Die größten verfügbaren Geldscheine sind derzeit tausend SOM, was etwa 45 US-Cent entspricht. 200 Dollar ergeben somit knapp eine halbe Million SOM oder eine halbe Einkaufstüte voller Scheine.

Nach einer halben Ewigkeit steht fest: Jedes Bündel enthält die exakt richtige Anzahl an Banknoten. Ob der ein oder andere Schein gefälscht ist? Mir ist zumindest keine Unregelmäßigkeit aufgefallen.

Gut, das wäre erledigt. Jetzt müssen wir uns morgen nur noch bei den Behörden registrieren lassen. Warum, wie und wo ist mir unklar. Wir hatten aber von anderen Reisenden gehört, dass wir uns in jeder usbekischen Stadt, in der wir übernachten, auch registrieren lassen müssten. Könne man bei der Ausreise die Registrierungen nicht vorweisen, drohe Ärger. Wer in einem Hotel übernachtet, wird von diesem automatisch angemeldet. Wir übernachten in Paula, stehen irgendwo in der Wildnis oder wie heute am Straßenrand. Wir werden uns also selbst darum kümmern müssen.

ОВИР heißt die Registrierungsstelle, so viel haben wir bis zum nächsten Morgen herausgefunden. Direkt nach dem Frühstück nennen wir den Namen einem Taxifahrer und steigen in seinen alten weißen Lada mit durchgesessenen Polstern. Er wickelt seinen Sicherheitsgurt um die Handbremse und fährt uns zu einem großen Gebäude, vor dem gut dreißig Leute mit Pässen in den Händen stehen und vor einer geschlossenen Tür warten. Hier scheinen wir richtig zu sein. Geduldig reihen wir uns in die Schlange. Nach einer halben Stunde öffnet das Gebäude, und wir stellen uns an einen der Schalter.

»Nein, hier seid ihr falsch«, schüttelt der Mann hinter der Glasscheibe den Kopf. Er greift zum Kugelschreiber und schreibt auf einen Zettel: M35, M27, Мвд. Das M steht für Marschrutka, also einen Minibus, der eine festgelegte Strecke fährt. Мвд heißt wohl das Büro für Passangelegenheiten, zu dem wir müssen. Also ab in den ersten Minibus mit der Nummer 35, dann umsteigen in die Nummer 27 bis zum Мвд. Klingt machbar.

»Da kommt ja schon die Nummer 35«, ruft Sabine, als wir das Gebäude verlassen. Wir rennen über die Straße und halten dem Busfahrer unseren Zettel unter die Augen. Er nickt und macht eine kleine Handbewegung, dass wir einsteigen sollen.

Nach dreißig Minuten gibt uns der Fahrer erneut ein Zeichen, wir bedanken uns und steigen aus. Auf der anderen Straßenseite wartet bereits der Bus mit der Nummer 27.

»Haben wir ein Glück, das geht ja wie am Schnürchen«, freue ich mich und zeige unseren Zettel vor. »*Registrazii?*«, frage ich unsicher.

Der Fahrer nickt.

Nach einer weiteren halben Stunde Fahrt durch die Straßen von Nukus steigen wir aus und sind am Ziel. Wir treten vom Bus auf den Bordstein. Sabine und ich sehen uns mit ungläubigen Blicken an. Ich ziehe den mittlerweile ziemlich zerknitterten Zettel aus der Tasche, wir schauen beide noch einmal auf das kleine Stück Papier, dann auf das Haus vor dem wir stehen.

»Aaahaha«, entwischt mir ein Mischlaut der Erkenntnis, des Lachens und Ächzens. Wir stehen wieder genau vor dem Gebäude, in dem wir den Zettel bekommen haben.

Wo liegt der Fehler? Wieder treten wir durch die bereits bekannte Tür, fragen nach und erfahren, dass es in Nukus zwei Мвдs, also gleich zwei Innenministerien gibt, eines von Usbekistan und eines von Karakalpakstan, einer autonomen Republik innerhalb Usbekistans, deren Hauptstadt Nukus ist. Für Visaangelegenheiten ist das usbekische Мвд zuständig, mit der ОВИР-Abteilung für Visa und Registrierung. Für die örtliche Registrierung müssen wir jedoch ins Мвд von Karakalpakstan. Es gibt zwei Marschrutka-Buslinien, die zwischen den beiden Мвдs pendeln: Linie 27 und 35. Okay, wir haben es endlich verstanden: Nicht Nummer 27 und dann die Nummer 35, sondern nur eine von beiden.

Wieder raus aus der Tür, diesmal in die 27. Mittlerweile ist es später Vormittag, hoffentlich ist das Büro überhaupt noch geöffnet, bis wir dort ankommen. Direkt neben der Endstation liegt das riesige Мвд, Министерство внутренних дел Республики Каракалпакстана, das Innenministerium der Republik Karakalpakstan. Absolut unübersehbar, wenn man danach Ausschau hält.

Den gesamten Vormittag waren wir unterwegs, sind mittlerweile zu routinierten Marschrutka-Benutzern geworden, jetzt endlich stehen wir am richtigen Schalter.

»Ihr möchtet euch in Nukus registrieren lassen? Wie lange seid ihr denn schon hier?«

»Wir sind gestern aus Turkmenistan gekommen. Morgen fahren wir an den Aralsee und dann nach Khiva«, erkläre ich unseren Plan.

Der Herr hinter dem Schreibtisch schiebt unsere Pässe über den Tisch zurück: »Ihr müsst euch nur registrieren lassen, wenn ihr länger als drei Tage an einem Ort bleibt. Hier ist das also nicht nötig.«

»Ohh«, sagen wir enttäuscht im Chor. »Vielen Dank.«

Beim Rausgehen beschließt Sabine: »Wenn man sich erst nach drei Tagen registrieren lassen muss, können wir uns den ganzen Aufwand sparen. Es weiß doch kein Mensch, wann wir wo übernachtet haben. Was wollen die denn bei der Ausreise kontrollieren? Komm, vergessen wir den ganzen Unsinn mit den Registrierungen.«

Am nächsten Morgen beginnen wir die Fahrt nach Norden zum Aralsee. Die Landschaft neben der einsamen Straße erscheint über Stunden hinweg karg, öd, staubig. Dann kommen ein paar grüne Tupfer hinzu. Vereinzelte Büsche und Sträucher, ab und an ein Baum. Der Teer ist alt und holprig und erstreckt sich vor uns als grau-schwarzes Band, das sich schnurgerade bis zum Horizont erstreckt. »ARAL« thront in breiten Großbuchstaben auf einem Betonschild neben der Straße. In bester Manier verkörpert es die brachial prägnante Sowjet-Ästhetik. Eine unmissverständliche Formensprache aus Stolz, Gewalt und Ausdrucksstärke. Hellblau, Weiß und eine feine rote Linie wurden auf den Buchstaben neu nachgemalt, doch unter dem schweren Betonsockel hat der Wind den Sand weggeblasen. Der gewaltige Beton steht auf vier rostigen Stahlstangen, als würde das Schild die Situation der Region wiedergeben. Einst Teil der mächtigen Sowjetunion, jetzt allein auf wackeligen Füßen und ihrer Basis beraubt.

Vor uns erscheint Moynaq, einst ein florierender Standort der Fischereiindustrie am Aralsee. Seit der Stalin-Ära wurde aus den Zuflüssen zum See immer mehr Wasser für Baumwollplantagen entnommen, das ehemals riesige Gewässer begann zu schrumpfen. Heute versickert der verbleibende Rest der Amudarja, des südlichen Zuflusses aus den Ausläufern des Himalajagebirges, kläglich in der Wüste, noch bevor er den See erreicht. Gestrandete Boote liegen verstreut als Zeitzeugen auf dem ausgetrockneten Grund des Sees.

Moynaq ist ein Schatten seiner selbst. Häuser mit zerbrochenen Fensterscheiben hinter schief genagelten Holzwänden. Auf der Straße häuft sich Sand zu kleinen Dünen. Schiefe Masten tragen schlapp hängende Kabel. Ein wenig Hellblau ziert die Fensterrahmen der Häuser, von denen der weiße Putz herunterfällt. Einige aus Ästen zusammengesteckte Zäune, in denen zerfetzte Plastiktüten flattern, dazwischen selbst gebaute Türen aus rostigen Blechen. Ein altes russisches Motorrad knattert vorbei, ein Kind spielt auf einem Ölfass. Vor einem krumm genagelten Holzzaun steht eine junge Frau mit weißer Spitzenmütze und wirkt in ihrem farbenfrohen Kleid deplatziert. Um sie herum sind alle Farben stumpf und blass. Selbst der blaue Himmel trägt einen trüben Schleier.

Wie mögen die Menschen sich hier fühlen? Jeden Tag blicken sie auf die rostenden Boote. Die letzten Überbleibsel der einst prächtigen Fischereiflotte. Wie sehr schmerzt die Erinnerung an die Wellen, die ans Ufer schlugen, an den frischen Wind im Haar, an die Brüder, die über den See auf den Wellen zurückkehrten und schon von der Ferne riefen, welch reichen Fang sie diesmal mitbrachten? Wie tief sitzt die Trauer, der Frust, die Resignation, wenn die alt gewordenen Frauen und Männer mit gesenktem Kopf die mageren Ziegen über den Boden treiben, der sich vor Hitze zusammenzieht und in tausend Stücke zerspringt?

Ich stelle mir vor, wie die Jahre gewesen sein müssen, in denen sich das Wasser Meter um Meter zurückgezogen hat. Mit jedem Sonnenaufgang war es ein Stück weiter entfernt. Immer aber mit der Hoffnung, es würde bald zurückkehren. Und irgendwann war der See so weit entfernt wie die Hoffnung. Heute sind es vom einstigen Ufer, dem Hafenbecken von Moynaq, bis zum Wasser mehr als 150 Kilometer. Die Hoffnung ist erstickt in der Hitze, in den ständigen Sandstürmen, im Salz, das durch die Luft weht und in den Augen brennt. Viele sind weggezogen, wenige sind geblieben in der Stadt aus Ruinen, wo es scheint, als würden sich die bröckelnden Häuser hinter hohen Holzzäunen verstecken wie hinter einer aus Scham vorgehaltenen Hand.

Was machen wir hier? Wir fotografieren die rostigen Schiffsleichen, Symbole des Niedergangs. Ich lasse die Kamera sinken, blicke auf den Boden, streife mit dem Schuh durch den Sand. Warum sehe ich mir das hier an? Wir könnten auch die Baumwollplantagen fotografieren, die nun dank der Bewässerung entstanden sind, die neuen Orte, in denen viele Menschen Arbeit gefunden haben. Orte, in denen neuer Wohlstand entstanden ist und das Wasser über Kanäle auf die Felder fließt.

Ich klettere hinter Sabine durch ein Loch im Rumpf in eines der Schiffe, wir steigen über eine vom Rost zerfressene Leiter an Deck und setzen uns auf die Bordwand, starren über die Dünen, die einst der Grund des Sees waren. Vielleicht ist es gut, den Blick auch auf das Vergehende zu richten. Die Konsequenzen einer Entscheidung zu sehen, die mit der Frage von Ressourcenverteilung zu tun hat. Wer weiter flussaufwärts sitzt, nimmt sich das, was er braucht. Wer danach kommt, muss sehen, was übrig bleibt. Und das, was übrig bleibt, ist in diesem Fall nichts.

Ob mir Moynaq nur deshalb so trostlos erscheint, weil ich mir die Stadt in der Vergangenheit als blühende Metropole am See vorstelle? Genau genommen sehen viele Orte entlang des Weges ganz ähnlich aus. Kleine Häuser mit Blechdächern, bröckelnde Fassaden. Davor krumme Masten und magere Ziegen hinter schiefen Zäunen. Und überall das gleiche Hellblau, mit dem Türen, Zäune und Fensterrahmen gestrichen sind.

KILOMETER 14972
ASRLAR SADOSI

Sabine

Nach zwei Tagen Fahrt durch karge Trockenheit erreichen wir die Oasenstadt Khiva. Wie unfassbar muss es für die Bevölkerung vor tausend Jahren gewesen sein, nach wochenlanger Wanderung in diese prachtvollen Metropolen zu kommen, die sich wie Perlen an einer Schnur entlang der Seidenstraße reihen. Durch Usbekistan zieht sich eine der Hauptrouten aus dem Geflecht der ehemalig bedeutsamen Handelsstraßen, die sich zwischen Ostasien und Europa erstreckten. Die Städte florierten durch die Erträge der Zolleinnahmen. Dieser Reichtum der damaligen Zeit wirkt bis heute nach.

»Dieses Wochenende findet hier das traditionelle Tanz- und Musikfestival Asrlar Sadosi statt«, erzählt ein junges Paar, das uns am Eingang zur Altstadt begegnet. Eingefasst in eine mit Zinnen besetzte Stadtmauer aus Lehmziegeln, eröffnet sich uns die prachtvoll restaurierte Altstadt. Minarette erstrahlen im leuchtenden Blau unzähliger kleiner Mosaiksteinchen. Um einen kleinen Teich reihen sich die Freisitze der umliegenden Restaurants, und in den Innenhöfen der einstigen Koranschulen stellen Kunsthandwerker ihre liebevoll gestalteten Arbeiten aus: Tongefäße, gestrickte Socken, handbestickte Decken und gewebte Teppiche, kunstvoll bemalte Puppen aus Pappmaschee, Musikinstrumente und eine breite Auswahl an Pelz- und Fellmützen, die mir allein beim Anblick den Schweiß auf die Stirn treiben.

Aus dem ganzen Land sind die besten Folkloregruppen zusammengekommen und zeigen an verschiedenen Orten der Altstadt ihr Können. Schon die Kleinsten sind eifrig dabei, singen laut, wenn auch nicht immer ganz richtig, mit und zeigen mit ernster Miene, dass sie hoch konzentriert bei der Sache sind. Voller Stolz und echter Freude repräsentieren Frauen und Männer ihre Landesregion mit Tänzen und Gesängen.

Trotz der Betriebsamkeit und vieler Touristengruppen herrscht kein anstrengender Trubel. Wir schlendern durch die Altstadt, treffen auf Trommler und Tänzerinnen, Puppenspieler und Ringkämpfer. Ruhe finden wir bei einer Tasse Tee unter Schatten spendenden Bäumen in herausgeputzten Gärten. Eigentlich wollten wir nur zwei Tage bleiben, doch die Atmosphäre in der malerischen Stadt lässt uns nicht los. Und wir haben auf der Reise bereits eines gelernt: Solche Gelegenheiten sollten wir nicht ziehen lassen!

KILOMETER 16 027

VERDAMMTE KORRUPTION

Thomas

Wie gut, dass wir Khiva in vollen Zügen genossen haben, Buchara und Samarkand halten uns nicht lange. Beides wunderschöne, restaurierte Städte mit prachtvollen, mosaikbesetzten Bauten, doch was wir in Khiva erlebten, die Freude der Menschen beim Tanzen, das Lachen, die Musik, ja letztlich die Lebendigkeit, fehlt uns dort.

Taschkent hingegen besitzt Großstadtflair. Großzügige vielspurige Straßen ziehen sich durch die Stadt. Sie ist durchsetzt mit zahlreichen Grünflächen, wirkt weniger trocken und staubig als die letzten Orte. Monumentale Gebäude prägen das Bild. Sowjetischer Brutalismus, Selbstbewusstsein aus Stahlbeton. Kompromisslos, ausdrucksstark und bis in die Details konsequent. Für manche sind es einfach nur graue Klötze, für mich sind es architektonische Perlen einer vergangenen Zeit.

Wir haben einige Tage für Taschkent eingeplant, um die Visa für Kirgistan und Kasachstan zu beantragen. Auf Botschaften zu gehen, gehört allerdings nicht gerade zu meinen Lieblingsbeschäftigungen. Da die Botschaft von Kirgistan heute geschlossen hat, fangen wir mit der von Kasachstan an. Sie ist heute von neun bis zwölf Uhr geöffnet. Das schaffen wir noch. Kurz vor elf Uhr stehen wir vor der Botschaft. Eine wuselnde und gestikulierende Menschentraube auf dem Bürgersteig vor einem hohen geschlossenen Eisentor markiert unverkennbar den Eingang. Nach kurzer Zeit verstehen wir, dass wir unsere Namen in eine Liste eintragen sollen, mit der die Reihenfolge geregelt wird. Wir schreiben unsere Namen auf das zerknitterte DIN-A4-Blatt hinter die Ziffern 53 und 54. In einem kleinen Kiosk an der Straßenecke gegenüber kann man das erforderliche Antragsformular kopieren und ausfüllen. Jetzt heißt es warten.

Ein streng dreinblickender Sicherheitsmann bewacht den mit Gitterstäben umzäunten Eingangsbereich. Damit er von der wartenden Meute nicht zu sehr bedrängt wird, hat er eine kleine Schranke auf dem Gehsteig davor errichtet. Ein Metallrohr auf zwei wackeligen, dreißig Zentimeter hohen Ständern. Wagt es jemand, diese zu übersteigen, wird er sofort streng zurückgewiesen.

Unter den Wartenden treffen wir auf einen deutschen Reisenden aus Hannover, Mitte fünfzig mit grauem Stoppelbart und kakifarbenem Hemd.

»Ich bin seit drei Monaten unterwegs, aber langsam habe ich die Schnauze voll. Es ist immer das Gleiche. Wohin man kommt, überall: Bakschisch! Bakschisch! Jeder hält hier die Hand auf«, schimpft er los.

»Oh«, wundert sich Sabine, »durch welche Länder bist du denn gefahren?«

»Zuletzt durch Kasachstan und Russland. Ohne Schmiergeld geht da nichts. Diese Korruption regt mich auf«, macht er weiter seinem Ärger Luft.

»Ging uns anders. Uns hat auf der ganzen Reise noch keiner danach gefragt«, erzählt Sabine.

Mittlerweile ist es zwölf Uhr. Sabine geht zu dem Hüter der Liste mit der Reihenfolge. Der kleine Herr mit Hemd und dicker runder Brille tippt mit dem Kugelschreiber auf das Blatt Papier in seiner Hand: »Wir sind jetzt bei Nummer 5«, sagt er und erzählt, dass einige bereits seit sechs Uhr morgens anstehen würden.

»Nur fünf Leute am Vormittag«, sage ich fassungslos zu Sabine. »Wir sind Nummer 53. Wie lange sollen wir denn hier vor der Botschaft stehen?«

Ich ernte Schulterzucken. Zwanzig Minuten nach zwölf verkündet der Officer, die Botschaft schließe jetzt. Murren in der Runde, und die Menschentraube löst sich langsam auf. Wir bleiben vor dem Tor stehen, weil ich beim besten Willen nicht weiß, was wir jetzt tun sollen. Durch den Zaun sehe ich, dass ein Angestellter der Botschaft vor die Tür tritt. Durch die Gitterstäbe im Tor strecke ich ihm unsere Unterlagen entgegen.

»Nein«, schüttelt er den Kopf, »kommt morgen wieder.«

»Wann denn?«, rufe ich ihm zu.

»Ihr könnt ja ab acht Uhr hier warten«, schlägt er vor.

»Um acht haben sich doch bestimmt schon wieder zwanzig Personen in die Liste eingetragen!«

»Dann kommt halt um sieben. Oder um halb sechs. Oder um fünf«, lächelt er süffisant und dreht sich Richtung Tür.

Was für ein unfreundlicher Typ. »Einverstanden«, rufe ich durch den Zaun. »Wir werden heute Nacht mit unserem Wohnmobil genau hier vor der Botschaft schlafen und uns um vier Uhr als Erste in die Liste eintragen.«

Er stoppt, dreht sich um. Seine abfällig wirkende Lässigkeit ist verschwunden. »Okay, dann kommt nicht morgen, sondern heute am späten Nachmittag wieder.«

Um siebzehn Uhr stehen wir wieder vor der Botschaft. Erneut hat sich ein Traube gebildet. Es gibt einen neuen

Wärter mit einer Nachmittagsliste, in die wir uns jedoch gar nicht erst eintragen. Um achtzehn Uhr tritt ein Botschaftsmitarbeiter vor die Tür und gibt dem Sicherheitsmann ein Zeichen. Wir dürfen tatsächlich das Gebäude betreten und unsere Anträge abgeben. Unser schimpfender Landsmann ist auch wieder da. Er betritt mit uns die Botschaft. Sabine sortiert unsere Anträge, er sitzt auf dem Stuhl daneben, sortiert seine Formulare. Ich sehe zu ihm rüber. Er zieht einen Fünfzigdollarschein aus der Tasche, zeigt ihn mir, nickt mir zu, faltet den Schein in der Mitte und legt ihn zwischen die ersten Seiten seines Passes.

Ein Angestellter der Botschaft kommt kurz darauf in den Vorraum und sammelt alle Pässe und Formulare ein.

»Kommen Sie in sechs Tagen wieder«, sagt er und verschwindet.

Sechs Tage später sitzen wir wieder in der Botschaft. Auch unseren Mann im kakifarbenem Hemd treffen wir erneut. Sabine und ich erhalten unsere Pässe samt Visa. Auch im Pass des Hannoveraners klebt ein Visum für Kasachstan. Aber, oh Wunder, der Geldschein ist aus seinem Pass verschwunden. Ja, diese verdammte Korruption. Aber wer ist denn hier nun eigentlich korrupt?

KILOMETER 16232

SCHÖN NAH AM WASSER

Sabine

Die Landschaft verändert sich, wird grüner, je weiter wir nach Osten kommen. Vor uns liegt das Fergana-Tal, die Kornkammer Usbekistans. Am Straßenrand werden eimerweise Äpfel und Aprikosen angeboten, ein Stand reiht sich an den anderen.

Auf den meisten Strommasten sitzen große Storchennester, Schönwetterwolken stehen am Himmel, als wären sie von Kindern dorthin gemalt worden. Im Hintergrund erheben sich erste Berghänge, dahinter liegt Kirgistan. Ein Land, das erst vor sechs Wochen in die Schlagzeilen geriet, als der amtierende Präsident Bakijew bei einem blutigen Volksaufstand aus der Hauptstadt Bischkek verjagt wurde und nach Kasachstan floh.

Im Moment ist es wieder ruhig in und um Kirgistan geworden. So wird es hoffentlich auch bleiben, zumindest bis zum 27. Juni. Dann soll in einem Referendum entschieden werden, ob eine neue Verfassung legitimiert wird. Doch bis zur Abstimmung in vier Wochen wollen wir Kirgistan längst verlassen haben.

Der kleine Grenzübergang, fünfzig Kilometer entfernt von Namangan, liegt zwischen Feldern und grasendem Vieh. Wir sind die einzigen Durchreisenden.

»*Can you take picture?*«, grinst der junge Soldat breit, drückt mir sein Handy in die Hand, stellt sich vor Paula und posiert breitbeinig mit seinem Maschinengewehr und herausgestreckter Brust. Er ist sichtlich erfreut, als er das Foto auf dem Display begutachtet.

»*Are you from Germany?*«, möchte sein Kollege wissen. »*Can you translate, please?*«, wünscht er sich und zückt ebenfalls sein Mobiltelefon.

»Bück dich! Bück dich! Ein Zweibeiner auf allen vieren. Ich führe ihn spazieren«, grölt uns der Sänger der Band Rammstein aus dem kleinen Apparat entgegen.

Ich drehe mich zu Thomas: »Das darfst du übersetzen.«

Bei der Zeile »Honig bleibt am Strumpfband kleben« ist er zum Glück mit seinem Vokabular am Ende, und ich habe den Eindruck, auch der junge Grenzer ist bereits ein wenig enttäuscht von der überraschend unpoetischen Wortwahl seiner Bühnenhelden.

Foto gemacht, Rammstein übersetzt, sind damit die Formalitäten erledigt? Sieht ganz danach aus. Tack, tack, zwei Stempel in die Pässe, und die Schranke nach Kirgistan hebt sich.

Eine vorgeplante Route haben wir auch für Kirgistan nicht. Bis vor zwei Wochen wussten wir noch nicht einmal, dass wir überhaupt in dieses Land fahren werden. Zwei Rucksackreisende hatten uns von Kirgistan so vorgeschwärmt, dass wir uns in Taschkent dazu entschlossen und dort auch ein Visum besorgt haben. Die Entscheidung scheint goldrichtig. Die Landschaft verschlägt mir die Sprache. Schroffe Bergrücken, grüne Täler, sanfte Hügel, türkise Bergseen. Ein Traum. Dazwischen Viehhirten, die mit riesigen Herden über die von Blumen übersäten Wiesen ziehen, Reiter, die auf ihren Pferden über das Grasland galoppieren. Es duftet nach Frühling. Mir ist, als würden wir durch ein Bilderbuch fahren. Um die Mittagszeit taucht links unterhalb der Straße ein idyllischer See auf.

»Lass uns hier bleiben«, schlage ich begeistert vor.

Wir beschließen, früher als sonst Rast zu machen. Thomas lenkt Paula von der Straße und parkt etwa hundert Meter vom Ufer entfernt.

»Nein, hier will ich nicht stehen«, beschwere ich mich, »wenn wir nach Monaten in der Wüste jetzt an einem See übernachten, möchte ich morgens die Tür aufmachen und direkt aufs Wasser blicken. Lass uns näher am Ufer parken.«

»Na gut, aber es ist ziemlich steinig hier«, gibt Thomas zu bedenken, »du fährst runter, und ich weise dich ein.«

Thomas läuft voraus und testet die Festigkeit des Untergrunds, indem er mit seinen Birkenstockschlappen zweibeinig auf dem Kies umherspringt. Ich folge im Schritttempo. Ja, genau, direkt ans Ufer, denke ich. Der Motor fängt an, sich zu quälen, und im selben Moment merke ich auch schon, dass Paulas Reifen durchdrehen.

»Stopp!«, ruft Thomas. »Bleib stehen! Hier ist es viel zu weich. Warte. Lass mich da mal wieder rausfahren.«

Ich rutsche auf den Beifahrersitz, Thomas legt den Allradhebel um, drückt den Knopf für die Hinterachssperre und gibt Gas. Mit der Geländeuntersetzung gräbt sich Paula innerhalb von Sekunden ein und neigt sich gefährlich nach rechts. Das verheißt nichts Gutes.

Vorsichtig klettern wir über die Fahrertür hinaus. Thomas läuft um den Wagen herum und sagt kein Wort. Das irritiert mich mehr als der Anblick des festgefahrenen Lkws. Bis gerade eben war ich davon überzeugt, dass es einen Weg geben wird, Paula aus ihrer misslichen Lage zu befreien. Doch Thomas merkwürdige Ruhe verunsichert mich.

Beide starren wir stumm auf die Misere. Paulas rechter Hinterreifen ist knapp über einen Meter hoch. Er ist komplett im Morast versunken. Die Wohnkabine, die normalerweise vier hohe Stufen über dem Boden liegt, sitzt hinten noch eine Handbreit über dem Kies. Die ganze Hinterachse steckt im Untergrund. Das sieht nicht gut aus.

»Wie sollen wir die Kiste da jemals wieder rausbekommen?«

»Wenn sie umkippt, dann war's das.«

Allein kommen wir auf jeden Fall nicht weiter. Wir brauchen einen anderen Lkw oder einen Traktor. Aber woher?

Ich hole die Kamera, schieße schnell ein Foto, und wir laufen in die Richtung, in die der nächste Ort liegt. Nach fünf Minuten erreichen wir die nahe gelegene Straße. Wir stoppen ein Auto, das uns zur nächsten Ansiedlung mitnimmt. Im ersten Haus, anscheinend ein Wirtshaus, sitzen vier Männer beim Mittagessen. Wir zeigen das Foto und schildern aufgeregt mit Händen und Füßen unser Problem.

»Habt ihr einen Traktor?«, stopselt Thomas auf Russisch.

»Seht ihr den Hof dort drüben?« Sie deuten auf die andere Straßenseite. »Dort steht ein Traktor. Aber der Fahrer ist übers Wochenende weggefahren.«

Ich bin enttäuscht. Die Männer essen in aller Ruhe weiter, anstatt uns zu helfen. Erkennen die denn nicht den Ernst der Lage? Wenn der weiche Untergrund weiter nachgibt, ist unser Lkw umgefallen, bevor wir zurück sind. Wir laufen zu dem besagten Hof, finden einen jungen Mann und den Traktor.

»Nein, der Fahrer ist ein paar Tage verreist«, bestätigt er die Aussage der vier Männer.

»Ich bin selbst Traktorfahrer«, schwindelt Thomas.

»Nein, das geht nicht. Der Fahrer nimmt immer den Schlüssel mit.«

Plötzlich scheppert es. Ein klappriges weißes Auto kommt um die Ecke gebogen. Darin sitzen die vier Männer aus dem Lokal.

»*Dawai!*«, rufen sie uns zu. Wir sollen einsteigen, der Traktor wäre sowieso viel zu teuer. Während Thomas und ich uns mit auf die Rückbank schieben, hebt der Fahrer eine Eisenplatte vom Boden auf und legt sie in den Kofferraum, wirft noch zwei Holzbalken hinein, dann holpern wir zu sechst Richtung See. Schon aus der Ferne sehen wir Paula schief am Ufer hängen. Sie steht noch, doch bei ihrem Anblick wird mir ganz anders. Ich habe keine Vorstellung, bei welcher Neigung die Kiste umkippt. Wir steigen mit weichen Beinen aus dem Auto. Thomas und ich sind nach wie vor der Panik nahe. Einer der jungen Männer sieht sich Paula an, dreht sich zu Thomas und sagt mit ruhiger Stimme: »*Normaaalna.*«

Unser Repertoire an Russisch ist relativ beschränkt. Zu den wenigen Dingen, die wir ausdrücken können, gehört »Я дурак!« – »Ich bin ein Dummkopf«, was die Situation wohl gerade am besten beschreibt. Aber »normal« ist wohl das schönste russische Wort, das es gibt. Wenn uns jemand fragt, wie es geht, sagen wir: »Gut.« Wie hast du geschlafen? »Gut.« Wie war es in der Arbeit? »Schlecht.« Alles muss immer irgendwie bewertet werden. Das Russische hat da eine viel ehrlichere Antwort auf all diese Fragen der Befindlichkeit: »Normal.« Und das trifft es mit Sicherheit weit besser. Die Bandbreite dessen, was alles »normal« ist, ist recht groß. Im Lotto gewonnen? »Normal.« Weltuntergang? »Normal.« Zwei dämliche Touristen, die ihren Lkw einen Meter tief in Steinen und Uferschlamm vergraben? »Normal.«

Thomas wirft die Sandbleche vom Dach, ich ziehe unsere drei Wagenheber aus den Staufächern. Die Männer wuchten die Eisenplatte und die Holzbalken aus dem Kofferraum. Zu sechst beginnen wir zu graben, drücken die Platte und das Holz in den Boden und schaufeln.

Die Balken, die sie vom Bauernhof mitgebracht haben, sind Gold wert, denn so findet der Wagenheber auf dem weichen Untergrund Halt. Thomas sichert die Kabine mit dem Hi-Lift, entlastet die Achse durch eine Stockwinde unter dem Rahmen, und dann stemmen wir alle gemeinsam die Achse mit dem Wagenheber nach oben. Immer wieder versinkt die Abstützung im Schlamm. Wir füllen das Loch mit Steinen, bis wir schließlich die Sandbleche unterlegen können. Zentimeter um Zentimeter hebt sich die Achse aus dem Schlamm.

Nach drei Stunden steht Paula wieder an der Oberfläche, sicher auf den Sandblechen. Thomas steigt ein, fährt los und steckt nach zwei Metern erneut im Morast fest. Verdammter Mist!, denke ich kurz, aber auch: normal. Kein verständnisloses Kopfschütteln der Männer, keine genervt verdrehten Augen. Dieses Mal hängt Paula nicht ganz so tief im Boden.

Ein kurzes Schulterzucken, dann greifen wir alle erneut zur Schaufel.

Nach einer weiteren Stunde steht Paula tatsächlich wieder auf festem Untergrund. Wie können wir uns nur bei den Männern bedanken? Ohne sie hätten wir es nie geschafft. Die Männer lachen, winken ab, nein, sie wollen nichts, sie haben uns gerne geholfen. Immerhin können wir sie überreden, sich zum Abendessen in ein nahe gelegenes Wirtshaus einladen zu lassen. Es gibt frischen gegrillten Fisch aus dem See. Als ich frage, ob sie Bier trinken wollen, winken sie erneut ab. »Nein, nein. Wir gehören zur usbekischen Minderheit, wir sind Muslime, wir trinken keinen Alkohol.«

KILOMETER 17 040
BÜRGERKRIEG UND ALKOHOLISMUS

Thomas

»Wir trinken keinen Alkohol.« In den letzten Tagen muss ich immer wieder an diese Worte denken, denn seit wir die Grenzregion zu Usbekistan verlassen haben, ist das Thema für uns allgegenwärtig.

Gerade eben kam ein vielleicht vierzehnjähriger Junge vorbei, der mit seinem Esel auf dem Weg zum Brunnen war. Mit dem typischen Schnippen gegen die Kehle gab er uns zu verstehen, dass er Schnaps möchte. Gestern Abend zeigte ein Hirte, der bereits so betrunken war, dass er fast von seinem Pferd gekippt wäre, fordernd auf die Flasche Bier, die wir zum Abendessen tranken. Ständig begegnen uns Personen, die ohne große Umschweife Alkohol fordern. Nach einem obligatorischen »*At kuda?*« – »Woher kommt ihr?« werden ab dem zweiten Satz Schnaps, Zigaretten oder Dollar verlangt. Ich ertappe mich bei dem Generalverdacht: Haben hier eigentlich alle ein Alkoholproblem?

»Nicht alle, aber viele«, erklärt uns Sezim in fließendem Deutsch, eine junge, selbstbewusste Frau, die wir auf dem Markt treffen. »Schaut euch um. Wer pflanzt das Gemüse in den Gärten? Wer versorgt die Kinder? Wer verkauft die Waren am Straßenrand? Wir Frauen machen hier alles. Die Männer trinken. Noch vor drei Jahren waren viele unserer Männer in Kasachstan und Russland zum Arbeiten. Jetzt, in der Wirtschaftskrise, sind sie fast alle entlassen worden. Sie sind zurückgekommen, haben keine Arbeit, sind frustriert und trinken. Schaut euch das an. Vor jedem Geschäft stehen sie.«

Tatsächlich war uns das schon aufgefallen. Zu fast jedem der kleinen Läden, die so gut wie alle von einer älteren Frau geführt werden, scheint mindestens ein Betrunkener zu gehören. Fast wie ein Stück Inventar. In den Regalen der Läden stehen transparente Joghurtbecher, oben mit Aluminiumfolie verschlossen. Die Becher sehen aus wie Fertignachspeisen, nur dass es sich hierbei nicht um hundert Gramm Pudding, sondern um die gleiche Menge Wodka handelt.

Heute ist der 3. Juni. Wir sind in Naryn, einer kleinen Stadt im Süden des Landes. Auch hier steht Wodka in den Regalen. Ein Liter für umgerechnet siebzig Cent. Am Marktplatz vor dem Rathaus finden wir einen Parkplatz und begegnen dort Konrad. Er ist Österreicher und als internationaler Beobachter für die anstehenden Wahlen im Land.

»Ihr habt Glück, dass ihr erst heute kommt«, erzählt er amüsiert. »Gestern war hier die Hölle los. Da haben sie den Bürgermeister aus dem Rathaus vertrieben.« Er zeigt auf das Gebäude nebenan.

Nichts erscheint mir ungewöhnlich oder unruhig. Ich frage nach: »Gestern?«

»Ja. Eine Gruppe junger Männer hat das Büro gestürmt und den Bürgermeister gezwungen, ein Dokument zu unterschreiben, damit er abdankt. In Kirgistan braucht es im Moment nicht viel für einen Umsturz. Eine Flasche Schnaps, und man hat jeden auf seiner Seite.«

An sich ist Kirgistan perfekt für unsere Art zu reisen. Die meisten Gebiete sind dünn besiedelt, Ackerbau gibt es wenig, sodass wir jederzeit einen Übernachtungsplatz finden können. Wir lassen uns an schönen Seen, glasklaren Bächen oder saftig grünen Wiesen nieder. Nur die vielen Betrunkenen trüben das Gesamtbild. Mit unserem Fahrzeug sind wir offenbar ein Magnet für alle, die gerade nach Unterhaltung suchen. Vielleicht hatten wir auch einfach Pech in den vergangenen Tagen. Es waren häufig sehr anstrengende Begegnungen. Aber davon lassen wir uns die gute Laune nicht verderben.

Gestern haben wir Wolfgang, Diana und Töchterchen Gaia, mit denen wir vor sechs Monaten in Griechenland ein paar Tage lang am selben Platz standen, wiedergetroffen. Nach langer Zeit allein unterwegs freuen wir uns auf den Austausch unserer Erfahrungen aus den vergangenen Monaten.

KILOMETER 17 482
ZEIT ZU GEHEN

Thomas

Vor uns liegt still und friedlich auf 1600 Metern der Issyk-Kul-See. In bunten Farben schillernd reflektiert er die Abendsonne, als bestünde er aus flüssigem Silber. Aber das interessiert mich im Moment nicht, denn Wolfgang hat seine kleine Satellitenschüssel aufgebaut. Im kirgisischen Fernsehen schauen wir das Eröffnungsspiel der Fußballweltmeisterschaft. Gastgeber Südafrika gegen Mexiko. Wir verfolgen das Spiel, eine recht unterhaltsame Partie, Südafrika deutlich unterlegen, Mexiko mit bereits vier sehr guten Chancen. Halbzeitpfiff. Zwischenstand 0:0. Plötzlich eine Unterbrechung der Fußballübertragung. Nachrichten aus dem Süden des Landes. In der Stadt Osch sind Unruhen ausgebrochen. In den Straßen wird geschossen, die Situation ist unübersichtlich. Häuser brennen. Anhänger der usbekischen Minderheit fliehen zu Tausenden über die Grenze. Es herrscht Bürgerkrieg.

Wir sind im Nordosten des Landes. Hier ist die Situation ruhig. Noch. Familien lagern am Strand, Hirten ziehen mit den Herden umher. Kein Wort wird verloren über die katastrophalen Vorkommnisse im Süden. Empfingen wir nicht per Radio und Telefon Nachrichten zur Situation in Osch, wir würden nicht im Traum daran denken, dass in anderen Teilen des Landes kriegsähnliche Zustände herrschen.

Die Kämpfe haben sich auf andere Städte ausgeweitet, berichtet die Deutsche Welle über unseren kleinen Weltempfänger am nächsten Morgen.

Einen Tag später ruft die Regierung den Ausnahmezustand und eine Teilmobilmachung der Truppen aus.

Einen weiteren Tag später heißt es nun von offizieller Seite, man habe die Kontrolle über die Situation verloren. Zehntausende sind auf der Flucht. Hunderte Menschen wurden in den Straßen von Osch getötet. Es ist Zeit zu gehen.

Wir telefonieren mit drei befreundeten Fahrzeugreisenden, die auch gerade im Land unterwegs sind. Besprechen die Situation, wägen Optionen ab. Wir alle haben Visa für Kasachstan. Die Grenze bei Bischkek? Riskant. Zu nah an der Hauptstadt. Wenn sich die Unruhen ausweiten, greifen sie sicher bald auf die Hauptstadt über. Nein. Lasst uns Bischkek fernbleiben. Das ist zu gefährlich.

In Taschkent hatten wir auf der kirgisischen Botschaft nachgefragt, ob die Grenze bei Karkara im Osten des Landes für Ausländer passierbar ist. Ein kleiner Übergang, weitab von größeren Städten. Am Abend sitzen wir lange mit Diana und Wolfgang vor der Karte. Es ist die beste Option, die wir im Moment haben.

Wir brechen auf in Richtung Kasachstan. Vorbei an den Städten Karakol und Tyup. Keine Unruhen bisher. Der Weg Richtung Grenze zweigt nach Osten ab, wird von Kilometer zu Kilometer holpriger. Rund um den See waren die Straßen belebt, jetzt herrscht kaum noch Verkehr. An der letzten Abzweigung stand auf dem blauen Wegweiser mit großen weißen Buchstaben bereits »Kegen« angeschrieben, der erste Ort auf kasachischer Seite. Seither ist uns kein anderes Fahrzeug mehr begegnet.

Langsam und in Schlangenlinien weichen wir den vielen tiefen Löchern im Asphalt aus. Wir nähern uns dem Grenzposten. Zum Glück ist es nur noch knapp ein Kilometer, dann sind wir draußen.

Unvermittelt sitzen zwei Uniformierte im Schneidersitz mitten auf der Straße. Einer von ihnen hält eine Antenne in die Luft, der andere hat ein Telefon in der Hand. Als wir neben ihnen anhalten, stehen sie auf, und wir erkennen, dass die beiden nur teiluniformiert sind. Zum Flecktarnhemd tragen sie kurze Hosen und ausgetretene Flip-Flops. Sie wollen uns etwas mitteilen, aber unser Russisch ist leider zu schlecht, um sie zu verstehen. Wir können uns so weit verständlich machen, dass wir zur Grenze fahren, und sie bedeuten uns, dass wir sie dorthin mitnehmen sollen. Zu viert fahren wir also die verbleibende Strecke und halten wenig später vor ein paar grün gestrichenen Holzbuden mit weißen Fensterrahmen. Etwas abseits steht ein neueres Gebäude aus silbernem Wellblech, vor dem ein alter dunkelblauer Audi 100 parkt. Ein großes Dach überspannt die Straße. Auf seinem First weht eine ausgeblichene kirgisische Flagge. Drei rot-weiße Schranken mit jeweils gut zehn Meter Abstand versperren den Weg. Dahinter liegt Kasachstan.

Wir sind an der Grenze mit unseren Freunden verabredet. Kurz nach uns treffen sie ein. Von allen fällt eine große Last ab, als sie aus den Lkws steigen. Wir sind erleichtert, es ohne Probleme hierher geschafft zu haben.

Mit fünf Fahrzeugen stehen wir nun am Straßenrand vor dem kleinen Grenzposten. Jetzt beginnt gleich der bekannte Ablauf: Schranke eins, Passkontrolle. Schranke zwei, Fahrzeugkontrolle und Importpapiere. Schranke drei, Stempel auf die Visa. Willkommen in Kasachstan.

»*Sakrita!*«, sagt der junge Grenzbeamte, der neben der ersten Schranke steht.

Demonstrativ kreuzt er die Arme vor seinem Oberkörper. Geschlossen? Blöd, ausgerechnet jetzt Kaffeepause, denke ich und frage Sabine, wie spät es ist.

»Halb fünf.«

»Wann macht die Grenze wieder auf?«, will ich wissen.

Der Grenzbeamte zögert kurz, als hätte ich etwas ganz Merkwürdiges gefragt.

»Nie«, sagt er dann mit leichtem Kopfschütteln, »die Grenze ist für immer geschlossen.«

»Für immer? Was soll das heißen?«

»Der Grenzposten ist aufgelöst. Hier gibt es keinen Grenzübertritt mehr. Anordnung vom Premierminister.«

»Wir haben bei der kirgisischen Botschaft nachgefragt. Sie sagten, wir könnten hier ausreisen«, entgegne ich.

»Nein. Die Grenze ist schon seit zwei Monaten geschlossen. Schau, dort drüben.« Er zeigt auf eine Gruppe Arbeiter und einen alten olivgrünen Lastwagen, der unweit der Grenze im Feld steht. »Dort wird bereits der Zaun gebaut. In ein paar Tagen führt er hier über die Straße. Wir haben schon unseren Versetzungsbefehl.«

Zwei Stunden Diskussion später steht fest: keine Chance. Alles Bitten, uns wegen der kritischen Lage im Land hier ausreisen zu lassen, läuft ins Leere. Wir können hinübersehen. Dort, hinter den drei Schranken, liegt Kasachstan. Es ist frustrierend. Wir fragen die Beamten, was uns an Optionen bleibt. Nur die Grenze bei Bischkek.

Krisensitzung. Drei Kaffeemühlen drehen sich. Mit den dampfenden Tassen in der Hand sitzen wir im Kreis vor unserer gestrandeten Flotte. Es beginnt zu regnen. Die Tropfen fallen auf die ausgebreitete Landkarte vor uns. Wir gehen die Route durch. Auf der Schlaglochpiste zurück zum Issyk-Kul, am Nordufer entlang nach Bischkek, dann an die Grenze nach Norden. Wir addieren die Zahlen auf der Karte. 450 Kilometer. Bei den hiesigen Straßenverhältnissen acht bis zehn Stunden Fahrt. Uns bleibt keine Wahl.

Unser Konvoi setzt sich in Bewegung. Kurz nach Beginn der Abenddämmerung passieren wir erneut den verheißungsvollen Wegweiser, der uns 33 Kilometer bis in die erste kasachische Stadt Kegen angezeigt hatte. Wir sind alle erschöpft, unkonzentriert, müde. Abwechselnd fährt ein anderer voraus. Wir sehen die roten Schlussleuchten vor uns in weiten Schlangenlinien tiefen Schlaglöchern ausweichen, die wir im schwachen Licht unserer alten Scheinwerfer nur schwer erkennen können. Zurück auf der Hauptstraße muss ich bei jedem entgegenkommenden Fahrzeug die Augen zusammenkneifen. Zu sehr blenden die Lichter. Ich kann nicht weiterfahren. Sabine ist längst auf dem Beifahrersitz eingeschlafen. Wolfgang fährt vor uns. Per Lichthupe gebe ich ein Zeichen, dass wir kurz anhalten müssen. Alle, die noch wach sind, steigen aus. Weiterfahren oder anhalten? Die Entscheidung ist schnell getroffen. Kurz darauf stehen wir wieder am Issyk-Kul-See. Besser hier die Nacht verbringen als nahe der Hauptstadt. Ein wenig Schlaf, am nächsten Morgen geht es weiter.

Der Morgentau bedeckt noch das Gras. Die Straßen sind leer. Ab und an ein blauer Traktor mit hoch beladenen Anhängern voller Heu. Wir fahren durch ein schmales Flusstal nach Norden. In den Wiesen neben der Straße stehen bunte Bienenkästen. Wir nähern uns Bischkek, biegen kurz davor

Richtung Grenze ab. Leninskoje, die letzte Stadt. Plötzlich stehende Autos. Männer, Frauen und Kinder auf der Straße. Die Fahrzeuge sind schwer beladen. Nichts bewegt sich. Alle wollen raus. Der Stau vor der Grenze reicht bis hierher. Wir reihen uns ein. Wie lange wird das dauern? Ich steige aus, laufe mit Wolfgang an der Schlange Hunderter wartender Autos vorbei bis zum Grenzhäuschen. Wir fragen einen Beamten, was wir tun sollen.

»Visa?«, fragt dieser zurück.

Ich nicke und zeige ihm meinen Pass mit dem gültigen Visum für Kasachstan. Er winkt, wir sollen auf die Gegenspur fahren, vorbei an der Schlange, vor zum Kontrollposten. Warum wir vorgelassen werden, wissen wir nicht. Ob es an unseren Visa liegt oder daran, dass wir Ausländer sind? In Anbetracht der Situation sind wir alle dafür aber sehr dankbar.

Wir parken die fünf Lkws direkt vor den Grenzgebäuden. »*Dawai, dawai!*«, ruft der Uniformierte und scheucht uns von einem Büro zum anderen. Nach jedem Raum führt er uns zu einem Glasfenster, durch das er unsere Papiere reicht, dort wird die Uhrzeit vermerkt, dann ruft er wieder »*dawai, dawai!*« und führt uns weiter. Trotz der Eile vergehen Stunden. Nun die Fahrzeugkontrolle. Neben uns wird gerade ein kirgisisches Fahrzeug in seine Einzelteile zerlegt. Taschen, Sitzbänke, Decken und Koffer liegen rund um den Kleinwagen verteilt. Der Fahrer wird angewiesen, sein Reserverad zur Röntgenkontrolle zu bringen. Missmutig rollt der kleine Mann sein Rad über den Zollhof.

»Wenn die unser Auto auch so zerlegen, kann das Tage dauern«, befürchtet Sabine, doch bei uns genügt dem Beamten ein kurzer Blick in die Kabine. Entweder wir werden hier extrem bevorzugt oder die Einheimischen absichtlich schikaniert. Nach acht Stunden an der Grenze sitzt endlich der letzte Stempel auf unseren Dokumenten. Wir sind raus aus Kirgistan.

KILOMETER 18 697

ENTSCHEIDUNG IN ALMATY

Thomas

Ich bin noch immer aufgewühlt von den Geschehnissen in Kirgistan. Täglich hören wir Nachrichten. Die Situation hat sich in den letzten Tagen zum Glück wieder etwas beruhigt.

Anstrengende Tage liegen hinter uns, wir brauchen eine Pause. Da kommt Almaty, die moderne Metropole Kasachstans, gerade recht. Almaty hieß früher Alma-Ata, übersetzt: Großvater der Äpfel. Die einstigen Wälder aus wilden Obstbäumen, die von der Stadt hinauf in die nahe gelegenen Berge führten, sind längst unter Neubaugebieten verschwunden. Dennoch finden wir einen ruhigen Stellplatz zwischen alten Pfirsichbäumen und struppigem Grasland. Eine große brachliegende Freifläche mitten in der Zwei-Millionen-Metropole, auf der unsere fünf Fahrzeuge gut Platz finden. Wenige Gehminuten entfernt steht eine Einkaufs-Mall, wie ich sie seit Monaten nicht mehr gesehen habe. Boutiquen, Supermarkt und Bodyshop im Erdgeschoss, Food Court mit Burgerladen, indischem Lokal und Sushi-to-go im ersten Stock, eine Kunststoff-Schlittschuhbahn im Untergeschoss.

Auf dem Weg ins Zentrum laufen wir durch die Innenstadt-Bezirke Almatys und haben den Eindruck, uns in einem riesigen Park zu befinden. Breite Grünstreifen säumen die Fahrbahnen, verwildern ungestört, spenden Schatten und trennen die belebten Straßen und Bürgersteige von den Gebäuden. Wer im Stadtgebiet einen Baum entfernt, muss fünfzehn neue pflanzen. Per Gesetz versucht man, die einst klug angelegte Stadt weiterhin grün und gut durchlüftet zu halten. Die Innenstadt wirkt grün, aber meine Nase sagt mir: Die Durchlüftung gelingt nur bedingt. Den kühlen Fallwind von den schneebedeckten Bergen spürt man heute nur noch im oberen Teil der Stadt. Früher muss er durch die breiten Grünachsen bis ins Zentrum geströmt sein. Heute verstellen immer mehr Gebäude die Frischluftschneisen, kämpfen um die besten Plätze im Ausverkauf von Grund und Boden am südlichen Rand der Metropole und schieben die Stadtgrenze weiter und weiter die Berghänge hinauf, der frischen Luft entgegen. Die älteren, weiter unten gelegenen Viertel versinken mehr und mehr in Rauch, Abgas und Gestank. Wer kann, zieht so weit es geht bergauf. Wer reich ist, kauft sich frische Luft. Wer arm ist, erstickt im Smog.

Unser Stellplatz auf der großen Freifläche neben der viel befahrenen Ulica Rozybakieva liegt hoch. Daher kehren wir gerne dorthin zurück, sitzen lange am Abend zusammen vor den Lkws. Wolfgang und Diana hatten uns von ihrer Idee erzählt, China zu durchqueren. Mathias, der mit uns aus Kirgistan ausgereist war und seit gestern auch hier in Almaty steht, wird sie in seinem Unimog begleiten.

Bisher hatten Sabine und ich eine Chinadurchquerung für uns ausgeschlossen. Mit dem eigenen Auto durch das riesige Land zu reisen, ist mit viel Aufwand verbunden. Man benötigt jede Menge Papiere, einen chinesischen Führerschein, chinesische Nummernschilder, eine chinesische Versicherung, für jeden Streckenabschnitt eine Erlaubnis und dazu einen Guide, der das Fahrzeug ständig begleitet. Eine Agentur kann sich darum kümmern, aber das ist sehr teuer. Je nach Aufenthaltsdauer muss man für ein einzelnes Fahrzeug mit 4000 bis 6000 Euro rechnen.

Wir sitzen auf Klappstühlen zwischen den Fahrzeugen und diskutieren.

»Mit drei Fahrzeugen könnten wir uns die Kosten für den Guide teilen. Das wären dann etwa 2000 Euro pro Fahrzeug«, schlägt Wolfgang vor.

»Ich weiß nicht. Was sollen wir in Südostasien? Das ist doch mit dem Rucksack viel einfacher zu bereisen als mit dem Fahrzeug«, werfe ich ein.

»Stimmt«, gibt Sabine mir recht, »aber China an sich würde mich schon reizen.«

»Ihr werdet sehen«, prophezeit Wolfgang, »Thailand wird euch gefallen. Mensch, Leute! Sandstrand, Palmen, Meer. Wir werden dort auf jeden Fall einige Zeit bleiben.«

»Ich weiß nicht so recht. Das bringt unsere ganzen Pläne durcheinander. Wir wollten doch in zwölf Monaten nach Wladiwostok und von dort aus nach Kanada verschiffen. Wenn wir jetzt durch China und Südostasien fahren, erreichen wir Nordamerika sicher nicht innerhalb eines Jahres«, denke ich laut weiter.

»Ist aber eine einmalige Chance. Mit drei Fahrzeugen ist es erschwinglich. Und wir hätten noch einen unschlagbaren Vorteil: Wir sind keine willkürlich zusammengewürfelte Gruppe. Wir wissen, dass wir uns gut verstehen«, argumentiert Sabine.

Ich bin unschlüssig. Gemeinsam mit Wolfgang, Diana und Mathias überlegen wir hin und her. Wann könnten wir frühestens einreisen, wann sollten wir spätestens ausreisen? Der August wäre der beste Monat, um durch die Mongolei zu fahren. Es ist gar nicht so einfach, die Pläne von mehreren Weltenbummlern unter einen Hut zu bekommen.

Wir müssen uns entscheiden. Entweder wir fahren etwa zwei Monate lang durch den Osten Russlands. Die Straßen werden immer schlechter, das Wetter stetig kälter. Wir kommen im November in Wladiwostok an, es ist bitterkalt, und wir müssen dann innerhalb von ein, zwei Wochen ein Schiff finden, das Paula über den Pazifik bringt. Das klingt nicht sehr verlockend. Oder aber wir fahren gemeinsam mit Freunden durch China und entdecken das Reich der Mitte. Die Große Mauer, die Verbotene Stadt, die Terrakotta-Armee. Statt immer kälter, würde es mit jedem Kilometer wärmer, bis wir schließlich im tropischen Südostasien landen. So gesehen muss ich zugeben: Das klingt wirklich erheblich besser.

Wir haben beide unruhig geschlafen. Meine Gedanken sind die ganze Nacht gekreist. Mit den ersten Sonnenstrahlen weckt mich Sabine: »Lass uns durch China fahren.«

»Bist du dir sicher?«, frage ich.

»Ja.«

»Gut. Dann brauchen wir halt etwas länger, bis wir nach Nordamerika kommen. Aber was macht das schon.«

Beim Frühstück teilen wir Diana, Wolfgang und Mathias unseren Entschluss mit. Noch am selben Tag planen wir die grobe Route durch China und senden per E-Mail all unsere Daten an eine chinesische Reiseagentur.

Dann trennen sich unsere Wege fürs Erste wieder. Spätestens in Ulan-Bator, der Hauptstadt der Mongolei, wollen wir uns wiedertreffen, um gemeinsam in Richtung China aufzubrechen. Doch bis dorthin liegt noch ein sehr weiter Weg vor uns.

Seit über 800 Kilometern rollen wir nun schon durch die größte Trockensteppe der Erde. Die Dimension von Kasachstan habe ich unterschätzt. Wir haben erst die Hälfte der Strecke bis zur russischen Grenze hinter uns gebracht. Die Straßen sind miserabel. Um uns herum Grasland, so weit das Auge reicht. Ein Meer aus gelben Halmen wiegt sich im Wind, die Wolken jagen über den Himmel, und sobald wir nur etwas von der Straße in das Grasland hineinfahren, sehen wir keinen Menschen weit und breit. Im Fensterrahmen klemmt der Weltempfänger, und mit rauschender Stimme kommentiert der Sprecher das Endspiel zwischen Spanien und Holland. Die reguläre Spielzeit halte ich durch, dann schlafe ich ein.

KILOMETER 20326

KURZER AUFENTHALT

Sabine

Russland war mir schon als Kind aus den Erzählungen meiner Großeltern vom Zweiten Weltkrieg ein Begriff. Der Bruder meiner Oma war hier gefallen, ebenso ihr Schwager. Mein Opa war dort verwundet worden. Viel von Russland habe ich dennoch nie erfahren. Nichts über die Menschen, nichts über die Landschaft, nur Erzählungen über die bitterkalten Winter in Sibirien. Unser Englischlehrer hat sich noch mit den Worten »Achtung, die Russen kommen!« unter das Pult geschmissen. Selbst bei dem seltsamen Humor dieses Mannes zeigte sich, wie stark der Name »Russland« bei der älteren Generation nach wie vor mit dem Krieg verknüpft war. Jetzt habe ich Gelegenheit, dieses Land selbst kennenzulernen.

Neues Land, neue Währung, neue Handykarte. An Bargeld zu kommen ist kein Problem, denn Geldautomaten gibt es sogar in kleinen Ortschaften. Fehlt nur noch eine lokale SIM-Karte. Wir stolpern in den erstbesten Laden, ich deute auf mein uraltes Mobiltelefon. Zwei Mobilfunkanbieter stehen zur Auswahl. Wir vertrauen auf die Erfahrung des Verkäufers, der die Karte für uns einlegt und freischaltet. Ein älterer Herr mit auffallend dicker Brille betritt den Laden und klinkt sich in unser Gespräch ein. Na ja, Gespräch ist zu viel gesagt, denn unser Russisch beschränkt sich auf wenige Worte. Das hält ihn jedoch nicht davon ab, eine Geschichte zu erzählen, die ich zwar nicht verstehe, die aber in einem Lied endet. Begleitet von blecherner Musik aus seinem Handy trällert er mit voller Stimme drei Strophen bis zum Schlussakkord. Russland gefällt mir schon jetzt.

Müde von der langen Fahrt parken wir fernab der nächsten Siedlung an einem kleinen Birkenhain, der zwei riesige Felder voneinander trennt.

»Genau das Richtige für uns«, beschließe ich.

Mitten in der Nacht weckt mich das laute Knattern eines Mopeds, das direkt neben dem Lkw hält. Durch das offene Fenster am Bett höre ich die Stimmen zweier Halbstarker, die den Lkw umrunden und dabei immer wieder prüfend an den Aufbau klopfen.

»привет!«, rufen die beiden und klopfen stärker an die Kabine. »Hallo!«

Es ist vier Uhr morgens. Können die uns nicht einfach in Ruhe lassen? Thomas steckt den Kopf aus dem Fenster. Sofort beginnen die beiden, auf ihn einzureden. Ich verstehe kein Wort. Ich will auch nichts verstehen. Ich will schlafen. Thomas hat bessere Nerven und erklärt den Jungs gut gelaunt, wo wir herkommen und wo wir hinfahren. Dann erzählen die Jungs. Bis Thomas endlich verstanden hat, was sie wollen, beginnt bereits die Morgendämmerung. Es stellt sich heraus, dass die beiden gerade von der Arbeit kommen. Sie sind Nachtwächter und beaufsichtigen einen großen Fuhrpark. Sie bieten uns an, günstigen Diesel zu besorgen. Ich verstehe: Sie pumpen die Tanks der Maschinen leer und verkaufen den Diesel weiter. Prima Nachtwächter, die zwei Schlawiner. Aber erstens haben wir gerade erst getankt, und zweitens tanke ich sicher nicht um diese Uhrzeit. Ich höre im Halbschlaf, wie Thomas mit den beiden herumalbert. Mittlerweile wäre der Diesel sogar umsonst. Nein, kein Diesel? Die beiden steigen auf ihr Mofa und sind weg. Thomas schließt das Schiebefenster und legt sich wieder ins Bett.

»Mööp, mööp!« Keine halbe Stunde später sind sie wieder da. Sie sind jetzt zu viert auf zwei Mofas zurückgekommen. Die Jungs haben nicht nur einen Freund und eine Freundin mitgebracht, sondern auch noch ein Geschenk: eine gebrauchte Zange. Einfach mal so. Das ist ja wirklich nett gemeint, aber um diese Uhrzeit … Thomas, inzwischen wach, hat sich angezogen, steht draußen vor dem Lkw und unterhält die Gruppe. Mit einem schwarzen Edding schreiben sie russische Willkommensgrüße und ihre Namen auf Paulas Wohnkabine. Nach zwei Stunden verabschieden sie sich, Thomas legt sich ins Bett, während ich langsam den Tag beginne.

Unsere ursprüngliche Idee, bis nach Wladiwostok ganz im Osten von Russland zu fahren, haben wir zugunsten der geplanten Fahrt durch China verworfen. Das Glück scheint uns gewogen. Seit wenigen Wochen ist auch der kleine Grenzübergang im Westen der Mongolei für ausländische Fahrzeuge geöffnet. Das ist eine neue, bisher ungeahnte Option. Wir werden also quer durch die Mongolei reisen. Dafür hat sich unsere Strecke in Russland erheblich verkürzt. Statt monatelang durch das Land zu fahren, haben wir aktuell nur zwei Wochen Zeit, bis unser Visum für die Mongolei anläuft.

Von Barnaul fahren wir durch das russische Altai, eine gut besuchte Ferienregion. Ein Zelt reiht sich an das andere, es wird gegrillt und gebadet. Wem das zu wenig ist, leiht sich ein Pferd oder nimmt an einer Raftingtour teil. Souvenirstände bieten von Aschenbechern über geschnitzte Löffel bis hin zu Maultrommeln alles, was der Urlauber nicht benötigt, aber dennoch begeistert kauft. Je weiter wir in die Berge kommen, desto dünner werden die Touristenströme und umso einfacher wird es, einen schönen Stellplatz zu finden. Eine Baumgruppe bietet Schatten, ein Fluss Wasser zum Wäschewaschen und zum Baden. Klare Sicht und frische Luft mit Blick auf schneebedeckte Gipfel und Gletscher.

Eier, Milch, Kartoffeln und Zwiebeln. Bestens. Wir haben alles, was wir brauchen, in dem kleinen Laden in Kuray bekommen. Mit ein paar Worten auf Russisch kommt man schon ganz gut zurecht. Die Menschen sind herzlich und offen, lebenslustig und hilfsbereit. Und wenn man sich mal nicht versteht, wird so lange geraten, gezeigt und gestikuliert, bis alles geklärt ist. Für »Zwiebeln« reichte eine kurze Geste vom Schneiden und sich danach die Augen reiben, und schon war klar, was wir brauchen.

Wegen unserer spontanen Routenänderung lernen wir nun viel weniger von dem Land kennen als zunächst geplant. Schade, Russland und seine Bewohner wirken auf mich ausgesprochen sympathisch. Wir werden irgendwann wiederkommen, keine Frage. Aber nun freue ich mich auf China und Südostasien.

KILOMETER 21464
LANGSAME FREIHEIT

Thomas

Mit dem russischen Schlagbaum endet der Asphalt. Die Piste durch das Niemandsland gibt einen ersten Vorgeschmack auf die zu erwartenden Straßenverhältnisse. Brücken gebe es kaum, habe ich gelesen, Teerstraßen nur in der Hauptstadt Ulan-Bator. Je nach Jahreszeit führten die Flüsse so viel Wasser, dass sie nicht passierbar seien. Selbst im Sommer müsse man nach starken Regenfälle oft tagelang warten, bis man die Bachläufe wieder durchfahren könne. Auch frische Lebensmittel soll es kaum geben. Wir haben uns daher in Russland reichlich eingedeckt.

In Ölgii, dem ersten größeren Ort hinter der Grenze, werden wir jedoch vom Warenangebot positiv überrascht. Auf dem Wochenmarkt werden Kartoffeln, Kohlköpfe, Karotten, Eier, Butter und Brot angeboten. Mehr brauchen wir ja gar nicht. Die Geschichten von einer Mongolei, in der man keine Lebensmittel kaufen kann, kommen mir damit erst einmal etwas überzogen vor.

Die Berichte über die Straßenverhältnisse scheinen jedoch nicht übertrieben zu sein. Der anfangs noch halbwegs befestigte Schotterweg wird immer kleiner, teilt sich, läuft wieder zusammen und teilt sich erneut. Wir müssen lernen, uns von der Vielzahl der vorhandenen Wege nicht aus der Ruhe bringen zu lassen. Wir folgen dem Geflecht aus Spuren auf eine kühle Hochebene. Sie ist durchzogen von Flüssen, an denen vereinzelte Jurtensiedlungen liegen. Die Luft ist klar und frisch. In der Ferne spitzen die weißen Gipfel einiger Viertausender hervor.

Aus dem mongolischen Altai fahren wir hinab in das sogenannte Tal der Gobi-Seen. Und mit einem Mal ist sie da: Die endlose Weite. Kein Haus, kein Mensch, kein Baum. Nichts. Oft begegnet uns für viele Stunden kein einziges anderes Fahrzeug. Ein Traum. Steppe, so weit das Auge reicht. Nur zwei Gebirgszüge markieren in weiter Ferne das Ende der Ebene und geben uns die grobe Richtung vor. Endlich surren keine Mücken mehr, die uns im Altai so plagten. Mit der Weite kommt auch der berüchtigte Wind, der dem Land seinen Namen gab: Mongolei, das Land der garstigen Winde.

Die Hauptverkehrsachse von Westen nach Ulan-Bator ist ein Geflecht aus unbefestigten Pisten. Aus der Ferne wirkt der Boden weich und sandig, doch egal, welche Spur wir auch wählen, der Untergrund ist mit kleinen, harten Wellen überzogen. Ein Boden, den man passend als Wellblech bezeichnet. Das Fahren ist anstrengend, wir wechseln uns ab. Dennoch zittern am Abend meine Arme vom andauernden heftigen Vibrieren des Lenkrads.

Heute versuchen wir es mal anders. Die Theorie besagt, dass man bei hoher Geschwindigkeit das Wellblech kaum spürt. Ich bin das langsame Gehoppel leid und gebe Gas. Der Geschwindigkeitsmesser kriecht nach oben. Mit jedem Stundenkilometer mehr vibriert die Kiste stärker, scheppern Töpfe und Teller in den Schränken hinter mir immer lauter.

Im Regal schlagen die Öl- und Essigflaschen gegeneinander, die Bücher hüpfen auf und ab. Der kleine Globus auf dem Armaturenbrett wackelt, die Magnete fallen ab.

»Das funktioniert nicht!«, schreit mir Sabine von der Seite ins Ohr.

»Doch, wir sind nur noch nicht schnell genug!«

»Das wird immer schlimmer statt besser!«

Plötzlich wird es leiser. Wir haben die magischen sechzig Kilometer pro Stunde erreicht. Paula fliegt über das Wellblech hinweg. Für zwei Minuten. Auf dem beigen Steppensand taucht der Kadaver eines Kamels vor uns auf. Ich reiße das Steuer nach rechts und überfahre einige der kleinen störrischen Grasbüschel. Paula wird schlagartig langsamer, sofort ist auch das Scheppern zurück. Es ist ohrenbetäubend. Ich bremse weiter ab. Sabine klammert sich an Tür und Armaturenbrett fest, alles um uns herum hüpft, die Seitenscheibe schlägt in der Führung, der Durchgang quietscht und knarzt. Was tun wir unserer Kiste nur an? Erst als Paula wieder mit gemächlichen fünfzehn Stundenkilometern über jede einzelne Welle rollt, wird es ruhiger.

»Es hilft nichts«, sind wir uns einig, »wir müssen langsam fahren. Sonst ist Paula noch vor Ulan-Bator in ihre Einzelteile zerfallen.«

Wir wechseln erneut die Plätze. Sabine sitzt bei Wellblech eindeutig geduldiger am Steuer.

Über die einheimischen Lkw- und Minibusfahrer kann ich nur staunen. Mit ohrenbetäubendem Geschepper jagen sie ihre vollkommen lädierten Kisten Tag und Nacht über die höllischen Pisten. 48 Stunden braucht der öffentliche Bus für die Fahrt von Ölgii bis nach Ulan-Bator. Wir haben drei Wochen für diese Strecke eingeplant.

»1700 Kilometer in zwei Tagen. Wie soll das gehen?«, wundere ich mich. »Wir sitzen heute schon seit zehn Stunden hinter dem Steuer und haben gerade einmal 150 Kilometer geschafft.«

»Keine Ahnung, aber mir reicht es für heute.«

Sabine geht vom Gas, biegt im Neunzig-Grad-Winkel von der Fahrspur ab, rollt 300 Meter geradeaus und bleibt stehen. In dieser Weite ist jeder Platz so gut wie der andere.

Mit den Campingstühlen setzen wir uns vor Paula und blicken über die sich endlos erstreckende Ebene. Der Boden ist von einer gelbgrünen Schicht überzogen, die aussieht wie frisches Gras. Bei genauerer Betrachtung entpuppt sich der Bewuchs als wilder Schnittlauch, der in kleinen, mageren Büscheln den Boden überzieht und kräftig duftet. In der Ferne sehen wir als winzigen Punkt einen Lastzug vorbeifahren, der eine kilometerlange Staubfahne hinter sich herzieht. Das Scheppern der Federung und des Anhängers dringt bis zu uns herüber. Dann herrscht Stille. Vollkommene Stille, wie ich sie noch nie zuvor erlebt habe.

KILOMETER 26 399
ZU GAST BEI NOMADEN

Sabine

Drei Wochen waren wir von der Grenze bis in die Hauptstadt Ulan-Bator unterwegs. Von dort machten wir einen Abstecher nach Norden, an den Baikalsee in Russland, das heilige Meer Sibiriens. Heute kann man mit dem Flugzeug um die ganze Welt fliegen, doch welch eine Revolution des raschen Vorankommens die Transsibirische Eisenbahn Anfang des 20. Jahrhunderts bedeutet haben muss, wurde mir dort erst richtig klar.

Thomas' Eltern waren mit dem Zug innerhalb einer Woche von unserem Heimatort bis ins Herz Sibiriens gereist, wir waren mit Paula bis hierher neun Monate unterwegs. Nach einer gemeinsamen Woche am See verabschiedeten wir uns wieder und fuhren zurück in die Mongolei nach Ulan-Bator. Dort trafen wir uns mit Mathias, Wolfgang, Diana und Töchterchen Gaia.

Mit ihnen sind wir jetzt gemeinsam unterwegs zur chinesischen Grenze. Am späten Nachmittag parken wir in der Nähe dreier Jurten. Der Hausherr kommt uns sofort freudig entgegengelaufen und bittet uns in seine Zeltbehausung. Leicht gebückt schlüpfen wir durch die kleine hölzerne Eingangstür. Wir achten darauf, weder auf die Türschwelle zu treten noch an den Türstock zu stoßen, beides soll nach mongolischem Volksglauben Unglück bringen. Im Inneren begrüßt uns eine ältere Frau. Sie sitzt neben einem Ofen, der in der Mitte der Jurte steht, und deutet auf eine kleine Bank ihr gegenüber. Ich nicke und nehme Platz. Hier sitzen wir nun, können auf Mongolisch gerade einmal »Danke« sagen und warten ab, was passieren wird.

Mein Blick fällt auf die wenigen Einrichtungsgegenstände: zwei niedrige Betten links und rechts der Tür, eine Kommode an der Stirnseite, davor ein paar Hocker zum Sitzen, einen Tisch gibt es nicht. Neben der Kommode steht ein kleiner Fernseher am Boden, der mit einer alten Autobatterie betrieben wird. Der Fußboden ist mit abgewetztem PVC ausgelegt. Zwischen den Dachstreben klemmen vergilbte Familienfotos. Durch eine runde Öffnung im Dach fällt Abendlicht und taucht den Raum in warme Farben. Der Ofen darunter knistert, und der leicht würzige Geruch brennenden Viehdungs erfüllt den Raum. Es ist urgemütlich in diesem Zelt aus Filz.

Eine junge Frau nimmt gegenüber auf dem Bett Platz. Im Arm hält sie ein Baby, das in eine blaue Decke geschnürt ist. Ein kleines Mädchen und ein Junge schlüpfen durch die Tür und setzen sich neugierig neben sie. Zwei junge Männer kommen hinzu, langsam füllt sich die Jurte. Der Hausherr setzt sich an die Stirnseite mit Blick zur Tür. Wir überreichen ihm zwei kleine Gastgeschenke, die wir gerade noch aus den

Schränken im Lkw zusammengesucht haben. Zigarillos und eine Dose bayerischen Schnupftabak. Er gibt die Mitbringsel weiter an seine Frau, die sie kurz betrachtet, dann mit Bedacht zur Seite legt und uns eine Schale selbst gemachten Joghurt mit Zucker reicht.

Doch wie unterhält man sich nun, wenn man keine gemeinsame Sprache spricht? Bereits in der Türkei hatte sich unser Bildwörterbuch als völlig nutzlos für Unterhaltungen erwiesen. Mittlerweile haben wir aber ein kleines Fotoalbum erstellt. Ich hole es hervor und schlage die Seite mit meiner Familie auf. Interessiert setzt sich der kleine Bub zu uns und betrachtet das Familienfoto. Ich deute auf mich und meine Mutter, dann auf ihn und die ältere Frau am Feuer. Nein, schüttelt er lachend den Kopf und zeigt auf die junge Frau mit Kind. Das ist seine Mutter. Die Frau am Herd, zeigt er, entspricht meiner Großmutter und das Mädchen meinem Bruder und so weiter. Ich deute auf Thomas und zeige ein Bild seiner Eltern und das Haus, in dem sie wohnen. Der Junge nickt eifrig. Auf den nächsten Seiten des Albums sieht man bayerische Berge und Felder, ein Bierfest mit Maßkrügen, schneebedeckte Häuser. Ich überreiche dem Jungen das Album, der es freudig seiner Familie zeigt und mit viel Begeisterung die einzelnen Fotos erklärt, wobei offenbar so manches Detail für Belustigung sorgt.

Der Hausherr deutet auf die Gastgeschenke und gibt uns zu verstehen, dass er nicht weiß, was wir ihm mitgebracht haben. Er kennt weder Zigarillos noch Schnupftabak, obwohl in unserem Reiseführer steht, Mongolen würden Schnupftabak lieben. Na, probieren wir es aus. Wir geben ein Häufchen Tabak auf den Handrücken, in die Kuhle zwischen Daumen und Zeigefinger, und schnupfen das Pulver. Reihum macht jeder mit. Das führt zu Tränen in den Augen, Niesanfällen und viel Gelächter. Wir zünden die Zigarillos an und paffen gemeinsam, bis dichte Rauchschwaden durch die Jurte ziehen. Hatten wir anfangs Bedenken, ob wir uns verständigen können, so unterhalten wir uns mittlerweile wie selbstverständlich mit Händen und Füßen. Die Kinder bringen einen Sack voller kleiner Schafsknochen und zeigen uns, dass man mit ihnen würfeln kann. Mit roten Wangen erklären sie uns geduldig die Spielregeln.

Mittlerweile ist es dunkel geworden, eine Taschenlampe baumelt als einzige Lichtquelle vom Dach. Die Stimmung ist ausgelassen. Wolfgang zaubert eine Flasche Schnaps hervor und reicht sie dem Hausherrn. Dieser füllt eine silberne Schale, hebt sie für einen Trinkspruch in die Höhe und singt mit kräftiger Stimme ein Lied. Dann nimmt er einen Schluck und reicht das Gefäß weiter. Während die Mongolen wunderschöne Lieder kennen und wir ihren klaren Stimmen ewig lauschen könnten, sind wir weniger begabte Sänger. Wolfgang fällt zumindest ein Volkslied ein. Einen Preis würden wir für unser gemeinsam gesungenes »Drunt in der greana Au steht a Birnbaam schee blau. Juche!« allerdings nicht gewinnen.

Während wir uns musikalisch verausgaben, bereiten die Frauen das Abendessen zu. Sie schneiden frisches Fleisch in kleine Stücke und braten es in einem großen Topf über dem Feuer an. Sie geben Zwiebeln, Kartoffeln und Knoblauch dazu, kneten Teig, rollen ihn aus und schneiden daraus dünne Nudeln, die sie mit in die deftige Suppe geben. Ist die Schnapsschale bei ihnen angekommen, unterbrechen sie ihre Arbeit und singen und trinken mit. Kaum ist die Flasche leer, ist auch das Essen fertig.

Die Großmutter reicht jedem eine Schüssel der dampfenden Suppe. Den typischen Hammelgeruch nehme ich kaum noch wahr. Obwohl ich seit Jahren Vegetarierin bin, würde es mir nicht in den Sinn kommen, die Suppe abzulehnen. Fleisch ist ein wichtiges und auch kostbares Nahrungsmittel in der Mongolei, uns davon etwas anzubieten, ist eine großzügige Geste, und so esse auch ich den nahrhaften Eintopf mit Genuss.

Es ist bereits nach Mitternacht, als wir die wohlige Wärme der Jurte verlassen. Zahllose Sterne funkeln am Nachthimmel und begleiten unseren kurzen Nachhauseweg von der Jurte in unsere fahrbaren Behausungen.

Als wir am nächsten Morgen aufwachen, warten bereits die beiden Kinder vor der Tür des Lasters und winken, dass wir ihnen folgen sollen. Sie führen uns zu den Ziegen, die gerade von der Großmutter gemolken werden, und zu den großen Hirtenhunden, die uns gestern angsteinflößend entgegengestürmt waren. Den drei stämmigen Reitpferden sollen wir lieber nicht zu nahe kommen.

Ein paar Meter weiter treiben die jungen Männer Schafe zusammen, fangen zwei ein und lassen den Rest wieder laufen. Sie drehen ein Schaf auf den Rücken und halten es fest. Der Hausherr kommt hinzu, beugt sich über das Schaf und macht mit einem scharfen Messer und ruhiger Hand einen kurzen Schnitt auf Höhe des Herzens, greift mit der bloßen Hand in die Öffnung und drückt die Hauptschlagader ab. Das Schaf ist sofort tot. Die Frauen nehmen das Tier aus und verfüttern einen Teil der Innereien an die Hunde, die mit blutigen Lefzen jetzt noch gefährlicher aussehen. Die beiden geschlachteten Schafe sollen in der nächsten Stadt auf dem Markt verkauft werden. Die Familie besitzt nur ein klappriges Motorrad, und so freuen wir uns, dass wir die Gelegenheit bekommen, ihnen zu helfen. Die Männer wickeln die zwei Schafe in ein Stück alten PVC-Belag und verzurren sie auf Paulas Gepäckträger. Die beiden Kinder möchten mit in die Stadt und fahren zusammen mit ihrem Vater bei Mathias im Unimog mit. Damit sie nach dem Verkauf der Tiere wieder zurückkommen, fährt der Onkel mit dem Motorrad voraus.

Die Strecke führt über hügelige Steppe und ausgefahrene Wellblechpisten. Orientierung bieten nur die Bahnlinie und eine Stromleitung auf Holzpfosten. Für die Fahrt in die nächste Stadt brauchen wir den ganzen Nachmittag, denn das Motorrad hat auf dem Weg drei Reifenpannen. Immer wieder holen wir es ein und pumpen mit Paulas Kompressor den platten Hinterreifen auf. Den Rückweg zu viert auf diesem Motorrad will ich mir lieber gar nicht vorstellen.

In dem staubigen Grenzort Zamyn-Üüd angekommen, wartet bereits ein Verwandter und lädt die Schafe in seinen klapprigen Lada. Wir verabschieden uns von der Familie, und auch der Lada saust mit offenem Kofferraumdeckel davon.

Ich blicke ihm nach. Trübe Windhosen wehen durch die Gassen. Staub juckt in den Augen und kratzt im Hals. Schwer beladene Sattelschlepper quälen sich über die zerbrochenen Asphaltfetzen der Hauptverkehrsachse. Sie pendeln zwischen der chinesischen Grenze und der Bahnverladestation. Von hier rollen die Züge der Transmongolischen Eisenbahn nach Norden, um chinesische Produkte in die Hauptstadt Ulan-Bator und weiter nach Russland zu bringen. Von Süden kommen die chinesischen Züge mit Containern und Baustoffen, stoppen aber jenseits der Grenze. Die Spurweite der Bahn in der Mongolei entspricht russischem Standard, die chinesischen Gleise sind schmaler. Daher muss alles ab- und neu aufgeladen werden. 85 Millimeter, die viel mehr sind als nur zwei unterschiedliche Spurweiten. Es ist eine Handbreit, die deutlich zum Ausdruck bringt, dass sich die Mongolei außenpolitisch bisher eher am nördlichen Nachbarn Russland orientiert hat.

KILOMETER 26 507

NOCH MEHR MENSCHEN

Thomas

An der Grenze zu China begrüßt uns ein riesiger Regenbogen aus Stahl. Hundert Meter breit überspannt er den Parkplatz, auf dem unsere drei Lkws zum Stehen kommen.

Diese geplante Fahrt durch China widerspricht schon in den Grundzügen dem Naturell eines Fahrzeugreisenden. Wir sind mit den eigenen vier Wänden unterwegs, um täglich selbst zu entscheiden, ob und wohin wir weiterziehen. Diese Freiheit haben wir die kommenden 44 Tage und 5500 Kilometer nicht. Ich bin gespannt, wie wir alle damit umgehen werden, und vor allem auf den Guide, der uns von morgens bis abends begleiten wird.

Wir stehen unter dem Regenbogen und warten. Nach zehn Minuten kommt ein junger Mann auf uns zu, schlank, etwa unser Alter, wangenlange dunkle Haare. Er zieht einen dicken Stapel Papiere aus seinem Rucksack. Ich blicke zu Sabine, auch sie scheint positiv überrascht.

»Ich bin Tony«, stellt er sich vor.

»Tony?«

»Ja, nennt mich Tony. Meinen chinesischen Namen könnt ihr sowieso nicht richtig aussprechen«, erklärt unser neuer Begleiter in perfektem Englisch und lacht.

Wir lachen mit, und ich habe schon jetzt den Eindruck, dass wir uns gut verstehen werden.

Tony beginnt, Zettel um Zettel mit den Grenzbeamten auszutauschen. Fahrzeugkontrolle, Fahrgestellnummer, Motornummer und vieles mehr. Hier ein Aufkleber für die Windschutzscheibe, die chinesische Versicherung, dort die Führerscheine.

»Und hier die lokalen Nummernschilder, bitte macht sie am Auto fest«, überreicht uns Tony eine laminierte Papierkarte. Die Grenzbeamten nehmen kurz den Innenraum von Paula in Augenschein und auch die beiden anderen Fahrzeuge. Im nagelneu wirkenden Grenzgebäude drückt man uns einen Einreisestempel auf die Visa. Fertig.

»Wir werden heute in einem Hotel hier in der Stadt übernachten, das uns von der Grenzbehörde zugeteilt worden ist. Wir müssen noch auf die Fertigstellung unserer Reisedokumente warten«, erklärt Tony den weiteren Ablauf.

So schnell wie gerade noch gedacht, geht es also doch nicht. Mit den drei Lkws rollen wir auf den Parkplatz des Hotels und warten auf den kommenden Tag.

Gegen elf Uhr am nächsten Morgen stellt sich heraus, dass die Zollbehörde den riesigen Stapel Papiere, den Tony als Kopie mit sich schleppt, im Original sehen will. Tonys Kollege sei bereits von Chengdu per Flugzeug unterwegs und werde gegen fünfzehn Uhr eintreffen. Dann könne es weitergehen.

Am späten Nachmittag bekommen wir die Nachricht, dass die Unterlagen erst noch vom Zoll geprüft werden müssen. Mittlerweile haben wir nun praktisch zwei Guides. Unseren Tony und den nachgereisten Gu, der außer Englisch auch sehr gut Deutsch spricht und uns bis Peking begleiten wird.

Die Lkws sind längst blitzblank geputzt, und auch die kleine Grenzstadt haben wir bereits am Vortag durchkämmt. Sämtliche Angestellte des Hotels durften bereits unsere Autos besichtigen. Wir haben den Hotelköchen schon jedes Gericht aus unserem bayerischen Kochbuch gezeigt, und jeder zweite Angestellte aus der Küche hat schon mindestens einmal den Scherz gemacht, so zu tun, als würde er Mathias' Hund in die Küche locken wollen.

Wir werden weiterhin stundenweise vertröstet. Ein Ende ist nicht absehbar. An sich ist es ja kein Problem, ein paar Tage irgendwo zu warten. Doch nun sitzt uns der strenge Zeitplan im Nacken. Blättern wir durch die aufgeführten

Programmpunkte unserer 44 Tage in China, so kommt uns all das Aufgeführte schon jetzt viel zu viel vor. Teilweise sind an einem einzigen Tag 500 Kilometer Fahrt und zusätzlich noch eine Besichtigung geplant. 500 Kilometer mit unseren alten Kisten? Das bedeutet selbst bei bestmöglichen Straßenbedingungen acht Stunden Fahrt. Danach werden wir uns aber ganz sicher nicht noch eine Pagode oder ein Museum ansehen. Gedanklich fange ich an, die ersten Programmpunkte zu streichen.

»Wir haben alle Papiere«, ruft uns Tony am dritten Tag zu und zaubert damit ein Lächeln auf alle Gesichter unserer kleinen Reisegruppe. Hurra, endlich auf nach China!

Mit 75 Sachen sausen wir über spiegelglatten Asphalt. Eine Geschwindigkeit, die wir seit Wochen nicht mehr erreicht hatten. Drei Stunden rollen wir über die Autobahn, dann beginnt langsam der Himmel über uns zu verschwinden. Kein Blau mehr zu sehen, keine Wolken. Es ist dunstig grau. Der Verkehr wird dichter, dann stehen wir in einer Schlange von Lkws, die Kohle transportieren und sich bis in die Unendlichkeit zu reihen scheinen. Irgendwo dahinter liegt die Kleinstadt Ulanqab mit zwei Millionen Einwohnern, sagt uns die Landkarte. Schornsteine, Masten und Stromleitungen staffeln sich hintereinander, bis sie mit dem Dunst verschwimmen. Ich merke, wie sich meine Stimmung immer mehr der Umgebung angleicht. Wir machen Rast an einem Parkplatz, und ich sehe in den Gesichtern der anderen, dass sie ganz ähnlich empfinden. »Hurra, China!« hat sich innerhalb von 500 Kilometern in betretenes Schweigen verwandelt.

Am nächsten Morgen erscheint der Himmel einen Hauch farbiger. Ein gutes Omen für den Besuch der größten Attraktion des ganzen Landes. Die Chinesische Mauer liegt vor uns. Über 2500 Jahre nach ihrem Bau sind weite Teile der großen Mauer nur noch ein Häufchen Sand. So mancher Acker gräbt sich an dem über 20000 Kilometer langen Wall entlang. Vielleicht haben wir sie bereits einige Male unbemerkt passiert. Doch jetzt liegt sie unverkennbar vor uns. Es ist der restaurierte Abschnitt, welcher auch die Titelseite unseres Reiseführers ziert.

Was unser Reiseführer jedoch verschweigt, sind die Menschenmassen, die über die steinernen Stufen strömen. Oder liegt es daran, dass jetzt, während der sogenannten Goldenen Woche, alle Chinesen Urlaub haben? In Badaling jedenfalls ist man auf Ultra-Massentourismus eingestellt. Im Zehn-Sekunden-Takt werden Menschen in Sechsergondeln auf die Mauer hinaufbefördert. Oben ausgespuckt schieben wir uns im Schneckentempo mit mehreren Tausend Besuchern auf der Mauer entlang. Sicherheitspersonal in straffen Uniformen versucht, die Menschen in geordnete Bahnen zu lenken. Wohin ich blicke, herrscht ein Gewusel und Gewimmel, laute Stimmen überall. Zwei, drei Tippelschritte vorwärts, dann wieder stehen.

Der Weg auf der Mauer ist ein ständiges bergauf und bergab, eine endlose Reihe an Stufen und steilen Rampen. Manche Besucher versuchen gar, dem Gefälle rückwärts Herr zu werden, und hangeln sich am Geländer die Schrägen hinab. Unter den jungen chinesischen Damen scheint ein spontaner Wettkampf zu laufen, wer sich dabei am ungeschicktesten anstellt. Zwei Hände am Geländer, beide Fußspitzen nach innen gedreht und den Oberkörper weit nach vorne gebeugt, dazu lautes Kreischen. Irgendwo hatte ich mal gelesen, dass Tollpatschigkeit in manchen Kulturen als attraktiv gilt. Sollte dem in China so sein, wird sich die Dame, die seit zwei Minuten die Treppe vor uns blockiert, vor Verehrern kaum retten können.

Klatschnass geschwitzt erreichen wir die rettende Gondel zurück zum Besucherparkplatz. Mir wäre nach Ausruhen zumute, doch der straffe Zeitplan erlaubt es nicht. Schon rollen wir weiter in Richtung Peking.

Mit einem Schwall von Personen drücken wir uns neben einem riesigen Porträt von Mao Zedong durch ein steinernes Portal in die Verbotene Stadt. Einst lebten hier chinesische Kaiser, heute ist die prunkvolle Anlage für Besucher geöffnet.

Mit einer kleinen chinesischen Fahne ausgerüstet, posieren wir geübt für chinesische Fotoalben. Für die Einheimischen ist unser Trupp die eigentliche Attraktion: Drei große Menschen mit seltsamen Frisuren, einer mit Wuschelhaar, eine Frau mit roter Mähne, dazu ein süßes blondes Mädchen und ein Hund. »*Smile!*«

Es gibt kaum eine Möglichkeit, sich in Ruhe hinzusetzen und die Umgebung auf sich wirken zu lassen. Wohin ich blicke, Menschen und noch mehr Menschen. Ich erkenne kaum einzelne Personen, alles geht in einem homogenen Gemisch unter. Es wirkt wie ein dicht gewebter Menschenteppich, der sich über alles legt. Unter den Augen der Mutter verrichtet neben mir ein Kind sein großes Geschäft auf ein Stück Zeitung. Weniger als politisches Statement gegenüber dem ehemaligen Monarchen und wohl einfach nur praktisch gedacht. Sabine und ich sehen uns an und sind doch etwas irritiert, als Mutter und Kind die Hinterlassenschaft einfach auf dem Boden liegen lassen. Wir quetschen uns weiter durch reich verzierte Pavillons, auf deren Dächern kleine gelbe Drachenfiguren reiten, steigen über Treppen und queren Plätze. Nach zwei Stunden kann ich nicht mehr. »Ich muss hier raus!«

Ich schließe die Augen und sehe sanfte grüne Hügel unter endlos blauem Himmel. Vor ein paar Tagen waren wir noch in der mongolischen Steppe. Über Tage hinweg sind wir keinem anderen Menschen begegnet. Nach der Leere und der Stille der Mongolei kann der Kontrast nicht größer sein. Wie sehr würde ich jetzt einen Tag in der Steppe genießen, um nur einmal kurz durchatmen zu können.

Natürlich waren wir darauf eingestellt, dass Peking trubelig wird. Natürlich dachte ich nicht, dass wir auf der Großen Mauer oder im alten Kaiserpalast allein sein werden. Doch die Menschenmassen übertreffen alle Erwartungen. Selbst im Sommerpalast, der riesigen, 290 Hektar großen Parkanlage, schieben sich die Besucher gegenseitig durch die Tempel, deren Namen nicht halten, was sie versprechen. In der »Halle, wo man den Pirolen lauscht« schreit ein Reiseleiter in ein knarzendes Megafon, um verstanden zu werden. Daneben brüllt ein weiterer Führer mit heiserer Stimme noch lauter in sein noch knarzenderes Megafon. Vor der »Halle des Aromas« sitzt wieder ein Kleinkind, das durch den Schlitz in seiner Hose in den Grünstreifen kackt, daneben ein Eisverkäufer, der seine Ware lautstark anpreist, und vor der »Halle der Freude und Langlebigkeit« klatscht nach einem lauten Hochziehen ein dicker schäumender Spuckefleck neben mir auf den Boden.

Viel anstrengender Trubel, doch die Anlage selbst ist wunderschön. In ihrer Mitte liegt malerisch der Kunming-See, der von einem riesigen Garten eingefasst wird. Prachtvolle Tempel und kleine Häuser liegen verstreut im Grünen. Doch ich kann mir nicht helfen, für heute ist meine Aufnahmefähigkeit bereits wieder überstrapaziert. Raus hier!

Wir kämpfen uns durch die Duftfahne aus Schweiß und Mundgeruch, rauchendem Fett und allem, was sonst noch so durch die Luft schwebt. Ab ins Taxi, zurück zu den Autos.

Wenigstens bietet unser Stellplatz auf einem Hinterhof weit außerhalb des Zentrums genügend Abgeschiedenheit, um sich etwas zurückziehen zu können. Tür zu, gewohnte Umgebung, keine neuen Eindrücke. Ein paar Stunden abschalten, ein paar Stunden Ruhe.

Am späten Abend treibt es uns dann doch wieder aus dem trauten Heim. Wir schlendern zu einem Rockfestival, das zufällig nur etwa 300 Meter entfernt stattfindet. Einmal öfter werden meine Erwartungen nicht erfüllt. Wo ist die tobende Menge, die nass geschwitzten Fans, die ohrenbetäubende Musik? Nach dem heutigen Besuch im Sommerpalast bleibt festzustellen: Noch nie habe ich ein Musikfestival so ruhig und geordnet erlebt, mit so viel Platz und so wenig Menschen. Es findet in einer gepflegten Parkanlage statt, drei Bühnen mit Rockbands, ein kleiner See und endlich einmal Raum zum Atmen. Was für ein Kontrast zu der »Halle, wo man den Pirolen lauscht«. In China muss man also auf ein Rockfestival gehen, wenn man entspannen möchte.

KILOMETER 27 501
SCHOCK UND FASZINATION

Sabine

Wir haben uns über viele Autobahnringe aus Peking herausgeschraubt und die Fahrt nach Süden begonnen. Gestern Abend sind wir in Pingyao angekommen und streifen heute durch ein China, wie es in den Reiseprospekten abgebildet ist. Beschauliche Häuser, schmale Gassen, die von Fahrradfahrern bevölkert sind, daneben Straßenstände und Handwerker. Wie viel davon ist echt, wie viel ist künstlich erhalten?

Von der mit Souvenirständen gesäumten Hauptachse biegen Thomas und ich in eine Seitengasse ab, noch einmal links, noch einmal rechts, und wir stehen in einem ganz anderen Land. Die Häuser haben wieder ihren grauen Überzug, die Steinfassaden wirken bröckelig, im unteren Bereich fehlt der Mörtel zwischen den Steinen. Maiskolben liegen zum Trocknen auf den Fensterbänken. Männergruppen sitzen auf metallenen Klapphockern zusammen, diskutieren, lachen und spielen Karten. Wir laufen über altes Kopfsteinpflaster, das von den vielen Schuhsohlen rundgeschliffen ist. Hin und wieder knattert ein dreirädriges Motorrad vorbei. Drei Damen und ein älterer Herr sitzen auf einem breiten Sockel vor einem Hauseingang. Sie machen eine einladende

Geste, und wir setzen uns zu ihnen. Ich schätze alle vier auf Mitte siebzig. Zwei der Damen haben ähnliche Gesichtszüge, sie könnten Schwestern sein. Der Herr trägt eine schwarze Mütze von der Art, wie sie Mao Zedong häufig trug. Stirn, Kinn und die schmalen Wangen sind sehr faltig. Sein Blick strahlt Zufriedenheit aus. Wie gerne würde ich sie fragen, was sie über ihre Stadt denken, über China, über ihr Leben in den letzten Jahrzehnten, in denen sich so viel in diesem Land verändert hat. Mit Zeichensprache und gutem Willen hat es auf der Reise bisher immer geklappt, sich zu verständen. In China stoßen wir an bisher unbekannte Grenzen. »*Méi yǒu*«, habe ich nicht, weiß ich nicht, kann ich nicht, begleitet von einem Winken und Abwenden des Gesichts, hören wir aus Unsicherheit meist noch, bevor ein Gespräch überhaupt begonnen hat. Mit den vier Senioren in der Altstadtgasse von Pingyao ist es anders. Kein Abweisendes »*méi yǒu*«, kein Wegdrehen. Wir sitzen einfach nur nebeneinander, sind uns der unüberwindbaren Sprachbarriere bewusst, bedauern sie wohl alle, aber akzeptieren die Situation, wie sie ist.

Noch immer trägt der Himmel seinen grauen Schleier. Auf dem Weg nach Süden rollen wir durch ein Land, dessen Städte zu explodieren scheinen. Fünfzehn- bis zwanziggeschossige Wohnblöcke entstehen zu Dutzenden nebeneinander. Neue Autobahnbrücken bilden gordische Knoten am Rande der Städte. Was ich sehe, ist schockierend und faszinierend zugleich. In China wird mit einer Geschwindigkeit gebaut, die man sich bei uns nicht vorstellen kann. Seit heute Morgen rollen wir durch ein Tal mit einem breiten Flusslauf. Neben uns ragen Betonstützen in den Himmel, dreißig, vierzig Meter hoch. Auf jeder Stütze tummeln sich Arbeiter, biegen Stahl, hämmern, hantieren mit Schaufeln und Holzverschalungen. Während sich die alte Straße am Hang entlangwindet, steht die neue Autobahn frei, als hätte jemand mit lockerem Strich eine Linie auf der Landkarte gezogen.

Es ist der neue Expressway G5, der bald auf insgesamt 2860 Kilometern Peking mit Kunming im Süden des Landes verbinden soll. 150 Kilometer lang ist allein das Teilstück, an dem wir gerade vorbeifahren. Es schwebt weitestgehend auf Stützen hoch über der Landschaft.

»Letztes Jahr wurde mit dem Abschnitt begonnen«, erzählt Tony beiläufig, »nächstes Jahr wird er fertig sein.«

Tony sitzt heute bei uns im Auto. Abwechselnd fährt er in einem der drei Fahrzeuge mit und übernimmt die Navigation. Über Nacht stehen wir oft auf Hotelparkplätzen. Wir schlafen im Auto, Tony nimmt sich ein Zimmer. Abends gehen wir gelegentlich zusammen zum Essen, manchmal allein. Tony bietet uns an, mitzukommen und für uns die Speisekarten zu übersetzen. Als Gruppe entscheiden wir, dass wir auch allein zurechtkommen. Er soll selbst entscheiden, ob er Lust hat mitzukommen oder ob er nach den langen Tagen lieber seine Ruhe hat.

Ohne Übersetzer wird das Essen spannender. Wir deuten auf Lebensmittel in Kühlschränken und Kochtöpfen oder tippen wahllos auf chinesische Schriftzeichen. Die Auswahl reicht von Riesenkröten, die in einem Eimer auf ihr Ende warten, über geröstete Maden am Spieß bis hin zu Schweinedarm. Meist werden die Zutaten separat angerichtet. Viele kleine Schüsseln stehen auf dem Tisch. Thomas probiert den Darm und verzieht das Gesicht: »Alles andere ist ja wirklich lecker, aber das hier schmeckt genau so, wie es klingt.« Manchmal bin ich richtig froh, Vegetarier zu sein. Ich liebe es, von verschiedenen Gemüsespeisen und Suppen zu probieren und bin oft schon satt, bevor ich beim letzten Schälchen angekommen bin. So viele anstrengende Aspekte China birgt, das Essen allein ist eine Reise wert.

Das Land ist riesig, und ich habe den Eindruck, keine Beschreibung wird ihm gerecht. Alle paar Hundert Kilometer glaube ich, wieder in einem ganz anderen Land zu stehen.

Es ist ein enormer Kontrast zum Norden, als wir in die südliche Provinz Yunnan kommen. Hier lebt die Volksgruppe der Yi, eine von etwa neunzig sogenannten Minderheiten in China. Keine Traktoren auf den Feldern, keine großen Städte. Stattdessen überziehen Reisterrassen die sanften Hügel. Es wirkt erneut alles wie aus einem Bilderbuch. Jetzt, am Ende des Sommers, erleben wir geschäftiges Treiben auf den Straßen und Feldern. Hier wird geerntet, dort Mais und Getreide auf der Straße vor den Häusern getrocknet, und an manchen Orten wird bereits wieder gesät. Die Frauen tragen bunt bestickte Kleider, und es laufen auffallend viele Kinder auf der Straße umher. Über uns ist auch das Blau des Himmels zurückgekehrt.

Sechs Wochen in China liegen hinter uns. Schöne und anstrengende Momente lagen so nah beisammen, dass ich noch gar nicht weiß, was ich über dieses Land denken soll. Mit Sicherheit ist China so viel mehr als das, was ich in der kurzen Zeit erfassen konnte. Mir bleibt die Erkenntnis, dass ich viel gesehen und wenig verstanden habe.

KILOMETER 32 001

ENTSPANNT NACH SÜDOSTASIEN

Thomas

Laos empfängt uns mit einer zutiefst entspannten Atmosphäre. Ein paar Hühner laufen leise gackernd um die Zollhäuschen, direkt daneben liegt ein Volleyballplatz. Die Beamten sitzen an einem Tisch im Freien und essen zu Mittag.

Nach der kurzen Pause kehrt einer der Beamten ins Grenzgebäude zurück und klebt die Visa in unsere Pässe. Erstmals seit der Türkei mussten wir die Einreisegenehmigungen nicht vorab beantragen.

»Habt ihr eine Fahrzeugversicherung? Sonst müsst ihr hier eine abschließen«, erklärt uns der Beamte auf Englisch.

»Nein, haben wir nicht«, antworte ich wahrheitsgemäß.

»Bist du sicher?«, hakt er nach.

»Unsere Versicherung galt nur in China, wir brauchen für Laos eine neue.«

»Also wegen mir könnt ihr die Versicherung auch später kaufen«, beschwichtigt er.

»Wir würden sie lieber jetzt gleich abschließen«, bitte ich den Grenzbeamten. Wer weiß, wie lange wir sonst wieder nach einem Versicherungsbüro suchen müssen. Vermutlich ist die Versicherung zwar das Papier nicht wert, auf dem sie steht, aber fürs Gefühl …

Nach zehn Minuten Suche in den alten Holzschränken mit klemmenden Schubladen finden sich schließlich die zerknitterten Antragsformulare. Wir füllen sie aus, zahlen umgerechnet fünfzehn Euro für einen Monat Haftpflicht und erhalten einen Durchschlag. Das Original landet wieder in einer der klemmenden Schubladen. Gut, das hätten wir uns vermutlich wirklich sparen können.

»Jetzt können wir wieder fahren, wohin wir wollen!«, ruft Sabine und springt vergnügt zum Lkw zurück.

Mit einem breiten Grinsen rollen wir durch den Grenzort Boten nach Süden. Kleine Holzhäuser, die auf Stelzen über dem Boden schweben, säumen die Straße. Zwischen den Ansiedlungen wächst ein Dickicht aus Palmen, tropischen Bäumen und Büschen. Nur mit Mühe finden wir eine freie Fläche, auf der unsere drei Fahrzeuge Platz haben. Eine letzte gemeinsame Nacht, dann trennen sich unsere Wege. Während Wolfgang, Diana, Gaia und Mathias den Norden von Laos erkunden werden, haben wir andere Pläne.

KILOMETER 32 243
IN DER FALLE

Sabine

Wir sitzen in der Falle.

Seit vorgestern sind wir wieder allein unterwegs. Jetzt parken wir hier, mitten in der Nacht, auf einem Fußballfeld neben einem laotischen Dorf. Uns gegenüber eine bewaffnete Gruppe von Männern mit Gewehren, Macheten und Holzknüppeln, die uns finster anblicken. Ich weiß keinen Ausweg.

Mit einem »*Hello*« durchbricht Thomas die Stille.

Die Blicke der Männer schlagen um in eine Mischung aus Überraschung und Skepsis. Einige Sekunden wieder Stille, dann bewegt sich etwas. Ein kleiner Mann aus der Mitte der Gruppe wird angestupst.

Er tritt drei winzige Schritte nach vorne und spricht mit leiser Stimme: »*Can you go?*«

Thomas setzt sich an den Ausstieg, um mit ihm auf Augenhöhe zu kommen. Auf Englisch erklärt er: »Wir sind aus Deutschland. Wir reisen nach Vientiane.«

Der kleine Mann übersetzt Thomas' Auskunft den anderen, die uns nach wie vor skeptisch beäugen.

»Könnt ihr bitte weiterfahren?«, wiederholt er.

»Wir kennen die Straße nicht. Bei den vielen Kurven können wir nicht bei Nacht fahren«, erklärt Thomas.

»Wie viele seid ihr?«

»Nur wir zwei«, Thomas deutet auf mich.

Wieder übersetzt der kleine Mann. Die Gruppe beginnt eifrig zu diskutieren.

Wir warten ab. Es wird wieder ruhig.

Der kleine Mann dreht sich zu uns um. »Hier könnt ihr nicht bleiben. Es ist sehr gefährlich im Wald.«

»Gefährlich? Wir stehen doch nicht im Wald, das hier ist ein Fußballfeld.«

»Oh, sehr gefährlich. Hier im Dschungel gibt es Banditen.«

»Aber wo sollen wir jetzt hin, mitten in der Nacht?«

Der kleine Mann bespricht sich erneut mit den anderen, nickt und antwortet bedächtig: »Wenn ihr nicht weiterfahren könnt, dürft ihr vor dem Haus des Bürgermeisters parken, dort können wir euch bewachen.«

Wir sind erstaunt und erleichtert zugleich. Auch von den Männern fällt die Anspannung ab, sie wirken längst nicht mehr so bedrohlich. Die Einladung nehmen wir natürlich an, selbst wenn wir normalerweise die Abgeschiedenheit bevorzugen. Fünf Minuten später sitze ich neben Thomas in der Fahrerkabine, und wir rollen mit Schrittgeschwindigkeit die wenigen Hundert Meter in die Mitte des Dorfes. Die Männer laufen neben uns her, lotsen uns zum Haus des Bürgermeisters und setzen sich mit ihren Gewehren rund um das Fahrzeug. Wie angekündigt bewachen sie uns die ganze Nacht.

Am nächsten Morgen sitzen wir mit allen zusammen gemeinsam vor dem Lkw, und uns wird klar, warum sie sich am Vorabend bewaffnet vor unserem Auto versammelt hatten. Da kommt in der Dämmerung ein großer seltsamer Lastwagen mit fremdem Nummernschild und parkt nur einige Hundert Meter vom Ortsrand entfernt. Die Leute darin steigen nicht aus und sprechen mit niemandem. Verständlich, dass man da mal nachsehen muss. Die Bewohner des Dorfes hatten Angst vor uns, und wir hatten Angst vor ihnen. Nur ein paar Worte, und das ganze Missverständnis wäre gar nicht erst entstanden.

Türkei Kızıl Kilise, die Rote Kirche von Güzelyurt in Zentralanatolien, bei eisigen Temperaturen Ende Januar

Mongolei Durch große Wassertanks, Solarpanele und viel Stauraum sind wir mit Paula bis zu drei Wochen autark.

Innenraum 4,7 m lang, 2,4 m breit, 1,8 m hoch: Paulas Kabine bietet uns etwa elf Quadratmeter Wohnraum.

China Zwischen Schock und Faszination: die riesigen Menschenmassen auf der Chinesischen Mauer in Badaling

Mongolei Grenzenlose Weite und das Gefühl absoluter Freiheit bei der Fahrt durch die mongolische Steppe

Kirgistan Schön nah am Wasser parken? Schon sind wir in das weiche Ufer des Toktogul-Stausees eingesunken.

Mongolei Ein Bild aus Sabines Kunstprojekt »Ferne Welten« hängt in der Jurte eines Teilnehmers.

China Für die Reise mit dem eigenen Fahrzeug durch das Reich der Mitte brauchen wir chinesische Führerscheine.

Laos Paula braucht dringend eine Überholung. Wir haben jedoch noch nie zuvor selbst einen Motor repariert.

Kambodscha Beim Besuch der Tempelanlagen von Angkor leuchten die Gewänder der Mönche im Abendlicht.

Kambodscha In den Säulenhallen von Angkor Wat fühlen wir uns fast wie Indiana Jones.

Malaysia In der zentralen Markthalle von Kota Bharu gibt es bekannte und unbekannte Früchte zu entdecken.

Kanada Unterwegs auf dem Glacier Crest Trail mit Blick über den Illecillewaet-Gletscher in British Columbia

USA Auf einer Passüberfahrt in Utah überrascht uns der Wintereinbruch, und wir stecken im Schneesturm fest.

USA Überwältigender Anblick der teils über hundert Meter hohen Baumriesen im Redwood Forest Nationalpark

USA Las Vegas gilt als vielleicht verrückteste Stadt der Welt. 24 Stunden täglich pulsiert hier das Leben.

USA Die Avenue of the Giants in Kalifornien führt durch einen Wald aus riesigen Mammutbäumen.

Mexiko Die kunterbunten Fassaden der Häuser staffeln sich an den Hängen der Kleinstadt Guanajuato.

KILOMETER 32 724
KLEINE AUSZEIT

Sabine

Wir brauchen eine Pause. Nach zwölf Monaten unterwegs bersten unsere Köpfe vor Eindrücken. In der Hauptstadt Vientiane parken wir Paula und fliegen über Weihnachten für ein paar Wochen nach Deutschland.

Die kleine Auszeit vom Reisen tut uns gut. Das Erlebte kann sich setzen, und wir verbringen Zeit mit den Menschen, die uns unterwegs fehlen. Um zudem die Reisekasse ein wenig aufzubessern, sitze ich im Advent bei Schnee und Minusgraden auf dem Weihnachtsmarkt meiner Brüder in einem kleinen Stand und verkaufe gefilzte Hausschuhe aus der Mongolei. So verbinde ich mein neues mit meinem alten Leben. Thomas erzählt in einer öffentlichen Diashow von unserer Fahrt durch Asien und lässt auf diese Weise die vergangenen Monate Revue passieren.

Und ehe wir es uns versehen, ist er da, der Tag des Rückflugs nach Laos. Der Abschied fällt mir auch diesmal schwer, aber ich freue mich auf die Fortsetzung der Reise, und die Bedenken, was uns in der Ferne erwarten wird, sind deutlich kleiner geworden. Wir steigen in München auf dem tief verschneiten Rollfeld ins Flugzeug und sind wenige Stunden später zurück in unserem Reiseleben. Vierzig Grad heiße Luft empfängt uns in Vientiane. Ein Temperaturunterschied von 55 Grad innerhalb von 24 Stunden. Die Hitze erschlägt mich geradezu. Schweißnass sitzen wir auf den Klappstühlen vor Paula, die Schultern tun uns weh von den schweren Rucksäcken, die jetzt neben uns am Reifen lehnen. Sie sind voll mit Ersatzteilen.

KILOMETER 32 724
PAULA MACHT PROBLEME

Thomas

Wunderbar hat uns die alte Dame durch ganz Eurasien geschaukelt. Schlaglöcher, Schlamm- und Geröllfelder, tiefe Wasserdurchfahrten und Hunderte Kilometer Wellblechpisten, alles machte sie mit, ohne übermäßig zu murren. Die Reifen sind zwar mittlerweile komplett abgefahren, aber in Bangkok hoffen wir, Ersatz zu finden. Eines macht uns jedoch große Sorgen: Paulas schlagartig angestiegener Öldurst. Seit Kasachstan verschluckt sie auf tausend Kilometer Fahrstrecke mehr als zwanzig Liter Motoröl. Zehnmal so viel wie normal. Irgendetwas stimmt mit dem Motor nicht.

Der Versuch, in der Mongolei eine geeignete Werkstatt aufzusuchen, endete mit dem Entschluss, vorerst doch lieber mit unserem Ölproblem weiterzufahren. Bei der Aussicht, nun selbst unseren Motor zu überarbeiten, übermannt mich ein mulmiges Gefühl. Vermurksen wir die Reparatur, sind wir in Laos gestrandet.

Die Ersatzteile haben wir aus Deutschland mitgebracht. Heute ist es so weit. Durchatmen. Wir bereiten den Eingriff vor: Skalpell, Schere und Tupfer. Nicht ganz. Dafür Schraubenschlüssel, Zangen und Putzlappen. Dazu eine große Plane, damit wir all die Teile, die wir herausoperieren, säuberlich auflegen können. Es kann losgehen.

Wir entfernen die ersten Schrauben, an denen seit Paulas Geburt 1977 niemand mehr gedreht hat. Die Bauteile des großen Lkw-Motors sind schwer. Sehr schwer. Zu zweit können wir den Zylinderkopf gerade heben.

»Bloß nicht fallen lassen«, stöhne ich, »vorsichtig!«

Die Arme zittern. Mit letzter Kraft legen wir ihn behutsam ab. Es hat durchaus etwas Ästhetisches, diese exakte Reihe von Federn, Hebeln und Ventilen, die mit ihrem zarten Ölfilm im Sonnenlicht glänzen. Die präzise Mechanik, deren Zusammenspiel mit Dieselöl und Luft die Kraft produziert, die uns bis hierher gebracht hat. Und vielleicht auch noch weiter, sofern wir es schaffen, dieses Wunderwerk zu zerlegen und wieder zusammenzusetzen. Ende der entzückten Betrachtung, zurück an die Arbeit.

Wir müssen die Ventilführungen gegen neue tauschen, weil wir hoffen, Paulas Öldurst auf diese Weise stillen zu können. In Deutschland hatte ich mir den Ablauf von einem Mechaniker erklären lassen und vorsorglich zu den zwölf notwendigen noch zwei zusätzliche Ventilführungen als Reserve mitgenommen. Falls etwas schiefgeht.

Es geht etwas schief. Beim Versuch, sie in den Zylinderkopf zu treiben, zerbrechen sofort zwei der Metallhülsen. Die Reserve ist aufgebraucht, bevor die Reparatur richtig begonnen hat.

Sabine spricht aus, was ich denke: »Wenn das jetzt nicht klappt, haben wir ein echtes Problem.«

»Ja, ich schraube doch auch zum ersten Mal an einem Motor rum.«

Wir schweigen uns an.

»Wie hat man dir denn erklärt, dass es gehen soll?«, will Sabine wissen.

»Na, genau so, wie wir das versuchen. Aber wir haben halt keine Presse, sondern nur den Einschlagdorn und unsere Axt hier.«

Wieder Stille.

Ich starre resigniert auf die verstreut liegenden Einzelteile. »Vielleicht wäre es doch besser gewesen, alles in einem Stück zu lassen und weiter Öl nachzufüllen.«

»Jetzt haben wir ihn aber schon zerlegt«, stellt Sabine zugegebenermaßen richtig fest. »Warum versuchen wir es nicht anders herum und schlagen die Dinger von unten rein?«

»Weil wir sie dann leicht zu weit einschlagen. Das muss auf den Millimeter stimmen«, erkläre ich.

»Haben wir eine Wahl?«

Ich zucke mit den Schultern. Wir drehen den Zylinderkopf, und vorsichtig schlage ich die Hülse von der Unterseite hinein. Bei jedem Schlag halte ich die Luft an. Millimeterweise verschmelzen die Teile. Es funktioniert.

Aber damit ist noch längst nicht alles erledigt. Jetzt die zwölf Führungen auf das richtige Maß aufreiben, die neuen Ventile einschleifen, Ventilschaftdichtungen aufpressen, den Zylinderkopf mit neuer Dichtbeilage wieder aufsetzen, sauber festziehen und das Ventilspiel genau einstellen. Klingt kompliziert. Bis vergangene Woche waren auch mir all diese Bezeichnungen fremd. Das alte, vergilbte Werkstatthandbuch aus den Siebzigerjahren, das wir von Paulas Vorbesitzer bekommen haben, begleitet uns Schritt für Schritt, Schraube für Schraube bei den Aufgaben.

Nach sieben Tagen Arbeit scheinen alle Teile wieder am richtigen Ort zu sein. Ich lege den Finger auf den Startknopf, presse die Lippen aufeinander, halte die Luft an, starre auf meinen Daumen. Nein. Noch einmal aussteigen. Noch einmal einen Blick auf den Motor. Was letzte Woche noch ein mysteriöses Ding war, erscheint jetzt durchsichtig: Federn, Stößelstangen, Kipphebel, Ventile, Kolben und Dichtungen. Im Kopf gehe ich jeden Handgriff noch einmal durch. Nur ein grober Fehler, und das wäre das vorläufige Ende der Reise.

Ich klettere wieder in die Kabine, lege den Daumen wieder auf den Startknopf. Komm jetzt! Alles oder nichts. Drück drauf!

Der Anlasser klackt, sofort dreht der Motor hoch. Paulas Herz beginnt zu schlagen. Sie läuft! Sie klingt wie immer. Mit 700 Umdrehungen stampfen die Kolben, die Ventile klackern leise, der Kompressor stampft. Meine Hände umklammern das riesige Lenkrad. Wir sind wieder startklar. Jetzt wird sich zeigen, ob sich der Ölverbrauch auf ein erträgliches Maß reduziert.

KILOMETER 32 739
EINE VON 4000

Thomas

Wir verlassen Vientiane, die Hauptstadt von Laos. Eine Metropole ist es nicht, eher eine beschauliche Kleinstadt, in der sich ein paar Botschaften und Verwaltungsgebäude angesammelt haben. Entlang des Mekongs rollen wir nach Süden und entschließen uns zu einem kleinen Abstecher in die Berge, um den unterirdischen Fluss von Kong Lor zu sehen. Sieben Kilometer lang schlängelt er sich durch den Felsen.

Mit zwei Führern und einem winzigen Holzboot rauschen wir in die Dunkelheit. Soeben hat eine der beiden Taschenlampen den Geist aufgegeben. Im düsteren Schein der verbliebenen Funzel gleiten wir durch eine Höhle nach der anderen, vorbei an filigranen Tropfsteinsäulen und mächtigen Baumstämmen, die sich an Engstellen verkeilt haben. Das Boot schrammt über den Kies, Wasser schwappt herein. Die Seitenwand unseres aus drei langen Bohlen gefertigten Gefährts ragt gerade einmal fünf Zentimeter aus dem Wasser heraus. Auf der anderen Seite des Berges knattern wir ins Freie und dann alles wieder zurück. Zum Glück hält die zweite Taschenlampe durch.

Der Fluss durch die Höhle schlängelt sich weiter durch den Dschungel und ergießt sich in den bedeutendsten Strom Südostasiens. Der Mekong entspringt im Hochland Tibets, fließt durch China und Myanmar, bildet die Grenze zwischen Laos und Thailand, quert Kambodscha und mündet in Vietnam mit einem riesigen Delta in die Südchinesische See.

Seit einigen Minuten fließt er nicht mehr neben uns, sondern um uns herum. Wir sitzen auf dem Dach von Paula auf einer kleinen Fähre. Die Plattform ist gerade groß genug, um den Lkw zu tragen. Sie bringt uns nach Don Khong, die größte der Mekonginseln, kurz vor der Grenze zu Kambodscha. 4000 Inseln sollen es insgesamt sein, die hier im Fluss liegen. Werfe ich einen Blick über das braune zäh fließende Wasser, scheinen es noch viele mehr. Einige große, viele kleine und noch mehr winzige, die nur aus ein paar Büschen bestehen. Dazwischen treiben Langboote, auf denen Fischer balancieren, Kinder planschen im Fluss, im Uferschlamm suhlen sich Wasserbüffel.

Don Khong wirkt ruhig und gemütlich. Die wenigen Touristen, die sich hierher verirren, scheinen alle unwillkürlich einen Gang zurückzuschalten. Sie passen sich dem Takt der Einheimischen an. Straßenverkehr gibt es praktisch nicht. Der letzte Regen liegt lange zurück, auch die Natur scheint zu dösen. Alles verläuft Ton in Ton. Die abgeernteten Reisfelder, die staubigen Straßen, vertrocknetes Gras am Wegesrand und ein paar verstreut stehende, ehemals bunte, längst verblichene Stupas. Durch die Felder schlängeln sich Trampelpfade, und wenige bewässerte Reisfelder bilden einen strahlend grünen Kontrast zu den gedeckten Farben.

Ich sitze mit Sabine auf den Campingstühlen vor dem Lkw, wir essen kleine Bananen und reife Papaya. Es weht ein erlösend frischer Wind, der jetzt am Abend die drückende Hitze des Tages den Mekong abwärts bläst. Um kurz vor elf Uhr wird der Strom abgestellt, und auf der Insel verglimmen die Lichter. Die nächtliche Stille hält Einzug und wird nur ab und zu vom Klingeln der kleinen Glocken am Hals der Ziegen durchbrochen. Die Tiere haben sich den Platz unter unserem Lkw heute als Nachtlager auserkoren. Don Khong ist ein gemütlicher Ort, an dem wir für den Moment etwas Ruhe finden. In drei Tagen wollen wir Laos verlassen und nach Kambodscha einreisen.

KILOMETER 33 903

MISSION AM MEKONG

Sabine

»*Hello! Mister?*«, rufe ich. Keine Reaktion. Ich kann ja schlecht an der Hängematte rütteln, also versuche ich es noch einmal lauter: »*Hello! Mister? Hello! Sir?*«

Der junge Mann im weißen Unterhemd öffnet langsam die Augen, greift mit der Schnelligkeit einer Schildkröte nach dem Papier, das ich ihm hinhalte. Ohne sich aufzusetzen beginnt er mit halb geöffneten Augen zu lesen.

»*Okay*«, sagt er leise, gibt mir das Blatt zurück, drückt sich mit dem Fuß vom Boden ab, damit die Hängematte zu schwingen beginnt, und schließt die Augen wieder.

Das soll es gewesen sein? Dafür haben wir unsere Fahrzeugpapiere von der deutschen Botschaft in Vientiane übersetzen und beglaubigen lassen? Dafür haben wir bei der kambodschanischen Botschaft eine Importgenehmigung beantragt, ohne die eine Einreise mit dem eigenen Fahrzeug nicht möglich sein soll? Für diese Kontrolle?

Es bleibt mir kaum Zeit den Kopf zu schütteln, die medizinische Einreiseuntersuchung wartet schon. Im Gegensatz zu seinem Kollegen hat dieser Beamte seine Uniformjacke zumindest lose über die Schulter gehängt. Geschäftig sitzt er hinter einem großen Schreibtisch, der im Freien auf dem lehmig roten Boden steht. Vor ihm liegt ein großes Buch und ein Infrarot-Thermometer. Das gleiche haben wir auch im Gepäck, damit prüfen wir, ob Paulas Lager, Getriebe oder Motor überhitzen. Mit einer freundlichen Geste bittet er uns, vor ihm Platz zu nehmen. Er malt meinen Namen in großen runden Druckbuchstaben in die erste Spalte einer Tabelle. Jetzt misst er aus einem Meter Entfernung meine Stirntemperatur, nickt und trägt zufrieden »37°« in die zweite Spalte. Dann blickt er auf und sagt: »*One Dollar.*«

Ich überreiche ihm die Gebühr, und sofort setzt er mit einer zackigen, akkurat ausgeführten Bewegung einen Haken in Spalte drei. Fertig. Jetzt ist Thomas an der Reihe. Wer weiß, ob der Beamte diesen Posten nicht selbst erfunden hat, nachdem er irgendwie zu dem Gerät gekommen war, und jetzt verdient er sich damit ein Zubrot. Wundern würde mich das nicht.

Nachdem wir entschieden haben, durch China nach Südostasien zu fahren, ist Kambodscha eher zufällig auf unserer Reiseroute gelandet. Viel wissen wir nicht über dieses Land. Kurz vor der Einreise haben wir etwas über seine Geschichte gelesen, über die Schreckensherrschaft der Roten Khmer Ende der Siebzigerjahre. Eine grauenhafte Ära, bei der Millionen Menschen unter dem Regime von Pol Pot starben. Im Vietnamkrieg wurden zahllose Sprengsätze gelegt, und noch heute zählt Kambodscha zu den am stärksten mit Landminen verseuchten Ländern der Erde. Das alles klingt wenig erbaulich.

Wir haben die neue Asphaltstraße verlassen und folgen dem alten Weg entlang des Mekongs. An der Hauptroute wirkte die Umgebung durch riesige gerodete und abgebrannte Waldflächen trist, jetzt eröffnet sich eine Bilderbuchlandschaft. Viele Häuser stehen auf Stelzen, schweben drei Meter hoch über dem Grund. Um die kühlen Morgenstunden für die Feldarbeit zu nutzen, sind viele bereits mit den ersten Sonnenstrahlen auf den Beinen. Bis wir aus den Federn kommen, machen sie bereits Mittagsruhe und dösen in Hängematten, die im Schatten unter den Häusern baumeln. Auf der Straße begegnen uns Pferdewagen, Ochsenkarren, und wer es sich leisten kann, hängt einen Motorroller vor den Anhänger und transportiert darauf, was immer transportiert werden muss: die Tabakernte, eine komplette Wohnungseinrichtung oder auch drei frisch geschlachtete Schweine.

Die Straßen durch manche Dörfer sind gerade breit genug für unser Gefährt. Heute mussten wir schon zigmal anhalten, um sicherzugehen, dass wir die provisorischen Stromleitungen, die über die Straße gespannt sind, nicht versehentlich abreißen. Mit einer langen Bambusstange hebe ich die Drähte vorsichtig an, dann erst rollt Thomas mit Paula darunter durch.

Rechts von uns fließt der braune Mekong, links stehen einfache Hütten. Im Schatten unter den Häusern spielen Kinder, Frauen kochen, waschen Wäsche, flechten Bambusmatten oder breiten Maiskolben zum Trocknen aus. Hin und wieder springt ein todesmutiges Huhn direkt vor das Auto, läuft wild flatternd hin und her und zwingt uns zum Bremsen. Strahlend weiße Ochsen fressen auf den Hängen, die steil zum Ufer hinabführen. Der Fluss liegt knapp zehn Meter unter uns. Zur Monsunzeit, wenn sich die Wassermassen aus der ganzen Region sammeln, steigt er bis an die Hangkante herauf.

Die schmale Straße ist voller Menschen, die zu Fuß von einem Dorf zum nächsten unterwegs sind. Zwischen den zierlichen Kambodschanern läuft ein groß gewachsener, kräftiger und bärtiger Mann. Er winkt uns freundlich zu, wir halten an.

»Hallo! Ich bin Pater Luca. Wo fahrt ihr hin?«

»Wir wollen nach Süden bis zur nächsten Fähre über den Mekong. Und was machst du hier?«

»Ich leite diese kleine katholische Gemeinde«, erklärt er. »Wenn ihr wollt, könnt ihr bei uns übernachten. Auf der Wiese vor der Kirche ist Platz.«

Die Einladung kommt gerade richtig, denn entlang der kleinen Straße konnten wir bisher keine freie Fläche finden. Pater Luca läuft voraus. Im Schritttempo folgen wir bis zum Tor der Kirche, begleitet von einer Menschentraube.

»Fühlt euch wie zu Hause. Dort drüben sind Duschen, um neunzehn Uhr gibt es Essen. Ihr seid herzlich eingeladen. Aber jetzt entschuldigt mich, die Abendmesse beginnt gleich.«

»Danke schön!«

»Wenn ihr wollt, könnt ihr natürlich auch an der Messe teilnehmen. Aber ich nehme mal an, ihr seid müde und möchtet euch lieber etwas frisch machen.«

Eine gute Stunde später sitzen wir mit Luca und seiner Haushälterin um einen Tisch auf der kleiner Terrasse des Pfarrhauses. Unzählige Insekten schwirren um die Solarlampe in der Mitte. Luca ist Ende dreißig, also kaum älter als wir. Ich bin neugierig, wie er hierhergekommen ist, was für ein Leben er führt. Luca erzählt uns in fließendem Englisch, dass er aus einer gläubigen italienischen Familie stammt und für ihn schon früh klar war, dass er Priester werden wollte. Auf seine Aufgabe als Missionar war er jahrelang vorbereitet worden, er lernte die Sprache und viel über die Geschichte und Kultur Kambodschas.

»Unsere kleine katholische Gemeinde hier ist umgeben von anderen Religionen. Das Dorf flussabwärts ist muslimisch, das nächste Dorf flussaufwärts buddhistisch. Wir bemühen uns um ein gutes Miteinander. Vor ein paar Wochen haben wir ein Fußballturnier mit den anderen Dörfern veranstaltet.«

Luca erzählt, dass auch der animistische Glaube an die Beseeltheit der Natur in der Region sehr verbreitet ist. Wird ein Haus gebaut oder ein Baum gefällt, so stellen viele den heimatlos gewordenen Geistern eine kleine Ersatzwohnung auf. Diese bunten Geisterhäuschen waren mir schon in Laos aufgefallen.

»Für unsere neue Kirche habe ich ein Geisterhaus mit Türen bauen lassen und verwende es als Tabernakel. So verstehen die Menschen hier sofort, dass sich darin etwas Heiliges befindet.« Lucas ruhige Art und seine Offenheit sind sehr sympathisch. Trotz allem stehe ich dem Ansatz, fremde Länder zu missionieren, eher kritisch gegenüber.

»Luca, warum gibt es hier überhaupt eine katholische Mission?«, möchte ich wissen.

»Diese katholische Gemeinde hier gibt es schon lange. Sie ist vor vielen Generationen entstanden. Der letzte Priester wurde von den Roten Khmer ermordet, weil er sein Dorf nicht im Stich lassen wollte. Seine Asche lagert vorübergehend in einer Urne dort drüben in der Kirche, bis wir die Stupa versetzt haben, unter der er begraben werden wollte.« Luca rutscht mit seinem Stuhl etwas nach hinten. »Na ja, seit seinem Tod hatten die Menschen jahrelang keinen Priester mehr. Jetzt helfe ich ihnen, ihren christlichen Glauben zu leben.«

»Wie lange bist du schon in Kambodscha?«, fragt Thomas.

»Ich bin vor drei Jahren gekommen.«

»Und wie lange wirst du bleiben?«

»Um den Menschen Stabilität zu geben, soll der Priester, wenn möglich, nicht wechseln.«

»Moment«, unterbreche ich Luca, »das heißt, du wirst für immer hier bleiben?«

»Ja«, nickt Luca nachdenklich, »ich wurde dieser kleinen Gemeinde zugeteilt, um an diesem Ort mein Leben zu verbringen. Alle drei Jahre darf ich für einige Wochen zurück in meine Heimat. Gerade erst war ich in Italien. Bei meinen Eltern.« Er atmet durch, blickt auf den Tisch, fährt dann fort: »Es ist mir sehr schwergefallen, sie wieder zu verlassen, um hierher zurückzukommen.«

Ich kann Luca nur zu gut verstehen. Wenn ich an unseren Abschied zurückdenke, sehe ich in Gedanken, wie meine Eltern, meine Geschwister und ich uns in den Armen liegen. Es war auch mir sehr schwergefallen aufzubrechen. Wie schwer muss der Abschied fallen, wenn man weiß, dass sich die Wege für immer trennen, man nur alle paar Jahre auf Besuch kommen darf und die restliche Zeit in der Fremde ist.

»Ich weiß, dass mich die Menschen hier brauchen. Dass ich ihnen Halt gebe. Dass Jesus ihnen Mut macht. Aber mit meinen Problemen bin ich hier allein. Mit wem soll ich reden, wenn ich Zweifel habe?«

Luca erzählt, dass er sich ab und an mit anderen Missionaren trifft, aber auch die kommen aus der ganzen Welt und haben einen völlig anderen Hintergrund. Er macht eine lange Pause, bevor er fortfährt: »Was wäre, wenn ich mein ganzes Leben auf Jesus baue und er gar nicht Gottes Sohn ist?«

»Ist das denn so wichtig?«, frage ich. »Ist es nicht egal, ob er Gottes Sohn ist? Oder ein Prophet? Oder auch nur ein Gleichnis dafür, wie wir uns verhalten sollen?«

»Nein!«, sagt Luca. »Für mich ist es die alles entscheidende Frage.«

Die Unterhaltung geht weiter bis spät in die Nacht und setzt sich am Morgen fort. Nach und nach begreife ich das Ausmaß von Lucas Entscheidung. Er hat sein Leben der Religion gewidmet und eine schwere Aufgabe zugeteilt bekommen. Ohne jede Perspektive auf Veränderung. Allein in der Fremde. Ohne Partner, ohne Familie oder auch nur Gleichgesinnte. Ein Leben lang. Zerbräche sein Glaube, hätte er sich umsonst geopfert.

Gegen Mittag ist es für uns an der Zeit weiterzuziehen. Wir möchten die letzte Fähre des Tages über den Mekong erreichen. Luca bleibt in seinem Dorf. Vielleicht für immer, bis auch seine Asche unter einer Stupa im Garten der Kirche neben der kleinen Straße am Mekong begraben wird.

KILOMETER 34 427
HEISSE TEMPEL

Thomas

Ein Tag, drei oder sieben? Mit dieser Frage wird jeder Besucher hier als Erstes konfrontiert. Nach langem Hin und Her legen wir 120 US-Dollar auf den Tresen, lachen freundlich in die Fotokamera und bekommen dafür zwei Sieben-Tage-Pässe. Wir sind am Nationalsymbol Kambodschas, den berühmten Tempelanlagen von Angkor. Für ein halbes Jahrtausend waren sie vom Dschungel verschluckt, erst Anfang des letzten Jahrhunderts wurde begonnen, die mehr als tausend Tempelbauten der Region wieder freizulegen.

In unserer von Bildern geprägten Welt habe ich schon oft Aufnahmen von Angkor Wat oder Ta Prohm gesehen. Graue Wände und Säulen, über und über mit feinen Steingravuren geschmückt. Zum Teil überwachsen von gigantischen Würgefeigen, deren Wurzeln mit dem Mauerwerk verschmelzen. Jetzt bin ich endlich selbst hier.

Tagsüber war viel los, jetzt am Abend sind wir fast allein. Ich setze mich auf den Boden an eine Steinsäule, Sabine lehnt neben mir. Heute Nachmittag habe ich mich ein wenig wie Indiana Jones gefühlt, als wir durch den Tempel von Bayon liefen. Riesige Steingesichter starren dort von allen Seiten von den Türmen herab. Jetzt sind wir im größten Tempel und umgeben von fein gemeißelten Tänzerinnen, jede individuell gestaltet. Sie tragen Armreifen, Halsketten und kunstvolle Kronen, stehen in kleinen Nischen und tanzen entlang der Wände. Eine Gruppe orange gekleideter Mönche läuft stumm durch die Säulenhalle gegenüber. Ihre Gewänder leuchten im Abendlicht.

Zurück am Lkw sind die vielen kleinen Restaurants, die sich um den Parkplatz reihen, bereits geschlossen. Pünktlich um achtzehn Uhr verlassen die unzähligen Touristen in

Bussen und Tuk-Tuks die Tempelanlagen und kehren zurück in die Hotels und Herbergen von Siem Reap, der nächstgelegenen Stadt. Mit ihnen verschwinden auch die Verkäufer. Einige Kindergruppen ziehen noch durch die Anlage und sammeln leere Plastikflaschen vom Boden und aus den Mülleimer zusammen. Dann sind wir auch in der vierten Nacht wieder allein auf dem großen Parkplatz.

»42 Grad«, lese ich müde vom Thermometer ab.

»Wie soll man bei dieser Hitze schlafen?« Genervt klettert Sabine aus dem Bett, wässert ein Handtuch im Spülbecken, legt es zum Kühlen ins Gefrierfach und setzt sich an den Esstisch.

Es ist Mitte März, kurz bevor es am heißesten ist in Kambodscha. Jeden Abend schlafen wir schwitzend ein und wachen schwitzend wieder auf. Duschen hilft nicht. Das Wasser in den Tanks ist so warm, dass es keinerlei Erfrischung bringt.

Ich setze mich zu Sabine auf einen Haufen gebrauchter Klamotten. Müde starre ich an ihr vorbei aus dem Fenster in die Dunkelheit. Es gibt nichts zu sehen. Kein Licht, niemand weit und breit. Mücken surren vor dem Fliegengitter. Ich hebe meinen Unterarm vom Tisch, merke, wie die nasse Haut daran festklebt.

»Wir müssen hier weg. Weg aus dem Landesinneren. Irgendwo ans Meer. Dort ist es vielleicht genauso heiß, aber es geht wenigstens Wind«, ächzt Sabine.

»Wolfgang hat vor ein paar Tagen geschrieben. Sie waren gerade auf Koh Chang, eine Insel vor der Küste in Thailand. Etwa zwei, drei Tage Fahrt von hier. Man kann wohl auch den Lkw mit einer Fähre übersetzen, und es soll sehr schön sein. Was hältst du davon?«

Sabine sieht mich an. »Nichts wie hin!«

KILOMETER 34 737
ERICS PARADIES

Sabine

Der erste Eindruck von Thailand überrascht mich. Das Land wirkt viel geordneter als erwartet. Die Straßen sind breit und in perfektem Zustand, die Grünflächen gepflegt. Bisher säumten kleine Verkaufsbuden den Straßenrand. Kaum, dass wir die Grenze passiert haben, taucht ein riesiger Supermarkt auf. Überfordert von dem plötzlichen Warenangebot, brauchen wir zwei Stunden für den ersten Einkauf.

Halb so lange dauert die Überfahrt mit der wahrscheinlich langsamsten Fähre Asiens vom Festland nach Koh Chang. Während die Westseite der Insel gut erschlossen ist und sich an den wohlklingenden Stränden Lonely Beach oder White Sand Beach Besucher aus aller Welt tummeln, ist die Ostseite nahezu menschenleer. Vermutlich, weil dieser Teil der Insel noch nicht an das Stromnetz angeschlossen ist und es weder Ventilatoren, Klimaanlagen noch unterbrechungsfreies Wi-Fi gibt. Auch die Straße ist keineswegs massentauglich. Anfangs noch geteert geht es bergauf, bergab. Hätten wir nicht von Wolfgang den Tipp bekommen, an den Long Beach zu fahren, wir wären spätestens jetzt umgekehrt. Mit einem gewaltigen Absatz geht die Straße in einen schmalen, mit tiefen Furchen durchzogenen Schotterweg über. Hoffentlich regnet es die nächsten Tagen nicht, die Straße ist schon jetzt an manchen Stellen meterweit unterspült.

Nach vielen Kurven durch grün leuchtenden Dschungel erreichen wir unser Ziel, die kleine Bungalowanlage Zion. Einige beige-gelbe Holzhütten stehen am Strand, dahinter endloses türkisblaues Meer. Ich parke Paula im Sand zwischen zwei Palmen, hänge die Treppe an den Ausgang und stelle die Stühle vor die Tür. Thomas fährt die Markise aus und setzt sich zu mir. Herrlich. Endlich Urlaubsfeeling.

Das Herz der beschaulichen Bucht bildet eine kleine, liebevoll gestaltete Holzplattform mit einem Dach aus Palmwedeln.

»Ihr habt Glück, dass ihr jetzt kommt«, sagt Eric, der Besitzer. »Nächstes Jahr stehen hier Luxusbungalows, dann ist für Wohnmobile sicher kein Platz mehr. Die Bauarbeiten sollen in ein paar Wochen beginnen.«

Eric ist gebürtiger Belgier und hat hier seinen Traumort gefunden. Mit Herzblut betreibt er das kleine Restaurant und vermietet daneben die Hütten am Strand. Er muss voraussichtlich schon im nächsten Monat gehen. Ein solventer Investor hat den Zuschlag bekommen. Eine Bucht weitab der Touristenströme, weißer Sandstrand, Palmen, glasklares Wasser, das schreit förmlich nach einem exklusiven Urlaubsresort.

Für uns ist es schon jetzt Luxus pur. Wir sitzen um einen niedrigen Holztisch im warmen Sand, frische Meeresluft weht uns um die Nase, stimmungsvoller Reggae übertönt das ferne Brummen des Stromgenerators. Vor uns steht ein gegrillter, mit Knoblauch gespickter Fisch, der besser schmeckt als alle, die ich je zuvor gegessen habe. Daneben ein Glas frisch gepresster, eisgekühlter Fruchtsaft. Nach Wochen der unerträglichen Hitze endlich ein Fleckchen Erde zum Verweilen.

Wir baden, lesen, essen und wandern am Strand entlang. Wie ein Wimpernschlag vergeht die Zeit. Aus den geplanten vier oder fünf Tagen werden drei Wochen. Reisen kostet Kraft. Viel Kraft. Das merke ich immer wieder. Nicht nur mein Körper, auch mein Geist braucht Ruhephasen. Diese kleine Pause im Paradies kam genau zum richtigen Zeitpunkt. Jetzt haben wir Energie getankt für Bangkok.

KILOMETER 35 291
STADT DER ENGEL

Thomas

Zwei Tage Fahrt liegen seit dem Aufbruch von Erics Traumstrand auf Koh Chang hinter uns. Vor uns liegt nun »Das Dorf im Pflaumenhain«, besser bekannt als Krung Thep, »Die Stadt der Engel«, oder wie wir es nennen: Bangkok.

Das Navigationsgerät ist überfordert. Die Straßen verlaufen in mehreren Ebenen übereinander, nebeneinander, bilden verschlungene Knoten und schwingen wieder auseinander. Wir können nur vage erahnen, wann wir uns von der einen auf die andere Autobahn schrauben müssen. Wegweiser sind auf Thai geschrieben und für uns nicht zu entziffern. Der Linksverkehr tut sein Übriges, um den Überblick vollends zu verlieren.

Mit dem Lkw im Stadtverkehr ist es schwierig. Doch jetzt endlich in Bangkok angekommen, gibt es unzählige Möglichkeiten, wie wir uns öffentlich fortbewegen können.

Der Skytrain, eine nagelneue Schnellbahn, zieht sich hoch über den Straßen quer durch die Millionenstadt. Wir steigen ein und rauschen über den dichten Verkehr hinweg, zwischen Wohnblocks und Wolkenkratzern hindurch, blicken auf das geschäftige Treiben in den Straßen und Plätzen hinab und schwingen ins Zentrum.

Oder wir steigen in die ebenso schnelle Metro, in die wir abtauchen und die uns an einem anderen Ort wieder ausspuckt. Die Gleise in den Stationen sind durch eine Glaswand vom Bahnsteig abgetrennt. Erst, wenn die Bahn eingefahren ist, öffnen sich die Türen des Zuges zeitgleich mit den Schiebetüren der Glasfront und geben den Weg frei für einen sicheren Einstieg. Um ein reibungsloses Ein- und Aussteigen zu gewährleisten, markieren Pfeile am Boden die jeweiligen Bereiche für einsteigende und aussteigende Fahrgäste.

Ebenso wie im Skytrain werden wir auch hier während der gesamten Fahrzeit mit Werbung beschallt. Wer nicht gerade an seinem Smartphone spielt oder vor sich hin dämmert, starrt wie magnetisiert auf die flimmernden kleinen Bildschirme, die für Energydrinks, Körperpflegeprodukte oder Nahrungsergänzungsmittel werben, und schnüffelt dabei an einem der beliebten Riechstifte, deren intensiver Mentholgeruch die Waggons erfüllt. Ich fühle mich wie in einer Parallelwelt, die einem bizarren Zukunftsroman entstammen könnte. Dieses Gefühl wird durch eine übertriebene Klimatisierung noch verstärkt. Während wir extrem heiße Tage in Bangkok erleben, mit Außentemperaturen von weit über 35 Grad, herrscht in der Metro und im Skytrain Eiseskälte. Verschwitzt steigen wir ein, frierend wieder aus. Außer uns scheint dies niemanden zu stören.

Aber nicht nur auf, über und unter der Erde bewegen wir uns durch Bangkok, sondern auch auf dem Wasser. Der Chao Phraya durchzieht die Stadt, und auch darauf herrscht reger Verkehr. Es gibt ein gut ausgebautes Netz an öffentlichen Booten, die sich neben Fracht-, Fischer- und laut röhrenden Speedbooten auf der Wasserstraße tummeln. Vom Fluss aus bietet sich abermals ein völlig neuer Blick auf die Stadt. Es offenbart sich ein dichtes Nebeneinander von Hotelanlagen, Holzbaracken, Fischmärkten und gläsernen Konferenzsälen, die sich am Ufer bunt gemischt aneinanderreihen.

Wir hätten es gerne noch ein wenig aufregender und setzen uns auf den Sozius eines Motorradtaxis. Im Eiltempo schlängelt sich der Fahrer durch die Rushhour, mitten durch den Fluss der Taxis, Busse und Pick-up-Trucks, immer von Lücke zu Lücke, flott durch den dichten Verkehr.

Am liebsten aber fahre ich mit dem Bus durch die Stadt. Hier geht es gemächlich zu. Durch die offenen Fenster fallen Regentropfen in mein Gesicht und auf die vielen unbesetzten Sitze vor und hinter uns. Die Straßen beginnen zu spiegeln, die Pfützen werden immer größer, und von den vergilbten Plastikplanen, die über die Straßenstände gespannt sind, laufen kleine Rinnsale herab. Die Farben werden intensiver, der Staub und die Abgase werden aus der Luft gewaschen. Mit zusammengekniffenen Augen trotzen mutige Piloten auf ihren Motorrollern der herannahenden Regenzeit. Offene Tuk-Tuks schieben sich an uns vorbei, die Insassen nass bis auf die Knochen. In den vereinsamten Gassen trollen sich Straßenhunde unter den schmalen Vordächern, daneben spiegeln sich grelle Leuchttafeln in den tiefer werdenden Pfützen, durch die hin und wieder jemand auf Zehenspitzen tippelt und die Spiegelbilder in Bewegung versetzt. Bangkok im Regen ist wunderschön.

Die Dimension der Stadt fasziniert mich, ebenso die Vielzahl an Möglichkeiten, sich in, auf und unter ihr fortzubewegen. Wir nutzen sie alle ausgiebig, denn wir sind nicht nur zum Spaß in Bangkok. 36 000 Kilometer bei teilweise extremen Straßenbedingungen haben Paulas Reifen an ihre Grenzen gebracht. Der Gummi ist runter, an einigen Stellen blitzt bereits das Metallgewebe durch. Ein deutscher TÜV-Prüfer wäre bei dem Anblick wohl einem Kollaps nahe. Zum Glück sind wir in Südostasien. Zwei Wochen lang suchen wir, um endlich in einem abgelegenen Laden am Stadtrand Ersatzreifen für Paula zu finden. Zudem kommen wir dem Ende des Kontinents langsam näher. Irgendwann müssen wir über den Pazifischen Ozean, wenn wir den Weg nach Osten fortsetzen wollen. Wir klappern die Büros der größten Reedereien der Welt ab. Diese befinden sich in Bangkok vorzugsweise in den obersten Stockwerken moderner Wolkenkratzer mit eleganten Namen. Normalerweise gehen hier Mitarbeiter von Firmen wie Toyota oder BMW ein und aus, um Aufträge für den Transport von 20 000 oder 30 000 Fahrzeugen abzuwickeln.

»Tut uns leid, aber ein einzelnes Fahrzeug ist zu wenig«, lautet die Antwort. Wir fahren von A nach B und nach C, eine Woche lang, bis wir unsere Liste von Agenturen und

Reedereien erfolglos abgearbeitet haben. Eine einzige Agentur stellt uns in Aussicht, Paula über den Pazifik zu bringen. Es bleiben uns drei Monate. Genug Zeit, um auf dem weiteren Weg bis ans Ende des Kontinents die Einzelheiten zu klären. Widmen wir uns also endlich den angenehmen Dingen in Bangkok: morgen ist Songkran.

KILOMETER 35 311
KLATSCHNASSER NEUJAHRSSEGEN

Sabine

Thailand ist uns weit voraus. Genau 543 Jahre. Die Neujahrsfeierlichkeiten läuten heuer laut buddhistischem Kalender das Jahr 2555 ein. Je nach Region wird Songkran traditionell drei bis sieben Tage lang gefeiert. Aus dem ursprünglichen Brauch, Familienangehörigen Wasser über die Hände zu gießen und ihnen damit Glück für das neue Jahr zu wünschen, ist in weiten Teilen des Landes eine gigantische Wasserschlacht geworden. Seit Tagen werden in Bangkok an jeder Straßenecke Wasserpistolen verkauft. Super Soaker in jeder Größe und in allen Farben, mit und ohne umschnallbaren Tank, Wasserpistolen mit Regenschirmchen, um sich vor Gegenangriffen zu schützen, oder einfach bunte Plastikeimer für die volle Dusche.

»Wo ist in Bangkok der beste Platz, um Songkran zu feiern?«, fragt Thomas einen Taxifahrer.

»Natürlich in der Khao San Road«, lautet seine Antwort.

Die bekannte Backpackermeile soll in den kommenden Tagen das Zentrum der Feierlichkeiten zum Neujahrsfest sein. Nichts wie hin!

Diejenigen, die sich heute für eine Fahrt mit dem Tuk-Tuk entschieden haben, haben jetzt schlechte Karten. Sie werden von allen Seiten, aus vorbeifahrenden Autos oder vom Straßenrand aus, mit Wasser bespritzt. Nicht viel besser ergeht es denjenigen, die mit dem Bus fahren. Öffnet sich die Tür an der Haltestelle, steht schon eine Horde Kinder bereit, um die Ankömmlinge feuchtfröhlich zu begrüßen.

Wir steigen aus dem schützenden Taxi und mischen uns unter die Leute. Es dauert keine fünf Minuten, dann sind wir nicht nur bis auf die Unterhose nass, sondern auch weiß im Gesicht. Neben dem Wasserspritzen gibt es den Brauch, Babypuder oder Talkumpulver mit Wasser anzurühren und diese Paste als Glückwunsch anderen auf Wangen, Stirn und Hals zu schmieren.

Ganz Bangkok scheint auf den Beinen. Eine gewaltige Menschenmenge schiebt sich durch die Straßen, wir kommen kaum einen Schritt vorwärts. Es haben sich Zehntausende Menschen in und um die Khao San Road zur größten Wasserschlacht der Welt versammelt. Nebenbei ist ein richtiger Handel rund um das Neujahrsfest entstanden. Nicht nur, dass Abertausende Wasserpistolen und zentnerweise Talkumpulver verkauft werden, entlang der Straßen haben sich unzählige Wasserauffüllstationen gebildet. Zwei bis fünf Baht, umgerechnet fünf bis zwölf Cent, kostet eine Füllung der Wasserpistole mit eisgekühltem Wasser. Eisgekühlt, denn lauwarmes Wasser würde bei diesen Temperaturen niemanden schrecken. Die Menge um uns tanzt zu laut dröhnender Musik, von allen Seiten spritzt Wasser. Fahrbare Garküchen stehen auf den Gehsteigen und versorgen die Menge mit frischem Essen und Erfrischungsgetränken.

Nach vier Stunden sind wir ausgepowert, doch es gibt kein Entrinnen. Die Partymeile scheint endlos. Hinter jeder Kreuzung lauern wieder Tausende Menschen im wilden Wasserkampf. Die Stimmung ist ausgelassen fröhlich, und außer ein paar missmutigen Urlaubern ist niemand böse, tropfnass gespritzt zu werden, ganz im Gegenteil. Neben uns bekommt ein junges Mädchen zehn Liter Eiswasser über den Kopf gegossen. Es kreischt laut auf, schüttelt sich und bedankt sich dann. Die kalte Dusche ist ja schließlich immer noch als Segnung für ein gutes neues Jahr zu verstehen.

Ich fühle mich für den Moment ausreichend gesegnet. Morgen werden wir Bangkok in Richtung Süden verlassen und uns langsam entlang der Küste bis nach Malaysia vortasten.

KILOMETER 37412
ERDBEEREN IM DSCHUNGEL

Thomas

Obwohl die intensive Regenzeit kurz bevorsteht, fällt das Thermometer nachts nicht unter die Dreißig-Grad-Marke. Die Hitze raubt mir jegliche Energie. Sollte ich mich nach einem halben Jahr in Südostasien nicht langsam daran gewöhnt haben? Ganz im Gegenteil. Ich gewöhne mich lediglich an die Erkenntnis, dass ich nicht für solche Temperaturen geschaffen bin.

Ein kleines Refugium für Reisende aus gemäßigten Klimazonen bildet das zentrale Hochland in Malaysia, die Cameron Highlands. Ein wenig höher gelegen, ein wenig kühler. Nicht nur Zentraleuropäer blühen in solch einem Klima plötzlich wieder auf. 300 über das Jahr verteilte Regentage bilden auch beste Voraussetzungen für die Landwirtschaft. Die Region versorgt ganz Malaysia mit Obst und Gemüse, Blumen und Tee.

Wer hier an kleinteilige, extensive Berglandwirtschaft denkt, liegt falsch. Kilometerweit reihen sich Gewächshäuser links und rechts der Straße aneinander, überziehen Bergtäler und Bergrücken mit ihren grau-weißen Konturen wie eine Invasion riesiger Maden.

Es ist der Beginn der Schulferien in Malaysia. Die Dörfer entlang der kleinen Straße, auf der wir uns durch die Hochlandgegend schlängeln, erinnern mich an das Treiben in und um österreichische Wintersportgebiete zur Weihnachtszeit. Autokolonnen schieben sich von Ort zu Ort, kämpfen um die viel zu wenigen Parkplätze vor riesigen Hotelanlagen, in den zu Tourismuszentren mutierten Bergdörfern. Dennoch sind wir immer noch in den Tropen, nicht in den Alpen. Statt Eisstockschießen, Langlauf und Alpinski vertreibt man sich hier die Urlaubszeit mit Dschungelwanderungen, Teeverkostungen und genussvollem Erdbeerpflücken.

Die Erdbeere erfreut sich größter Beliebtheit. Mir war bei dem vielfältigen Angebot an exotischen Früchten in Asien nie in den Sinn gekommen, ausgerechnet an Erdbeeren zu denken. In Malaysia gilt die Erdbeere jedoch als Besonderheit. Es gibt sie nicht nur auf dem Feld zu pflücken, sondern auch aus Plastik als Schlüsselanhänger, als Rucksack, aufgeblasen zum Treten als Fußball oder als Sitzgelegenheit, als Luftballon, Lutscher oder Krawatte, Bettvorleger, Handtuch oder Regenschirm, Handtasche oder als flauschige Kuschel-Frucht. Es scheint mir, als verließe kein Einheimischer die Cameron Highlands ohne die obligatorische Plüsch-Erdbeere, die von nun an ihr Dasein langsam ausbleichend auf der Hutablage einer Limousine fristet.

Auf Erdbeerpflücken haben Sabine und ich daheim schon keine Lust. Ein Spaziergang durch die unberührten tropischen Bergregenwälder reizt mich erheblich mehr. Ganz »unberührt« ist zwar schon längst nichts mehr, dennoch gebe ich mich gerne der Illusion hin, mich auf abenteuerlichen Pfaden durch den dichten, undurchdringlichen Dschungel zu schlagen, während ich eigentlich auf einem breiten Trampelpfad den Markierungen bis zum Berggipfel folge. Es duftet nach Rinde und feuchter Erde. Links und rechts des Weges eröffnet sich ein Blick in das vielfältige, undurchdringlich wirkende Grün, das einen deutschen Mischwald so artenreich erscheinen lässt wie die nahe liegende Erdbeerplantage.

Nach dem Abstecher in die Dschungelgegend reisen wir weiter gen Süden. In den Highlands steht noch Wald, doch seit Tagen fahren wir nun schon durch nichts anderes als Palmölplantagen. Ölpalmen links, Ölpalmen rechts, Ölpalmen links, Ölpalmen rechts. Und plötzlich ist Schluss. Das GPS zeigt ein Grad, sechzehn Minuten und sechs Sekunden Nord. Ich kann es nicht glauben. Wir haben es geschafft. Vor uns steht ein Schild: »*Congratulations! You Are Now Standing At The Southernmost Tip Of Mainland Asia.*« Asien ist aus. Wir stehen am Ende des Kontinents.

In den ersten Monaten der Reise durch Europa und die Türkei war alles neu. Wir mussten uns an das Leben auf Rädern erst gewöhnen. Ab und an Freunde zu treffen, mit denen wir uns austauschen konnten, hat sehr gut getan. Zentralasien war viel abwechslungsreicher und China viel anstrengender, als ich dachte. Südostasien fühlte sich dagegen richtig nach Urlaub an, insbesondere die Zeit in Thailand, als wir erstmals auf der Reise mehr standen als fuhren. Ich bin gespannt, wie es weitergeht.

Wir stehen auf den letzten Metern des Eurasischen Kontinents. Wenn wir weiterkommen wollen, müssen wir mit Paula über den Pazifik. Vor uns liegen Hunderte Frachter in der Straße von Malakka, doch ein Schiff zu finden, das Paula nach Nordamerika bringt, ist schwieriger als gedacht.

KILOMETER 39 421
ENDE DER WELTUMRUNDUNG?

Sabine

Wir drehen um. In drei Monaten sind wir daheim. 14 000 Kilometer sind es auf der kürzesten Route zurück nach Deutschland.

Gerade kam die letzte Absage per E-Mail. Wir bringen Paula von hier aus nicht nach Amerika. Wir müssen zurück und verschiffen von Hamburg nach Kanada. Der Traum der Weltumrundung ist zu Ende.

Hinter uns liegen drei Wochen, in denen wir nicht nur die Kolbenringe an Paulas Motor getauscht, sondern in denen wir auch versucht haben, die Einzelheiten der Verschiffung zu klären. Vor drei Monaten hatten wir in Bangkok schließlich eine Reederei ausfindig machen können, die uns mit ihrer hauseigenen Agentur zur Seite steht. Warum, verdammt noch mal, klappt es jetzt trotzdem nicht?

Zunächst hatten wir uns das Verschiffen eines Fahrzeugs recht einfach vorgestellt: Es gibt einen Zeitplan, auf dem man sehen kann, wann ein Schiff wo ablegt, welche Häfen es anläuft und was der Transport abhängig von der Fahrzeuggröße kostet. Es gibt einen Betreiber der Schiffe, dem teile ich mit, wohin ich will, und er gibt mir Auskunft über die Möglichkeiten.

Weit gefehlt. An diese Informationen zu kommen ist gar nicht so leicht, zumindest nicht für uns. Als Verschiffungsneulinge stellen wir nicht nur die falschen Fragen, wir verstehen auch die Antworten aus Fachausdrücken und Abkürzungen nicht und müssen häufig nachfragen. Doch auch die Agentur trägt zur Verwirrung bei. Das erste Schiff, das sie uns anbietet, ist schon voll, das zweite hatte einen Unfall, das dritte fährt nicht dorthin, wohin wir wollen. Erst nach rund sechzig E-Mails, zig Telefonaten und einer zweistündigen Besprechung mit fünf Personen am runden Tisch hatten wir endlich ein Schiff und kannten in etwa die Kosten.

Letzte Woche teilte uns die Agentur dann jedoch mit, dass wir ein Zolldokument brauchen, das wir nicht haben. Wir haben es per Expressversand aus Deutschland bestellt, es ist unterwegs.

Vor fünf Tagen kam die Nachricht, das Fahrzeug muss komplett frei von Dreck, Staub, Öl und Fett sein. Stundenlang säuberten wir den Unterboden mit Hochdruckreiniger und unterzogen ihn einer chemischen Sprühentfettung. Wir lagen zwei Tage unter dem Auto und rückten den restlichen Ablagerungen der vergangenen fast vierzig Jahre mit Spachtel und Drahtbürste zu Leibe.

Als das Fahrzeug endlich sauber war, erreichte uns die nächste Bedingung: Für die Verschiffung müssen die Gasheizung und der Gasherd ausgebaut werden. Denn Gefahrgut dürfe nicht mit an Bord.

Heute kam wieder eine E-Mail. Kleine Ergänzung: Das Fahrzeug muss nicht nur komplett sauber, sondern auch komplett leer sein. Alle persönlichen Gegenstände müssen getrennt vom Fahrzeug in einem Container verschickt werden.

Vorgestern hieß es noch, wir könnten alles im Auto lassen. Paula muss wegen ihrer Größe auf eine sogenannte RoRo-Fähre, roll on roll off, weil sie nicht in einen Container passt. Jetzt aber bräuchten wir zusätzlich noch ein Containerschiff, um unsere Kleidung, Werkzeug, Ersatzteile und alles, was im Auto ist, separat zu transportieren. Das bedeutet nicht nur erheblich mehr Aufwand, sondern auch weitere Kosten. Der Transport von Paula liegt mit allen anfallenden Hafengebühren schon bei rund 6000 Euro. Das schlägt für sich genommen schon ein gewaltiges Loch in die Reisekasse. Dazu jetzt auch noch ein Containertransport? Jeden Tag eine neue E-Mail, jeden Tag neue Komplikationen. Das hat alles keinen Sinn mehr. Ich klappe den Laptop zu, setze mich vor den

Lkw. Wir verschiffen von Hamburg nach Nordamerika. Das ist erheblich günstiger und einfacher zu organisieren. Es geht zurück nach Deutschland.

Eine Woche vergeht. Wir stehen noch immer auf dem Parkplatz im Zentrum von Kuala Lumpur, der Hauptstadt Malaysias. Nur wenige Gehminuten von unserem Stellplatz entfernt befindet sich das Wahrzeichen der Stadt, die Petronas Towers, einst das höchste Gebäude der Welt, die hell erleuchtet neben uns in den Nachthimmel ragen. Kuala Lumpur ist eine kunterbunte, multikulturelle Stadt, doch dafür kann ich mich im Moment nicht begeistern. Ich sitze mit Thomas auf den Klappstühlen vor dem Lkw. Wir gehen zusammen die Rückreise durch.

»Von hier zurück nach Thailand und durch China. Dann entweder direkt über Russland, oder über Tibet nach Nepal, Indien, Pakistan, Iran, in die Türkei, und dann sind wir schon in Europa«, schlage ich vor.

»Nach Tibet wollte ich schon immer mal«, stimmt Thomas zu.

»Indien könnte anstrengend werden. Dann kurz durch Pakistan und noch mal nach Iran«, zähle ich auf.

»Noch mal Iran? Das wäre schön«, sagt Thomas zuversichtlich, doch aus seiner Stimme höre ich gleichzeitig deutlich die Enttäuschung. Denn der Wunsch, die Erde zu umrunden, ist noch nicht aus unseren Köpfen verschwunden.

Während wir unseren Gedanken nachhängen, erreicht uns eine neue E-Mail: »Wir würden Ihnen empfehlen, von Singapur aus zu verschiffen«, schreibt die Agentur.

Es ist ja nicht so, als hätten wir diese Variante nicht schon längst in Erwägung gezogen. Jede Anfrage wurde jedoch bisher mit der Begründung abgewehrt, die Regelungen in Singapur seien um ein Vielfaches komplizierter und teurer.

»Leider können wir Ihnen in Singapur als Agentur nicht mehr zur Seite stehen«, lese ich weiter vor.

»Die wollen uns loswerden. Die haben auch die Nase voll«, resümiert Thomas.

»Vielleicht ist das die Lösung. Neue Agentur, neues Glück.«

»Echt? Dann geht doch wieder alles von vorne los«, wehrt Thomas meinen Vorschlag ab.

»Das ist unsere letzte Chance, wir müssen nach Singapur. Das Schiff legt dort erst in drei Wochen ab.«

Thomas sieht mich fragend an.

»Wir hätten also noch Zeit, einen Weg zu finden, wie wir all unser Gerümpel nicht gesondert per Container verschicken müssen und ...«

»Da wäre noch eine Kleinigkeit«, unterbricht mich Thomas, »Wohnmobile sind in Singapur verboten.«

KILOMETER 39 803
LAW IS LAW

Thomas

Wir haben uns entschlossen, die letzte Chance zu ergreifen. Wir haben nicht nur die neue Agentur in Singapur, sondern auch eine weitere Agentur aus Deutschland eingeschaltet, um einen Weg zu finden, das Fahrzeug nicht ausräumen zu müssen. In drei Tagen soll das Schiff aus dem Hafen in Singapur auslaufen.

Singapur liegt als Stadtstaat auf einer Insel und ist über zwei Brücken mit dem Festland verbunden. Ich hoffe, dass Paula vom Zoll als normaler Lkw angesehen wird. Dann können wir einreisen und direkt bis zum Hafen fahren.

Die Grenzbeamten, die uns bei der Einreise aufhalten, sind freundlich und bemüht, uns weiterzuhelfen. Leider haben sie auch die Aufgabe, uns mitzuteilen, dass Paula eindeutig ein

Wohnmobil ist und damit in Singapur verboten. Warum, ist unklar. Aber Gesetz ist Gesetz in Singapur, daran ist nicht zu rütteln: Wohnmobile dürfen auf den Straßen von Singapur nicht fahren.

Das heißt aber nicht, dass sie nicht gezogen werden dürfen. Eine junge Grenzbeamtin hilft uns bei der Suche nach einem Abschleppunternehmer. Wir einigen uns mit diesem nach langer Verhandlung auf 200 US-Dollar, die Hälfte des anfänglich verlangten Preises.

Nach knapp zwei Stunden Wartezeit trifft der bestellte Abschleppwagen ein. Paula wird in Ketten gelegt, die Vorderachse angehoben. Mit einem Ruck setzen wir uns in Bewegung. Knapp zwanzig Kilometer sind es bis an den Hafen. Über der Schnellstraße blinkt eine Leuchttafel: »*Have a save and pleasant drive in Singapur*«. Na, vielen Dank.

Nach einer Stunde erreichen wir den Parkplatz direkt vor dem Hafen. Hinter uns ein hoher Metallzaun, vor uns die breite Zufahrt zum Hafen. Wir müssen hier warten, bis das Frachtschiff in drei Tagen einläuft. Eine neue E-Mail der Agentur: Das Boot hat drei Tage Verspätung. Also sechs Tage hier auf dem Parkplatz.

Wir nutzen die Zeit, um alles, was auf Paulas Dach befestigt ist, abzubauen und in den Innenraum zu räumen. Die Frachtgebühren berechnen sich nach dem Volumen des Fahrzeugs. Jeder Zentimeter, den Paula niedriger ist, verringert den Frachtpreis.

Vom Parkplatz am Hafen machen wir einen Ausflug in die Innenstadt. Fahren dürfen wir nicht, also steigen wir erst in den Bus, dann in die Metro. Ein großes Schild weist uns in Englisch darauf hin, dass Essen oder Trinken in der U-Bahn mit einer Strafe von 500 Dollar geahndet wird. Plötzlich habe ich keinen Durst mehr.

Ich blicke mich um. Die Menschen auf den Sitzen neben mir starren mit ausdruckslosen Gesichtern auf ihre Smartphones. Über dem Fenster hängt eine Werbetafel: »*In this present fast-paced lifestyle Money should be well spent Time must be used correctly Waste time no more Come to Lao Fo Ye for effective speedy result*«. Zeit muss korrekt genutzt werden, Satzzeichen offenbar nicht. Neben dem Werbespruch ist das Bild einer Dame abgedruckt, die sich glücklich in ihr Haar fasst. Wieder und wieder lese ich die Worte, doch ein Sinn erschließt sich mir nicht. Vielmehr frage ich mich, was mir diese Werbung für einen Friseursalon über das Leben in Singapur verrät. Stumm sitze ich da, blicke auf die Worte, während ich aus der Lautsprecheranlage permanent dazu aufgefordert werde, unverzüglich zu melden, falls ich verdächtige Gegenstände oder Personen bemerke. Überall in der Stadt sind mir bereits Plakate und Hinweisschilder aufgefallen, die mich dazu anhalten, jeden und alles zu verdächtigen: »*Suspect it? Report it. Always be alert. Nobody gets hurt.*«

Wir steigen aus und landen direkt in einem riesigen Einkaufszentrum, wo wir uns auf die Suche nach einer lokalen SIM-Karte begeben, um für die Verschiffungsagentur erreichbar zu sein.

»Wenn ihr Fragen stellen wollt, geht in einen anderen Laden«, schnauzt mich der Verkäufer im Handyshop an. Es ist ihm zu viel, die Frage zu beantworten, was eine Gesprächsminute kostet. Lieber lehnt er auf der gläsernen Theke und spielt weiter an seinem Smartphone herum. In anderen Geschäften werden wir ähnlich behandelt. Kein Lächeln, kein Wort mehr als notwendig. Jede Frage ist eine zu viel.

Nicht nur die Menschen, die ganze Stadt wirkt auf mich steril und abweisend. Wohin ich auch blicke: Verbotsschilder und Strafandrohungen.

In den vergangenen Monaten haben wir viele verschiedene Länder besucht. So einige Male erkannte ich, dass die Kultur des Landes und die Denkweise seiner Bewohner der meinen fernliegt. Bisher entlohnte jedoch jedes Land die Bereitschaft, sich darauf einzulassen, mit vielen angenehmen Überraschungen. Je länger ich mich aber in Singapur umsehe, desto weniger gefällt es mir. Ich möchte mich nicht in Einkaufscentern oder Freizeitparks aufhalten, nicht in Spielcasinos und auch nicht in Schnellrestaurants. Singapur ist so wunderbar »sauber und geordnet«, schreibt unser Reiseführer. Das ist es zweifellos. Aber das reicht mir nicht, um mich hier wohlzufühlen.

Der letzte Morgen, endlich. Wenn alles klappt, ist Paula in ein paar Stunden auf dem Schiff und wir auf Sumatra. Ein komisches Gefühl, Paula nach so langer Zeit in fremde Hände zu geben. Also auf in den Hafen. Ich steige in die Fahrerkabine. In diesem Moment hält ein blauer dreiachsiger Schwerlastabschleppwagen direkt vor Paula.

»Was soll denn das?«, frage ich Sabine.

Ich steige aus, spreche mit dem Fahrer.

Er sagt, er sei von der Agentur geschickt worden.

Ich greife zum Telefon. Man erklärt mir, Paula befände sich noch immer auf singapurischem Boden und dürfe daher nicht gefahren werden.

»Was? Wir stehen auf dem Parkplatz direkt vor dem Hafen. Der Hafen zählt offiziell als Niemandsland, dort dürfen wir fahren. Es sind zwanzig Meter bis zur Schranke«, erkläre ich verständnislos ins Telefon und zeige auf die Schranke, die direkt vor mir steht, als könne mich mein Gesprächspartner durch das Telefon sehen.

»*Law is law*«, wird mir entgegnet. Gesetz ist Gesetz in Singapur, daran ist nicht zu rütteln. Also wird Paula abgeschleppt. Zwanzig Meter bis zum ersten Zollhäuschen.

Die Zollpapiere, die wir per Express aus Deutschland bestellt haben, ohne die man uns nie ausreisen lassen würde, wie man uns sagte, interessieren niemanden. Wir rollen durch die Schranke in den Hafen.

Nach vier Monaten Drama, zig Anfragen, Gesprächen und Enttäuschungen, nach so viel Frust, Ärger und Komplikationen übergeben wir den Fahrzeugschlüssel an einen

Mitarbeiter der Reederei. Paula rollt auf ein Frachtschiff, dessen Name nicht passender sein könnte. In großen weißen Buchstaben steht »MV ENDURANCE« auf dem blauen Schiffsrumpf. Paula ist unterwegs nach Amerika. Hoffentlich kommt sie dort an.

KILOMETER 39 841
RUCKSACKREISEN

Sabine

Ich bin erleichtert. Paula ist endlich auf dem Weg über den Pazifik. Allerdings ist die Sache damit noch lange nicht überstanden. Wir müssen Paula in den USA erst wieder durch den Zoll bringen. Keine Ahnung, wie die dortigen Zöllner darauf reagieren werden, dass Paula keineswegs leer ist. Ich verdränge den Gedanken. Bis es so weit ist, will ich die drei Wochen auf Sumatra unbeschwert genießen.

Eineinhalb Jahre waren wir nun mit den eigenen vier Wänden unterwegs und mussten uns nicht mit überteuerten Hotels, gewieften Rikschafahrern und alldem herumärgern, was uns bei früheren Rucksackreisen oft Zeit und Nerven gekostet hat. Macht es uns überhaupt noch Spaß, ohne eigenes Fahrzeug unterwegs zu sein?

Wir landen in Medan und sitzen wenig später in einer Motorradrikscha, mit der wir durch den wuseligen Verkehr ins Zentrum sausen. Ich bin froh, nicht selbst am Steuer sitzen zu müssen.

In Singapur war alles fein säuberlich geordnet, jetzt herrscht wieder Chaos auf den Straßen. Motorroller drängeln an Rikschas vorbei, Rikschas an Autos, Autos an Lastwagen. Fußgänger haben das Nachsehen, Hauptsache, es rollt. Der Fahrtwind bläst mir ins Gesicht, alle paar Meter liegt ein anderer Geruch in der Luft. Vielleicht nicht immer der beste, aber das ist nicht wichtig. Das ist Asien, wie ich es liebe. Kleine Straßenstände im Wirrwarr der betriebsamen Gassen, buntes Leben auf den Bürgersteigen. Der Gesang der Muezzine schallt von den Minaretten und versucht, sich gegen das allgegenwärtige Geknatter der Motorräder durchzusetzen.

Die Kommunikation ist zunächst schwierig. Wir sprechen kein Malaysisch oder eine der fünfzig anderen Sprachen, die auf der Insel vertreten sind. Wenige Einheimische auf Sumatra sprechen Englisch, doch etwas anderes ist viel wichtiger: Man begegnet uns wieder freundlich und hilfsbereit, und wo ein Wille ist, da ist auch ein Weg. Die gesuchte Busnummer schreiben wir auf ein Stück Papier oder fragen den Besitzer des Ladens nebenan. Schon wird für uns gedolmetscht. Sogar der Kauf einer Handykarte funktioniert ohne Probleme, obwohl wir mehrere Fragen zu den Konditionen stellen.

Nach zwei Tagen in Medan sitzen wir im Minibus zum Terminal im Süden der Stadt. Von dort geht es eingeklemmt weiter. Zehn Stunden im Überlandbus nach Parapat, mit einem klapprigen Boot weiter auf die Insel Samosir im Toba-Vulkansee. Nach zwei Stunden Fußmarsch in der prallen Sonne haben wir endlich ein passendes Hostel gefunden. Eine Woche verbringen wir am Tobasee, steigen auf Vulkane und baden in heißen Quellen.

Es folgen zwei weitere Tage mit unbequemen, nicht enden wollenden Busfahrten, mit halsbrecherischen Überholmanövern, viel zu lauter Musik in einem Minibus ohne Federung auf einer holprigen Schlaglochpiste, eingeklemmt neben einer kettenrauchenden Großmutter. Vermisse ich jetzt nicht langsam das eigene Fahrzeug? Nein, die Abwechslung tut richtig gut! Es hat Vor- und Nachteile, sein eigenes Haus auf Reisen dabeizuhaben. Es schenkt dir die Freiheit, deinen eigenen Weg zu gehen, aber du musst dich auch ständig darum kümmern.

Im Dschungel von Bukit Lawang besuchen wir die Orang Utans. Früher waren sie in ganz Südostasien heimisch, heute gibt es nur noch hier auf Sumatra und auf Borneo kleine Populationen.

Für die letzte Woche reisen wir mit dem Nachtbus an die Nordspitze Sumatras, setzen auf die kleine vorgelagerte Insel Pulau Weh über, tauchen und schnorcheln an den Korallenriffen im türkisblauen Meer. Herrlich. Ich könnte hier sehr gut noch mehr Zeit verbringen, aber ich bin auch gespannt auf das, was uns jetzt erwartet. Eine ganz neue Etappe in einem ganz anderen Teil der Welt. Nord-, Zentral- und Südamerika: die Panamericana.

TEIL 2
PANAMERICANA
2011
2012
2013
Hudson Bay
Labrador-see
KANADA
USA
MEXIKO
ATLANTISCHER OZEAN
PAZIFISCHER OZEAN
couver
Seattle
Tacoma
Redwood Forest Nationalpark
St. George
Zion-Nationalpark
Las Vegas
Grand Canyon
Guanajuato
Mexiko-Stadt
Tonina
Tikal
Utila
GUATEMALA
HONDURAS
Antigua Guatemala
NICARAGUA
San Blas
Punta Gallinas
Nationalpark Masaya
Colón
COSTA RICA
Monteverde
Cartagena
Merida
PANAMA
VENEZUELA
Villa de Leyva
Bogotá
KOLUMBIEN
Otavalo
ECUADOR
La Balza
Cañon del Pato
PERU
Lima
Cusco
Camino de la Muerte
Trinidad
Nazca
Titicacasee
BOLIVIEN
Salar de Uyuni
Potosí
San Pedro de Atacama
Salta
ARGENTINIEN
Santiago
CHILE
Zárate
Buenos Aires
n. Südafrika
Valdivia
Carretera Austral
Patagonien
Fitz Roy
Perito Moreno
Ushuaia
Beagle-Kanal
N
W
O
S
0 500 1000 1500 km

KILOMETER 39 841
ROTE KARTE

Sabine

19. August 2011, es ist so weit. Ganz Amerika liegt vor uns. Gerade sind wir in Seattle gelandet. Ich bin aufgeregt. Bevor wir tatsächlich ins Land der unbegrenzten Möglichkeiten einreisen dürfen, müssen wir die Passkontrolle hinter uns bringen. Was für Geschichten haben wir gehört! Von aggressiven Grenzbeamten, die verzwickte Fangfragen stellen. Von Problemen, weil man muslimisch geprägte Länder bereist hat und von Einreiseverweigerungen aufgrund von Aufenthalten in Ländern, welche die USA als Schurkenstaaten bezeichnen.

Im Geiste gehe ich die vergangenen eineinhalb Jahre durch, denke an Einladungen zum Tee in Iran, an die blühende Wüste von Turkmenistan und an malaysische Erdbeerfelder. Gespannt stehe ich am Schalter und warte auf den Stempel. Der Beamte blättert in meinem Pass, greift routiniert hinter den Tresen und drückt den Einreisestempel in mein Ausweisdokument. Dachte ich. Doch statt des Stempels zieht er eine große rote Karte hervor und klemmt sie zwischen die Seiten. Verdutzt blicke ich auf das Stück Pappe, das an beiden Enden aus meinem Pass herausragt. Thomas verlässt gerade den Schalter nebenan, auch er hält einen Pass in der Hand, in dem ein überdimensionaler Platzverweis steckt. Man bittet Thomas und mich nach nebenan an einen Tresen. Uns gegenüber steht ein Beamter von der Statur eines Schwergewichtsboxers, sichtlich bemüht, autoritär und freundlich zugleich zu wirken.

»Warum wollt ihr in die USA einreisen? Wie lange wollt ihr bleiben? Plant ihr, in den USA zu arbeiten? Wieso habt ihr ein One-Way-Ticket?«

Bei jeder Frage überlege ich: Was kann er wissen? Welche Antwort bedeutet das Aus?

Wir antworten wahrheitsgemäß, aber zu genau wollen wir ihm die bisherige Route auch nicht auf die Nase binden. Schließlich haben wir extra je zwei Reisepässe, die wir abwechselnd benutzen. Einen »sauberen« und einen, in dem die verfänglichen Länder stehen. Aber welche Stempel sind in dem sauberen Pass? Die Türkei? Ja. Iran, Turkmenistan und Usbekistan nicht, Kirgistan wiederum schon. Wie sollen wir mit dem Lkw von der Türkei direkt nach Kirgistan gekommen sein?

Ablenkungsmanöver. Thomas erzählt begeistert, welche Sehenswürdigkeiten wir in den USA besuchen wollen. Der Officer verzieht keine Miene, blättert weiter: Russland, 180 Tage Sondervisum. Mongolei, Sondervisum zur Mehrfacheinreise, ausgestellt in Almaty, Kasachstan. Kasachisches Visum? Keines. Er blättert zurück. Ein prüfender Blick in die Augen. Zögern.

»*Welcome to the United States of America.*« Mit Schwung platziert er den kleinen ovalen Stempel mittig auf einer leeren Doppelseite. Ein zweiter Stempel in Thomas' Pass.

»*Enjoy your stay.*«

Wir sind drin.

Völlig übermüdet erreichen wir das Zentrum von Seattle. Ein Blick auf die Uhr. Mir fallen die Augen zu. Wir sind bereits seit 86 Stunden unterwegs. 86 Stunden, die wir in schäbigen Tuk-Tuks, eingeklemmt in Bussen, mäßig komfortabel in Flugzeugen und ziemlich erbärmlich auf dreckigen Teppichböden in unterkühlten Flughäfen verbracht haben. Jetzt laufen wir mit all unserem Gepäck durch Seattle. Warum?

Es war uns anscheinend nicht aufregend genug, einfach ein günstiges Bed-and-Breakfast zu buchen, um auf die Ankunft unseres Fahrzeugs zu warten. Was würde ich dafür geben, mich jetzt unter eine warme Dusche zu stellen und in ein gemachtes Hotelbett zu fallen? Wir aber sind auf die glorreiche Idee gekommen, die Gelegenheit zu nutzen, um endlich einmal eine Couch zu surfen. Ich habe keine Ahnung, was uns erwartet. Unsere Gastgeberin heißt Jessa. Außer ein paar Worten per E-Mail haben wir noch nichts von ihr erfahren. Wir wissen lediglich, wo sie wohnt und dass sie heute arbeitet. Deswegen werden wir auch erst gegen Abend bei ihr in Tacoma, etwa fünfzig Kilometer südlich von Seattle, auftauchen können. Ich bin fix und fertig.

Im Stadtpark von Seattle, unweit der bekannten Space Needle, fallen wir ins Gras, und ich schlafe sofort vor Erschöpfung ein. Als ich nach zwei Stunden wieder aufwache, döse ich im warmen Sonnenlicht weiter vor mich hin und beobachte die Passanten. Niemand dreht sich nach uns um. Keine Kinder, die vor uns stehen und darauf warten, dass die Show beginnt. In Asien waren wir bunte Hunde, immer im Fokus der Aufmerksamkeit, jetzt sind wir zwei von vielen. Welch ungewohnte Unaufgeregtheit. Herrlich.

»Komm! Auf!«, ruft Thomas. »Wer weiß, wie lange es bis nach Tacoma dauert.«

Wir haben Jessa über »Couchsurfing« gefunden. Auf dem Internetportal treffen Reisefreudige auf andere weltoffene Menschen, die ihnen eine private Übernachtungsmöglichkeit, die »Couch«, kostenlos zur Verfügung stellen. Diese »Couch« kann vom luxuriösen Gästehaus mit Swimmingpool bis zum Teilen des eigenen Bettes reichen. Dabei geht um weit mehr als nur eine kostenlose Unterkunft. Der Wunsch nach gegenseitigem Austausch bildet die Basis.

Gespannt drücke ich die Türklingel des adretten Reihenhauses aus rotem Backstein. Mit einem Lächeln öffnet eine junge Frau. Jessa ist groß, schlank, hat kurze, leuchtend orange Haare und dürfte in unserem Alter sein. Neben ihr steht ein kräftiger, langhaariger Hund mit gutmütigem Blick. Wir stellen unsere Rucksäcke in den Gang. Jessa bietet uns Getränke an und erzählt, dass sie als Ärztin bei der Army arbeitet, ihr Freund ist gerade im Auslandseinsatz. Sie lädt uns ein, am nächsten Tag mit zu Freunden aus ihrer Kirchengemeinde zu kommen. Da sind sie nun also versammelt, meine Vorurteile: kriegstreibende Amerikaner, die einer dubiosen Freikirche angehören. Aber jetzt ist es an der Zeit, eigene Erfahrungen zu machen.

Drei Tage später, um zwei Uhr zwanzig nachts in Jessas Gästezimmer.

»Bist du wach?«, frage ich Thomas.

»Hmm, ja. Was ist denn?«, antwortet er murrend, weil auch ihn der Jetlag vom dringend nötigen Schlaf abhält.

»Kannst du glauben, was wir in den letzten Tagen hier schon alles erlebt haben?«

»Ich denke auch gerade an den ersten Abend. Die Einladung zu Jessas Freunden aus der Kirchengemeinde. Hatte ich mir nicht als wilde Abrissparty vorgestellt.«

»Witzige Hütte dort am Strand. Die Robben im Wasser und über uns der klare Sternenhimmel.«

»Hmm«, ergänzt Thomas verschlafen, »und das Barbecue bei Vera und Lou. Mit dem Grill, der vor lauter Riesenrippchen gar nicht mehr zugegangen ist. Der nette Ausflug zum Mount St. Helens. Und dann der Typ auf der Party, der mir gleich sein Surfbrett schenken wollte.«

»Ziemlich gut, der Start hier. So viel herzliche Gastfreundschaft hab ich nicht erwartet. Bin gespannt, wie das weitergeht.« Ich lasse den Kopf wieder ins Kissen sinken. Einmal öfter hat es sich gelohnt, seine Komfortzone zu verlassen und den Sprung ins Ungewisse zu wagen. Der Einstieg nach Amerika ist perfekt. Fehlt nur noch Paula.

KILOMETER 39 841
PAULA UND DER ZOLL

Thomas

»Aufgrund der aufwendigen Zollformalitäten empfehlen wir, diese einem Spediteur zu überlassen. Außerdem haben die US-Häfen ihre Sicherheitskontrollen drastisch verschärft«, warnt ein deutscher Autoklub.

Wir können den Rat leider nicht beherzigen. Da wir keine Lust hatten, uns erneut um eine Agentur zu kümmern, bleibt uns nichts anderes übrig, als die Dinge selbst in die Hand zu nehmen. Sofern das möglich ist. Für den Versuch haben wir zehn Tage Zeit, erst dann fallen zusätzliche Gebühren an. Das klingt gut. Nach fünfzehn Tagen würde das Fahrzeug allerdings in den Besitz des amerikanischen Zolls übergehen. Das klingt wiederum nicht so gut.

Am Montagmorgen um acht Uhr machen wir uns mit dem Bus auf den Weg zum Zoll von Tacoma. Die Bushaltestelle *Tacoma Port* ist deutlich weiter entfernt als gedacht. Eineinhalb Stunden dauert der Fußmarsch entlang der Hauptstraße bis zum Hafengelände. Lange genug, um wach zu werden.

Wir haben keine Ahnung, wie die Formalitäten zur temporären Einfuhr eines Fahrzeugs in die USA ablaufen. Als Erstes versuchen wir es beim Zollgebäude. Ich sehe auf die Uhr, es ist zehn Uhr zehn. Wir stolpern in ein kleines Büro. Ich bin sicher, dass wir am völlig falschen Fleck gelandet sind, aber ich habe die Hoffnung, dass man uns zumindest erklären können wird, wie eine vorübergehende Fahrzeugeinfuhr vonstatten gehen soll.

Mit meiner Erwartung liege ich falsch. Kaum haben wir die Unterlagen vorgelegt, bekommen wir ein verständnisvolles Nicken und die Auskunft, dass aufgrund des Wochenendes noch kein *Agricultural Check* durchgeführt wurde. Dieser wird aber in Kürze stattfinden, und wir sollen gegen Mittag wiederkommen. Aha! Wir sind auf Anhieb an der richtigen Stelle gelandet, aber bei dem Ausdruck *Agricultural Check* schwant mir nichts Gutes. Es ist verboten, Dinge in die USA einzuführen, von denen der Gesetzgeber glaubt, sie würden die Pflanzen- oder Tierwelt beeinflussen. Dinge wie Blumensamen, Fencheltee, vergorene Stutenmilch und vieles mehr. Dazu zählt auch Erde oder angetrockneter Matsch im Profil von Wanderschuhen, Reifen oder Ersatzreifen. Wir haben uns bei der Reinigung des Fahrzeugs viel Mühe gegeben, aber mal realistisch gesehen: Wirklich klinisch rein bekommt man einen alten Lkw einfach nicht. Als der Beamte für die Untersuchung den Schlüssel für den Wohnraum möchte, überkommt mich ein unangenehmes Gefühl. Das gesamte Fahrzeug, alle Staufächer auf unerlaubte Lebensmittel und dreckige Schuhsohlen zu überprüfen, das wird Tage dauern. Noch dazu hatten uns alle prophezeit, dass in den USA alles ganz genau gehen soll.

Der Check läuft. Seit einer Stunde sitzen wir in einem kleinen Café und versuchen uns mit kostenlosen Kaffee- und Coca-Cola-Refills in die US-amerikanische Lebensart einzufühlen. Wenigstens meine Müdigkeit ist nach einer Stunde und circa zwei Litern Cola verflogen. Pünktlich, nach genau sechzig Minuten, stehen wir wieder am Tresen.

»*The Agricultural Check is finished. Everything all right*«, sagt der Beamte freundlich.

Habe ich richtig gehört? Keine Beanstandungen?

Ungläubig nehme ich ein Dokument entgegen, das uns bevollmächtigt, Paula aus dem Zoll zu holen. Inklusive der Erlaubnis, ein Jahr lang ohne Einschränkung durch die USA zu fahren. Keine einzige Frage zum Inhalt des Fahrzeugs. Nicht ein Zettel, der ausgefüllt werden muss. Kein Ausräumen von Schränken und Staukisten. Keine komplizierten Zollformalitäten. Nichts. Einmal kurz den Fahrzeugschein vorlegen, die Mittagspause abwarten, und schon können wir mit unserem Fahrzeug kreuz und quer durch die USA rollen? Schnell und unkompliziert – die USA überraschen mich in jeder Hinsicht!

Paula ist frei. Wir haben wieder eine eigene Wohnung. Sanft brummt der Motor, die Reifen surren über den Asphalt. Die große Hürde, der Pazifik, ist bewältigt!

Vor der Verschiffung haben wir die Dachkisten abgebaut, um Höhe zu sparen. Haben Ersatzreifen in die Küche gestapelt, Schlitten, Leiter, Ersatzteile, Kleidung, Bücher, Campingstühle und Ölkanister in die Kabine gepackt. Alles ist genau dort, wo es nicht hingehört. Stück für Stück kämpfen wir uns durch das chaotische Gerümpel, das unseren Hausstand darstellt. Alles raus aus den Kisten, rein in die Schränke. Dieselfilter, Klettergurte und Angelausrüstung, Skiunterwäsche und Wagenheber. Dabei landet der große Weltatlas in meiner Hand. Ich halte inne, lege ihn auf den Tisch, setzt mich davor und blättere hinein. Da, die Karte der drei Amerikas. Mein linker Zeigefinger gleitet suchend entlang der Westküste und bleibt neben Seattle stehen. Hier sind wir. Langsam gleitet mein Blick an der Küste hinab. USA, Mexiko, Zentralamerika, die Landfläche wird immer schmaler, Panama, Kolumbien. Die Anden türmen sich auf, weiter, immer weiter nach unten. Peru, Chile, Argentinien, Feuerland, die südlichste Spitze. Dort wollen wir hin. Mein Blick wandert zurück zu meinem Zeigefinger, der noch immer auf Tacoma liegt. Verdammt, ist das weit.

KILOMETER 39 963

»DAS ÜBERLEBT IHR NIEMALS!«

Sabine

»In den USA merkt man oft erst sehr spät, dass jemand verrückt ist«, erinnere ich mich der Worte meines jüngeren Bruders Tommy, der bereits einige Male in den Staaten war. Wenn ich an den heutigen Abend zurückdenke, hat er vollkommen recht. Wir hätten nicht mit diesem Typen mitgehen sollen. Dabei wirkte er zunächst völlig normal.

Gestern sind wir von Seattle aus nach Norden aufgebrochen. Seither versuchen wir, unsere deutschen Gasflaschen für die Heizung und den Herd zu befüllen. Wir haben ein ganzes Set Adapter, doch keiner passt für das amerikanische System. In vielen Ländern wird beim Füllen der Flaschen improvisiert, und die Leute sind ziemlich erfindungsreich, hier wurden wir an den Füllstationen bisher jedoch immer abgewiesen. Wir müssten nur einmal Glück haben, eine Füllung mit zweimal elf Kilo reicht etwa vier Monate.

Ein weiterer Versuch an einer kleinen Tankstelle.

»Tut mir leid. Da kann ich nicht helfen, aber fragt doch Jack dort drüben, er weiß immer Rat. Hey, Jack, schau mal! Kannst du den beiden hier helfen?«

Jack ist klein und drahtig mit kantigen Gesichtszügen, ich schätze ihn auf Anfang fünfzig. Er lädt uns sofort zu sich nach Hause ein. Dort habe er Werkzeug und könne etwas basteln.

»Und im Anschluss machen wir ein richtig schönes Barbecue!« Dann entdeckt Jack unser Fahrzeug.

»*Oh, what a rig!* So einen Lkw habe ich bei der Armee gefahren. Darf ich?« Ohne auf eine Antwort zu warten, schwingt er sich auf den Fahrersitz und drückt den Startknopf. Überrumpelt steigen wir ein. Thomas verzieht schmerzvoll das Gesicht, als Jack krachend den Gang einlegt und aus der Tankstelle rollt. Erste Zweifel kommen auf, ob das mit Jack wirklich eine gute Idee ist.

Ein paar Häuserblocks weiter parkt er Paula vor einer schicken Doppelhaushälfte.

»Willkommen! Fühlt euch wie zu Hause! Wollt ihr ein Bier?«

Im Wohnzimmer sitzt David. Er erzählt, dass er seit acht Monaten bei Jack wohnt. Er kann sich keine eigene Wohnung leisten, seit ihm bei einer Schlägerei der Rücken gebrochen wurde und er seinen Job als Bodenleger nicht mehr ausüben kann. Dabei sieht er keineswegs wie ein Raufbold aus, eher der Typ Terence Hill. Mittelgroß, schlank, blonde kurze Haare, freundliche blaue Augen. Während Jack mit Betreten des Hauses beginnt, Bier zu trinken, fahren wir mit David in den nächsten Supermarkt, um für den Grillabend einzukaufen. Allein das Fleisch, das David einkauft, kostet achtzig Dollar, und er lässt es sich trotz mehrfacher Einwände nicht nehmen, alles allein zu bezahlen.

Zurück bei Jack ist dieser schon gut angetrunken und gerade dabei, mit einem großen Schneidemesser Zwiebeln zu hacken. Sieht gefährlich aus. Er habe alles unter Kontrolle, kommentiert er meinen Blick. Weiter Bier trinkend erzählt er die unglaublichsten Geschichten. Davon, wie er jahrelang unter härtesten Bedingungen auf einem Öltanker in der Beringsee zwischen Russland und Kanada gearbeitet hat. Mit den schlimmsten Burschen, die man sich vorstellen kann. Von denen er fast einen über Bord geschmissen hätte – oder geschmissen hat? In jedem Fall hätte es nie jemand bemerkt. Er erzählt davon, dass er ursprünglich Isländer ist, aber schon etliche Jahre in den USA lebt. Er sei längst ein richtiger Amerikaner, und natürlich habe er auch Waffen. Wie etwa die Pistole, die in einer Urne im Regal steht. Durch verworrene Umstände, deren Ausführungen eine geschlagene Stunde dauern, sei er aus Versehen Besitzer eines Kleinflugzeuges geworden.

»Damit kann ich euch über die Gletscher in Island fliegen«, schlägt er vor und erzählt weiter, dass er gerade auch ein Boot herrichtet: »In vier Wochen, wenn ihr aus Kanada zurück seid, bin ich so weit. Dann können wir gemeinsam segeln gehen.«

Nein. Das werden wir sicher nicht. Längst beschleicht mich das ungute Gefühl, der Isländer hat nicht alle Tassen im Schrank. Zum Glück scheint David normal und lächelt großzügig angesichts der Geschichten, die Jack zu erzählen weiß.

»Ihr wollt erst mal rauf nach Kanada und dann wieder zurück in die Staaten. Wo soll es denn nach den USA hingehen?«, fragt er.

Diese Frage hätten wir besser nicht ehrlich beantwortet, denn als Jack hört, dass wir nach Mexiko weiterreisen werden, redet er sich in Rage.

»Mexiko! Das dürft ihr nicht, das überlebt ihr niemals! Ihr werdet sterben!« Er habe viele aus Mexiko stammende Freunde, die auch sagen, es sei lebensgefährlich. Er war schon an den schlimmsten Orten auf der Welt, aber nach Mexiko würde er sich nicht wagen. Nicht jetzt. Ja, vor ein paar Jahren sei er dort gewesen, da war es noch in Ordnung. Aber jetzt? Niemals! Es gäbe nur einen einzigen Weg, Mexiko zu überleben:

»Ihr müsst alle Mexikaner sofort erschießen! Sofort! Noch bevor sie ein Wort sagen! Falls ihr das nicht könnt, komme ich mit und erschieße sie für euch!«

Jack ist völlig verrückt. David sitzt am anderen Tischende und isst in aller Ruhe das butterweiche T-Bone-Steak, das auf der Zunge zergeht, und lächelt uns zu. Es könnte so ein netter Abend sein. Bis vor Kurzem war die Unterhaltung noch ganz amüsant. Das Essen ist fantastisch, und Jack ist wirklich ungemein großzügig. Wir trinken feinen Weißwein, und doch wäre ich lieber nicht hier, denn eines ist klar: Was immer wir tun, wir sollten Jack auf keinen Fall verärgern. Wer weiß, was passiert, wenn er wirklich austickt. Thomas versucht, das Gespräch auf unverfänglichere Themen zu lenken, doch Jack fängt immer wieder mit Mexiko an.

»Ja, in Ordnung, wir werden uns das mit Mexiko noch einmal überlegen. Vermutlich hast du recht, es ist viel zu gefährlich.«

Keine Chance, er läuft auf Dauerschleife. Irgendwann sind die Steaks endlich gegessen, es ist Zeit, den Absprung zu wagen und Müdigkeit vorzuschieben. Die Gasflasche? Kein Problem, da finden wir schon selbst eine Lösung. Nein, wir können nicht noch einen Tag bleiben. Wir müssen morgen ganz früh aufbrechen. Leider.

KILOMETER 40 194
BÄRENLAND

Sabine

Nach einer Woche im Land der unbegrenzten Möglichkeiten brechen wir auch schon wieder auf. Bevor wir den langen Weg entlang der US-Westküste nach Süden angehen, um dann gemäß Jacks Vorhersage in Mexiko zu sterben, möchten wir noch einige Wochen durch den Westen Kanadas reisen.

Kanada, das klingt für mich nach endlosen Wäldern, wilden Bären, rauschenden Flüssen und glasklaren Seen. Genauso wollen wir das Land erleben. Kaum liegt die Hitze Südostasiens hinter uns, naht in Kanada bereits der Herbst mit eisigen Temperaturen. Für das zweitgrößte Land dieser Erde bleiben uns also nur ein paar Wochen.

Wir folgen dem Trans-Canada-Highway. Die Rocky Mountains türmen sich vor uns auf. Ein Nationalpark reiht sich an den nächsten, und jeder lockt mit atemberaubender Landschaft und traumhaften Ausflügen, von einfachen

Rundwanderwegen bis hin zu tagelangen Touren durch das Hinterland. Menschenleer ist diese Gegend jedoch keineswegs, denn die berühmten Parks Banff und Jasper ziehen jährlich über drei Millionen Besucher an. Außer unseren Freunden, mit denen wir China durchquert haben, waren wir in Südostasien nur einem einzigen anderen Wohnmobil begegnet. Jetzt können wir uns einreihen in die kilometerlange Schlange der »*RVs*«, wie sie hierzulande genannt werden. *Recreational Vehicles*: für Freizeit und Entspannung bestimmte Fahrzeuge. Eine wahre Lawine, die durch den Westen Kanadas rollt. Ein derart großes Aufkommen an Wohnmobilisten hat natürlich seine Vorteile. Alle paar Kilometer findet man Campingplätze mit Bestausstattung, liebevoll hergerichtete Picknick-Möglichkeiten mit Feuerstellen und alles Übrige, was das Herz eines Campers begehrt. Angefangen von sauberen Toiletten entlang der Straßen bis hin zu Supermarktketten, auf deren Parkplätzen man kostenlos übernachten darf.

Große Nachteile der dichten Camperwelt konnten wir bisher nicht feststellen, ganz im Gegenteil. Wir freuen uns über jeden, den wir treffen, ob im gemieteten Standard-Camper oder im amerikanischen Fünfzehn-Meter-450-PS-Mega-Wohnmobil samt ausgewachsenem Pick-up-Truck als Anhänger. Und natürlich dem obligatorischen Schoßhündchen, das heiser aus dem Beifahrerfenster bellt und seinen gesamten Bedarf an Auslauf direkt im Wohnmobil decken kann. Selbst dem Naturerlebnis tun die vielen Touristen keinen Abbruch. Wer Wildnis sucht und bereit ist, ein paar Meter zu Fuß zurückzulegen, findet sie in Kanada im Überfluss.

Kaum verlassen wir den Parkplatz und machen uns zu Fuß auf den Weg in die Berge, sind wir nach nur wenigen Gehminuten ganz für uns allein. Begegnen wir dann doch einem anderen Wandersmann, so hören wir ihn meist, bevor wir ihn sehen, denn wir befinden uns in Bärenland. Mit umgehängten Glöckchen und lauten Rufen werden etwaige

Grizzly- und Schwarzbären vertrieben. Zumindest hofft man das. Wir wandern bergauf, bergab, kommen durch dichte Nadelwälder, über gerade verblühende Hochwiesen, erklimmen den ein oder anderen Gipfel, erblicken gigantische Gletscher und reißende Wasserfälle. Wir lachen über freche Streifenhörnchen, die es auf unsere Brotzeit abgesehen haben, und staunen ganz allgemein über die Schönheit der hiesigen Natur. Hier in den Rockies ist Kanada genau das, wonach es klingt: endlose Wälder, wilde Bären, rauschende Flüsse und glasklare Seen.

KILOMETER 42 682
STADT DER GEGENSÄTZE

Thomas

Vancouver gehört zu den schönsten Städten dieser Welt. Sagt man. Seine geografische Lage lässt erahnen, warum. Die schneereichen Rocky Mountains im Hintergrund, der Pazifik vor der Nase und ein Regenwald der gemäßigten Breiten wenige Gehminuten von Downtown entfernt. Mildes Klima und immer eine frische Brise vom Ozean. Reicht das, um Vancouver zu einer der schönsten Städte der Welt zu erklären?

Unser erster Eindruck ist ein ganz anderer. Die Hauptstraße ins Zentrum führt durch eines der rauesten Viertel der Stadt, Downtown Eastside. Bilder, die ich aus Deutschland kaum kenne und hier in Kanada erst einmal nicht erwartet hätte. Unzählige Menschen halten sich auf der Straße auf. Die meisten machen den Anschein, auch auf dieser zu leben. Etliche schieben ihr ganzes Hab und Gut in einem Einkaufswagen voller Plastiktüten vor sich her, tragen zerschlissene Kleidung. Vom Leben gezeichnete Frauen an den Straßenecken, dürr, mit spitz hervortretenden Wangenknochen und Augen, die tief in den Höhlen liegen. Pappkartons und dreckige Matratzen in Hauseingängen zeugen von gerade erst verlassenen Schlafplätzen. Jeder ist auf der Suche nach ein paar Cent für den heutigen Tag.

Wenige Straßen weiter ein vollkommen anderes Bild. Dominiert von jungen, sportlich gekleideten Menschen, die inlineskaten, joggen, skateboarden, mit dem Hündchen Gassi gehen oder Fahrrad fahren. Nicht zu vergessen der Blick auf den Pazifik, auf dem gerudert, gepaddelt, geschwommen, getaucht, gesegelt und gepaddleboarded wird. Bemerkenswert, wie viel Leben sich im Freien abspielt, und dafür bietet Vancouver wirklich die perfekte Kulisse. Eine Uferpromenade führt kilometerlang um die Stadt und verlockt zu jeder Art sportlicher Aktivität. Ob alt oder jung, wirklich alles scheint auf den Beinen.

So viel Energie ist ansteckend, da wird sogar unsere Stadtbesichtigung zum zwanzig Kilometer langen Powerwalk und führt uns in den 400 Hektar großen Stanley-Park, der sich direkt nordwestlich der Innenstadt erstreckt. Kaum verlassen wir die Uferpromenade, um den Park zu queren, schon habe ich das Gefühl, inmitten eines Urwaldes zu stehen. Riesige Bäume säumen den Weg, die Stämme mit Moos und Flechten bewachsen. Die Luft ist feucht und warm, nur wenig Licht findet den Weg durch das dichte Kronendach. Kaum zu fassen, fünf Minuten zuvor standen wir noch in Downtown Vancouver zwischen hohen Wohngebäuden mit zehn, fünfzehn Stockwerken.

Vancouver, so bunt, so lebendig, so voller Kontraste. Es mag nicht so trubelig, nicht so dynamisch sein wie viele Städte in Asien, wie Bangkok oder Kuala Lumpur. Auch nicht so geheimnisvoll wie Istanbul oder Isfahan. Nicht so prunkvoll und nicht so surreal anmutend wie Aschgabat. Aber vielleicht ist es tatsächlich eine der schönsten Städte der Welt.

Wenn man bedenkt, dass auch noch einige der weltbesten Skigebiete nur eine Fahrstunde entfernt liegen, glaube ich gerne, dass es sich hier gut leben lässt. Vorausgesetzt natürlich, man hat das nötige Kleingeld. Denn ebenso wie der Millionär scheint auch dessen Gegenstück zum Amerikanischen Traum und dem kanadischen Way of Life zu gehören. Obdachlose sind ein selbstverständlicher Teil des Stadtlebens und mischen sich in das bunte Treiben auf den Straßen. Bei so vielen Hilfsbedürftigen ist Betteln kein leichtes Brot. Viele entwickeln ihre ganz eigene Art, um sich Tag für Tag durch das Leben auf der Straße zu schlagen. Am Vormittag haben wir einen älteren Mann gesehen, der trotz schiefer Hüfte die Haupteinkaufsstraße auf und ab humpelte und dabei mit zwei Löffeln musizierte. Jetzt, am späten Abend, laufen wir wieder durch das Stadtviertel. Der Mann ist immer noch auf den Beinen, zieht die Straßen entlang und klappert seinen eigenen Rhythmus vor sich hin. Ein anderer sitzt an einer Hauswand, schnitzt aus einer alten Isomatte indianische Masken und versucht, sie an Passanten zu verkaufen. Irgendwie hält man sich über Wasser. Wir bekommen eine kleine Kohlezeichnung zum Preis von »*a cheap meal at McDonald's*« angeboten, die von nun an unseren Lkw ziert. Zwar hätte ich dieses Motiv lieber in Wirklichkeit gesehen, aber um bis nach Alaska zu fahren und dort die Bären in Aktion zu erleben, ist es schon zu spät im Jahr. So kommen wir dank dieser Zeichnung eines Straßenkünstlers aus Vancouver zu guter Letzt doch noch zum Anblick eines Grizzlybären, der Lachse fischt.

KILOMETER 43 434
HIGHWAY 101

Sabine

In Serpentinen geht es bergauf, bergab, immer mit einer Autoschlange im Schlepptau. Langsam arbeiten wir uns auf der bekannten Küstenstraße 101 entlang des Pazifiks vorwärts. Nicht nur, weil sich unser Laster bei den Steigungen und anschließenden Gefällen etwas schwertut, sondern vor allem, weil nach jeder Kurve ein neuer, noch schönerer Blick auf die Küste frei wird und ein weiterer mit »Look-out« beschrifteter Platz zum Verweilen einlädt. Leider prangt an jedem dieser Plätze ein Über-Nacht-Parken-Verboten-Schild. Ist auch verständlich, denn sonst stünde vermutlich die gesamte Küste voller *RVs*. Jedes Fleckchen scheint jemandem zu gehören und ist unübersehbar mit Verbotsschildern gekennzeichnet.

Campingplätze gibt es, sie sind aber für unser Empfinden sehr teuer. Wir kalkulieren mit einem Gesamtbudget von durchschnittlich fünfzig Euro am Tag für uns beide. Für Sonderausgaben wie Verschiffungen, Ersatzteile, Flüge und Extravaganzen geht ein Teil davon weg. Der Rest ist für Diesel, Lebensmittel, Eintrittsgelder und Stellplätze. Wir leben vom Ersparten, verkneifen uns nicht zwanghaft jede Ausgabe, gönnen uns aber auch nicht jeden Luxus. Manche Länder sind etwas teurer, andere günstiger, doch bisher kommen wir auf diese Weise im Schnitt mit unserer Kalkulation von 500 bis 750 Euro monatlicher Gesamtausgaben pro Person sehr gut hin. Zusatzausgaben für eine Nacht auf dem Campingplatz sind jedoch schmerzhaft.

Wir entdecken unterhalb der Straße, direkt am Strand, ein paar Parkbuchten. Ein großes Schild erklärt die Regeln. Für die Nutzung der öffentlichen Anlage soll man ein Kuvert mit der Nummer des Stellplatzes beschriften, mit sechzehn Dollar bestücken und in den Holzbriefkasten werfen. Sechzehn Dollar wofür? Für ein Plumpsklo? Mehr Annehmlichkeiten gibt es hier nicht. Wir stehen grübelnd vor der Tafel, diskutieren unsere Alternativen, da kommt eine große Gruppe Radfahrer und beginnt eifrig, zwei Buchten mit Zelten zu belegen. Die Frauen tragen weite, wallende Röcke und langes, offenes Haar, die Männer allesamt Bärte und altertümliche Kleidung. Wir kommen ins Gespräch und erfahren, dass es sich um Anhänger einer Glaubensgemeinschaft handelt. In einer Parkbucht werden die Frauen schlafen, die Männer in der anderen. Wir erinnern uns an das Schild: Jede Parkbucht darf mit bis zu acht Personen belegt werden. Kurz nachgezählt: acht Männer, sechs Frauen.

»Wenn wir uns zusammentun, könnten wir die Übernachtungskosten teilen«, schlagen wir vor. »Wir parken das Fahrzeug in der Bucht gegenüber und falls ein Ranger kommt, erklären wir, dass wir zusammengehören. Zusammen sind wir genau sechzehn. Das würde passen.«

Ich hätte nicht gedacht, dass diese Frage die Gruppe vor solche Schwierigkeiten stellt. Unser Vorschlag wird dem Gruppenvorsteher überbracht, der nun mit ein paar Mitgliedern berät, ob die aufgeführten Regeln eine solch weiche Auslegung ermöglichen. In der Zwischenzeit füllen wir die Trinkwasserflaschen eines jeden aus der Gruppe mit den Vorräten unseres Wassertanks. Als sie hier ankamen, hatten sie insgesamt gerade noch zwei Liter Wasser für vierzehn Personen.

»Was hättet ihr denn gemacht, wenn ihr uns hier nicht zufällig getroffen hättet?«, frage ich leicht amüsiert ob dieser offensichtlichen Fehlplanung.

»Gott sorgt für uns. Er hat uns euch geschickt.«

Ich fülle weiter eine Flasche nach der anderen mit Trinkwasser und bin gespannt. Ob sie auch uns geschickt wurden, damit wir einen Stellplatz für die Nacht haben? Mit zerknirschter Miene tritt nun eine junge Frau vor und erklärt, dass sie uns sehr gerne helfen würden. Aber sie könnten es nicht mit ihrem Gewissen vereinbaren zu behaupten, dass wir zu ihnen gehörten. Wir können uns also die Kosten für einen Stellplatz nicht teilen. Als Dank für unsere Großzügigkeit dürften wir uns jedoch etwas von ihren selbst gemachten Handarbeiten aussuchen. Eine geschnitzte Häkelnadel findet so als Erinnerung an diese Begegnung den Weg in unseren Laster.

Wir suchen weiter nach einem Platz für die Nacht. Wir sehen es als gutes Omen, als wir kurz vor der einbrechenden Dunkelheit einen Stellplatz auf einer Klippe entdecken, der weder eingezäunt noch mit dem typischen Schild »Kein Durchgang! Auf Eindringlinge wird geschossen! Auf Überlebende wird erneut geschossen!!!« versehen ist.

Es dauert allerdings keine fünf Minuten, da halten zwei halbstarke Jungs in einem offenen Jeep und machen uns unmissverständlich klar, dass wir ihr Land auf der Stelle zu verlassen haben. Müde und hungrig von dem langen Fahrtag tuckern wir also weiter durch die hereinbrechende Nacht. Als wir zu einem riesigen abgeernteten Feld kommen, beschließt Thomas: »Ich lauf mal zu dem Haus und frage, ob wir hier über Nacht stehen können.«

Nach einer gefühlten Ewigkeit kommt er zurück.

»Auf die Klingel hat niemand reagiert, da hab ich an der Terrassentür geklopft. Die Besitzer haben gerade ferngesehen. Die waren …«

»Bist du irre? Du kannst doch nicht in den USA, wo jeder ’ne Knarre hat, nachts über ein fremdes Grundstück laufen!«

»Ich bin doch noch am Leben! Die waren total nett. Wir dürfen gerne hier stehen«, grinst Thomas.

Vielleicht hat uns ja die Gruppe aus der Parkbucht tatsächlich in ihr Gebet eingeschlossen.

KILOMETER 43 990
AUS DER ZEIT GEFALLEN

Sabine

»Riesig! Gigantisch! Monströs!« Beim Betrachten der Krone wird mir schwindlig. Einhundert Meter ragen die Küstenmammutbäume im Redwood Forest Nationalpark in die Höhe. Ich senke den Blick wieder und bestaune den gigantischen Umfang des Stammes. Schon vom Auto aus lassen sich die Baumriesen bewundern, doch um die größten Lebewesen der Erde richtig zu erleben, machen wir uns zu Fuß auf den Weg. Wir sind dem Trampelpfad nur wenige Hundert Meter in den Wald hinein gefolgt, da umschließt uns eine seltsame Stille. Kein Vogelgezwitscher. Nichts. Ähnlich wie in der Mongolei, wo die Weite eine nur schwer fassbare Stille verbreitet, fühle ich mich auch hier eins mit der Natur, wenn die Giganten des Waldes jedes Geräusch verschlucken.

Nur ein Bruchteil des Tageslichtes erreicht den Waldboden, jedes Zeitgefühl verliert sich. Wenn einer dieser Jahrhunderte, teilweise Jahrtausende alten Baumriesen abstirbt und nach weiteren Jahrzehnten umfällt, wird es wiederum mehrere Jahrhunderte dauern, bis er vollständig vermorscht und vermodert ist. Bis dahin bietet er Lebensraum für Tausende andere Lebewesen, die in, auf, unter dem verrottenden Stamm leben und ihn Stück für Stück zersetzen. Wir wandern durch einen Wald, für den eine menschliche Generation wie ein Fingerschnippen ist. Diese Ewigkeit im Werden und Vergehen der Mammutbäume meine ich spüren zu können. Die Größe der Baumriesen hingegen kann ich nicht erfassen. Ein vom Sturm entwurzelter Baum lässt mich die Ausmaße erahnen, während wir minutenlang an dem am Boden liegenden Stamm entlanggehen.

Nach Stunden im Wald kehren wir zurück ins Hier und Jetzt. Na ja, fast. Der Saloon, den wir im nächsten Ort betreten, wirkt ebenfalls ein wenig aus der Zeit gefallen. Schummriges Licht erhellt den Raum aus dunklem Holz, im hinteren Bereich spielen ein paar Männer Billard. Der Schlafzimmerblick der Bardame passt ebenso ins Klischee wie die massigen Kerle, die vor ihr auf den Barhockern sitzen. Wir kommen ins Gespräch.

»Raucht ihr Weed? Ich hätt' was für euch.«

»Danke, aber lass mal«, lehnt Thomas ab. Seine Dreadlocks ziehen häufig solche Angebote an.

»Nein?«, fragt unser Gegenüber erstaunt. »Hey, so Leute wie euch suchen wir. Es ist Erntezeit, und unsere Helfer kiffen so viel, dass sie nur langsam arbeiten. Wir brauchen Hilfe, um die Blüten zu verarbeiten. Die müssen vor dem Verkauf in Form geschnitten werden. Hey, wir zahlen richtig gut. Wenn ihr schnell seid, kann jeder von euch gut 200 Dollar am Tag machen.«

Kein schlechtes Angebot. Uns war bei der Ankunft der intensive Geruch bereits aufgefallen. Heimlich wird hier nicht angepflanzt. Der Gebrauch von Cannabis ist in Kalifornien für medizinische Zwecke erlaubt. Ganz legal ist das Angebot als Erntehelfer trotzdem nicht. Obwohl ein Praktikum als Hanfblütentrimmer sicherlich jeden Lebenslauf bereichern würde, ist es uns das Risiko nicht wert.

Wir setzen uns auf eine Holzbank vor die Tür. Hinter uns stolpern zwei junge Männer aus dem Pub und beginnen sofort zu raufen. Ein jeder gut 150 Kilo schwer, stürzen sie sich aufeinander. Die dicken Bäuche prallen zusammen. Ich erinnere mich an David, der sich bei einer solchen Auseinandersetzung eine schwere Rückenverletzung zugezogen hat. Wie es aussieht, prügeln sich die beiden wegen des Mädels, das jetzt abwechselnd auf einen der beiden einschreit.

Ich schüttele ungläubig den Kopf: »Wo sind wir denn hier schon wieder gelandet?«

KILOMETER 45 969
EIN GANZ NORMALER TAG

Thomas

Man nehme ein Zirkuszelt, eine Pyramide, die Skyline von New York, dazu eine Prise Venedig, schaumig geschlagen mit dem Eiffelturm, gewürzt mit zwei Esslöffeln Akropolis. Seit vierzig Jahren gart hier bei höchster Hitze das Eldorado der Glücksspieler: Las Vegas, eine Welt für sich. Drei Tage und Nächte bewundern wir künstliche Vulkanausbrüche, sinkende Piratenschiffe und ein Meer aus blinkenden Lichtern, dann zieht es uns weiter.

Nicht weit von Las Vegas entfernt liegt der Grand Canyon. Großartige Landschaft wartet auf zwei Reisende im Dauerurlaub, könnte man meinen.

Wir erwachen im Wald. Genauer gesagt im »*National Forest*«. Statt dreißig Dollar für eine Parzelle auf dem Campingplatz im Park zu zahlen, stehen wir hier idyllisch und kostenlos. Also aufgestanden, gefrühstückt und auf zum Grand Canyon!

Aber da war ja noch was: Das Wasser ist aus. Mit 300 Litern kommen wir im Schnitt zwei Wochen klar, doch jetzt sind die Tanks leer. Es ist gar nicht so leicht, in Nordamerika Wasser zu finden. Das Leitungswasser ist vielerorts gechlort, und Trinkwasser in Plastikflaschen ist nicht nur teuer, es produziert vor allem Unmengen an überflüssigem Müll. Im Park soll es Quellwasser geben. Bevor wir den Canyon besichtigen, wollen wir daher noch schnell unsere Wassertanks auffüllen. Ab zum Wasserhahn, Schlauch auspacken, anschließen, fertig. Denkste! Der europäische Anschluss passt natürlich nicht. Also nach afrikanischer Manier den Schlauch mit einem alten Stück Fahrradschlauch befestigen. Wasser marsch! Die Tanks sind voll. Auf zum Canyon!

Aber da war ja noch was: Heiße Dusche gefällig? Unser Wasser hat etwas unter zehn Grad. Erfrischend, aber nicht gerade angenehm, wenn die Außentemperaturen am Morgen nur knapp über dem Gefrierpunkt liegen. Also suchen wir die heißen Duschen im Nationalpark. Prima, direkt am Campground, für zwei Dollar sind wir dabei. Acht Minuten lang heißes Wasser, ein Traum! Also dann, frisch geduscht auf zum Canyon!

Aber da war ja noch was: Wäsche waschen. Seit Wochen stapelt die sich schon wieder. Das Wetter ist zu kalt, um draußen im Freien mit der Hand zu waschen. Hier im Park gibt es einen Waschsalon. Also sitzen wir nun zwischen Waschmaschinen und Trocknern und tippen nebenher am Computer an einem Zeitungsartikel. Eineinhalb Stunden später ist die Wäsche zwar nicht viel sauberer, aber sie riecht gut. Zusammenlegen, in die kleinen Schränke schichten und dann auf zum Canyon!

Ja, und da war noch was: Wir warten auf ein paar dringende Rückmeldungen per E-Mail wegen Terminen, Artikeln und Überweisungen. Restaurant, Visitor Center, Hotel im Park, alle werben mit Wi-Fi. Alle fahren wir an, doch bei keinem funktioniert das Internet. Schon wieder eineinhalb Stunden vergangen. Jetzt aber ab zum Canyon.

Ach, da war ja noch was. Seit heute Morgen tropft Kühlwasser vom Motor. Ich krieche unters Auto und sehe nach. Die Wasserpumpe klappert schon seit einigen Tagen verdächtig, jetzt leckt sie. Hoffentlich hält sie noch die paar Wochen durch, bis wir über Weihnachten zu unseren Familien nach Deutschland fliegen. Dann gibt es die Reparatur der Wasserpumpe als Willkommen-zurück-auf-Reisen-Begrüßungsgeschenk im Februar.

Und der Canyon? Wir wollten unseren heutigen Besuch des Grand Canyon damit beginnen, den Film im Besucherzentrum anzusehen. Wenn wir schon den ganzen Tag mit anderen Dingen zugebracht haben, dann schauen wir uns wenigstens noch den Film an. Also wieder quer durch den Park zum Besucherzentrum, Parkplatz suchen, ab zum Vorführsaal. Schnell, die Tür schließt gerade, gleich geht es los, das passt perfekt. Meine Hand bekommt den Griff der zufallenden Tür zu fassen, ich will gerade den Vorführsaal betreten, als hinter mir eine Stimme erklingt: »*Sir. Excuse me, Sir! The last show was at 4.30. The next show is at 8.30!*« Und nach einer kurzen, aber wirkungsvollen Pause: »*Tomorrow.*«

Mittlerweile ist es dunkel. Wir fahren aus dem Nationalpark hinaus in Richtung unseres kostenlosen Stellplatzes im *National Forest*. Schließlich finden wir bei Wendys Hamburger-Bude doch noch ein funktionierendes Internet, arbeiten drei Stunden an unserer Webseite, suchen Informationen für die weitere Strecke und stehen um 23 Uhr wieder in dem Wald, aus dem wir heute Morgen aufgebrochen sind, um den Grand Canyon zu besichtigen. Sabine schließt die Jalousien, und wir fallen ins Bett.

KILOMETER 47 028
BLIZZARD

Thomas

Die Sonne scheint, doch jetzt im November ist die Luft schon winterlich kalt. Die Blätter hängen orange, gelb und rot an den Bäumen. Die beste Zeit, um in den Zion-Nationalpark zu fahren, eine kleine Wanderung zu unternehmen und die bunten Birken im tief fallenden Licht zu bewundern. November bedeutet aber auch, dass unser zweiter Heimaturlaub kurz bevorsteht. Bis zum Abflug bleibt noch eine Woche Zeit.

Während sich das Herz des Nationalparks über reichlichen Andrang freuen kann, haben wir keine Menschenseele mehr gesehen, seit wir den Weg über die Berge eingeschlagen haben. Oben am Pass eröffnet sich eine Hochebene, in deren Mitte ein glitzernder See liegt. Es ist spät am Abend, die Dunkelheit legt sich über die umliegenden Wälder, die Schatten werden lang. Hier am Ufer werden wir unser Lager aufschlagen. Uns erwartet eine zauberhafte Nacht in der Einsamkeit.

Ich wache auf. Die Kälte sticht mich in die Nase. Ich strecke die Hand zum Fenster, um es aufzuschieben. Es klemmt. Außen an der Scheibe kleben gefrorene Rinnsale, innen am Fensterrahmen hängen Eisblumen. Ich setze mich auf, sehe hinaus. Der See lässt sich nur noch erahnen. Alles ist weiß. Zwanzig Zentimeter Neuschnee liegen über der Landschaft. Gestern war Herbst, heute ist Winter. Die Temperaturen sind über Nacht um zwanzig Grad gefallen. Das Thermometer zeigt minus fünfzehn Grad Außentemperatur. Alles ist erstarrt. Der See, die Bäume und Büsche. Alles Leben ist über Nacht in den Winterschlaf gefallen.

Ob diesen Winter noch jemand hier hinaufkommt? Wahrscheinlich wussten alle außer uns von dem bevorstehenden Kälteeinbruch. Zwanzig Zentimeter Schnee sind mit Paula zu bewältigen, mit ihren groben Reifen wühlt sie sich sicherlich ganz passabel hindurch.

Unter der Decke hervorzukriechen kostet mich Überwindung, in die klamme Kleidung zu schlüpfen noch mehr. Kaffee, Frühstück und dann los. Aus den hintersten Ecken im Schrank wühle ich die dicken Winterjacken hervor. Sie riechen ein wenig muffig. Seit den kühlen Nächten in der mongolischen Steppe hatten wir sie nicht mehr in den Händen.

Die Wangen spannen vor Kälte, mein Atem bildet kleine Wolken. An Handschuhe habe ich beim Anziehen nicht gedacht, doch jetzt wären sie goldrichtig. Ein eisiger Schauer durchfährt mich beim Griff ans Lenkrad. Zündschlüssel drehen, Anlasser drücken. Langsam kommt der Diesel in

Schwung, dreht sich, quält sich, dreht und dreht und dreht und quält und dreht und quält. Der Diesel zündet nicht. Pause. Noch mal. Der Anlasser müht sich ab. Er dreht und quält sich. Pause. Durchatmen. Ein Blick nach rechts. Sabine sieht mich genauso ratlos an wie ich sie. Synchron zucken wir mit den Schultern. Stille.

Wir sitzen auf unseren Plätzen, starren regungslos durch die angefrorenen Scheiben nach draußen in das gleißende Weiß der Umgebung. Ich drücke noch mal auf den Startknopf. Der Motor wackelt wie ein kalter Pudding. Der Anlasser wird langsamer. Die Batterie wird schwach. Verdammt! Der Motor springt nicht an.

Ein Blick aufs Handy. Kein Empfang. Kein Dorf, seit wir gestern Nachmittag losgefahren sind. In den kommenden Wochen fährt vermutlich niemand mehr über den Pass. Eine Minute sitzen wir stumm und wie gelähmt nebeneinander, starren aufs Armaturenbrett vor uns. Sabine bricht das Schweigen und spricht aus, was ich denke.

»Wir müssen runter vom Pass, bevor es uns noch tiefer einschneit.«

»Schau mal auf die Karte. Wie weit ist es in die nächste Ortschaft?«

»Knapp fünfzig Kilometer.«

Ich lasse den Kopf auf meine Hände am Lenkrad sinken. »Wie lange laufen wir da?«

»Bei dem Schnee? Zwei Tage. Wenn's gut geht.«

»Haben wir Proviant?«

»Schon. Aber hast du die Spuren im Schnee nicht gesehen? Also meine sind es nicht.«

Ich steige aus. Knapp zehn Meter vom Lkw entfernt sind Abdrücke im Schnee. Für einen menschlichen Fuß sind sie etwas zu kurz, aber auch deutlich zu breit.

»Okay, vergessen wir das mit dem Fußmarsch. Dem möchte ich nicht begegnen.«

Ratlosigkeit.

Verzweifelt kochen wir Wasser, gießen es über den Motorblock. Nichts passiert, außer dass bei jedem Startversuch die Batterie noch ein Stückchen weiter in die Knie geht. Reglos lehnen wir nebeneinander am Fahrzeug, starren über den See. Dass meine Zehen halb gefroren sind, ist mir gerade ziemlich egal. Viel mehr Sorgen macht mir die dunkle Wolkenfront am Horizont hinter dem See, die unmissverständlich in unsere Richtung zieht.

»Thomas, kannst du dich an den Lkw-Fahrer in Russland erinnern? Im Altai. Dort, wo wir deinen Geburtstag gefeiert haben?«

»Ja?«

»Er hat erzählt, dass er viel in Sibirien unterwegs ist. Wo sie im Winter auf den gefrorenen Flüssen fahren. Hat er nicht gesagt, wenn ihnen im Winter die Kiste nicht anspringt, machen sie ein Feuer unterm Motor?«

»Das ist nicht dein Ernst?«

»Hast du eine bessere Idee?«

»Hmm. *Njet.*«

»Komm, lass es uns versuchen. Da hinten sieht's nicht gut aus. Wenn wir Glück haben, bleibt uns noch eine Stunde, bevor die Wolken über uns sind.«

Immerhin haben wir für unseren kleinen Ofen trockenes Holz dabei. Ich schichte kleine Scheite unter dem Motor auf. Meine Finger sind steif von der Kälte. Die Streichhölzer chinesischer Herstellung und ein eisiger Wind machen jeden Versuch zunichte, das Feuer zu entfachen. Zu zweit knien wir unter dem Motorblock und versuchen mit vereinten Kräften unser Glück. Zwei Hände schützen das Holz vor dem Wind, zwischen den anderen beiden zerbricht ein Streichholz nach dem anderen bei dem Versuch, es an der Schachtel zu reiben. Mein Blick springt hin und her zwischen dem Häufchen Holz, der immer näher kommenden Wolkenfront und dem Waldrand hinter uns, in dessen Richtung die Bärenspuren führen.

Endlich! Es brennt. Die Flammen zucken sanft nach oben. Nur nicht zu viel auflegen. Sonst fängt der Lkw Feuer!

Nach dreißig Minuten versuche ich erneut, den Motor zu starten. Die Batterie stöhnt, der Anlasser ächzt und schiebt träge die Kolben auf und ab. Das gibt es doch nicht!

Ich lege weitere Scheite nach, die Flammen schlagen an die Ölwanne. Viele Versuche haben wir nicht mehr, dann ist die Batterie komplett leer. Sabine holt die Kamera, schießt ein Foto. Ich lächle in die Linse. Doch eigentlich ist mir nicht nach Lächeln zumute.

Nach einer weiteren halben Stunde setze ich mich erneut ans Steuer. Ein Druck auf den Knopf. Der Anlasser würgt wieder, der Motor zuckt, ich trete das Gaspedal, als würde ich einen Fußball aufpumpen.

»Komm jetzt!«, brülle ich dem Lenkrad entgegen.

Ein Schütteln im Motor, wie ein nasser Hund, der gerade aus einem See gestiegen ist. Erst langsam, dann schneller, dann ein Ruck. Eine schwarze Rauchwolke schiebt sich über den Schnee. Paula kehrt ins Leben zurück. Sie stottert noch, aber sie läuft! Los jetzt! Runter vom Pass. Aber wo ist eigentlich der Weg? Die Wolken stehen über uns. Es hat erneut zu schneien begonnen, dicke Flocken nehmen uns die Sicht. Vorsichtig tasten wir uns Meter für Meter voran.

Je weiter wir kommen, desto tiefer wird der Schnee und desto steiler die Straße. Der Lkw beginnt in den engen Kurven zu rutschen.

»Wir müssen Ketten aufziehen«, stöhnt Sabine, und ich stöhne mit. Allein die schweren Ketten vom Dach zu holen, ist mühsam.

»Achtung!« Ich rolle den unhandlichen Pappkarton über das Geländer des Dachträgers, und er landet krachend neben Sabine im Schnee. Sie zerrt an dem klirrenden Metall, versucht, es zu entwirren und vor die Reifen zu ziehen. Ein Blizzard ist aufgezogen, die Flocken kommen waagerecht auf uns zugeflogen. Beim Blick nach vorne sehe ich Schneewehen, die im Minutentakt Zentimeter für Zentimeter wachsen. Sabine kniet neben dem Vorderreifen und zeigt mir an, wie weit ich fahren muss, um mittig auf den Ketten zum Stehen zu kommen. Zum Einhängen der Spannglieder muss ich die Handschuhe ausziehen. Die Kälte schmerzt wie Nadelstiche in den Fingern. Jetzt noch festzurren. Die Ketten rasseln durch die Ösen. Steifgefroren steigen wir ein, schleichen im Schritttempo vorwärts. Alles ist vom Weiß verschluckt. Das GPS zeigt uns grob die Himmelsrichtung. Ein Blick auf die Anzeige. Noch 43 Kilometer.

Sechs Stunden später, bei Anbruch der Dunkelheit erreichen wir die erste Siedlung. Wir haben es geschafft. Der perfekte Moment für einen Heiratsantrag – den ich entspannt verstreichen lasse.

Am nächsten Morgen finden wir in St. George, Utah, einen Stellplatz für Paula. Hier ist sie während unseres Heimaturlaubs sicherlich gut aufgehoben. Wir packen die Rucksäcke und machen uns per Bus auf nach Los Angeles, wo unser Flieger nach Deutschland in ein paar Tagen starten wird.

KILOMETER 47 388

AUF NACH LATEINAMERIKA

Sabine

Nach Advents- und Weihnachtszeit in Deutschland sind wir Ende Januar zurück und machen uns auf den Weg nach Mexiko. Zur gespannten Vorfreude auf ein fremdes Land mischt sich eine Prise Unbehagen. Der verrückte Isländer war nicht der Einzige, der uns vor Mexiko gewarnt hatte. Auch die Medien erzählen von erbarmungslosen Kriegen der Drogenkartelle, von Menschenschmugglern und Waffenhändlern. Je näher wir jedoch der Grenze kommen, desto öfter hören wir auch begeisterte Stimmen. Wir treffen Leute, die seit Jahrzehnten in Mexiko Urlaub machen oder mal eben für ein günstiges Abendessen in ebendiese berüchtigte Grenzregion fahren. Ist Mexiko gar nicht so schlimm wie sein Ruf?

Die temperamentvolle Grenzerin sprudelt sofort auf Spanisch los. Sie ignoriert, dass wir sie kaum verstehen. Lachend füllt sie die Einreiseformulare einfach selbst aus. Fertig. *Bienvenidos!*

Die Sprache ist nicht die einzige Veränderung, vielmehr erleben wir in den ersten Tagen den Sprung in eine andere Welt. Die Drive-Thru-Imbisse sind verschwunden, stattdessen schieben ältere Herren dampfende Imbisswägen durch die Straßen. Statt des allgegenwärtigen Rasters, das sich über Ebenen und Berge in den Vereinigten Staaten zieht, Felder, Wiesen und Farmen in rechtwinklige Acres, die Städte in Blocks einteilt, winden und schlängeln sich die Straßen kurvig durchs Land. Die Straßen haben wieder Namen, heißen jetzt nicht mehr »*West-4th*« oder »*North-12th*«. Das Zentrum fast jeder Siedlung bildet nun der *Zócalo*, der zentrale Platz und bedeutendster städtischer Freiraum. Hier spielt sich das Leben ab, man trifft sich, sitzt beisammen, liest Zeitung, beobachtet die Passanten, quatscht mit dem Nachbarn, verbringt hier seine Freizeit. Das Leben pulsiert. Kinder spielen draußen, Händler bieten ihre Waren an, Scheibenputzer und Jongleure verdienen ihr Geld während der Rotphasen an den Ampeln oder an den *Topes*. *Topes* sind das Erste, was uns hinter der Grenze unübersehbar begegnet. Bodenschwellen auf den Straßen, die uns auf den innerstädtischen Straßen zum Bremsen zwingen. Wer die zwanzig, manchmal dreißig Zentimeter hohen Hindernisse missachtet oder übersieht, wird sich unweigerlich die Achse aus seinem Fahrzeug herausreißen oder in der Manier eines Colt Seavers abheben. Folglich bremsen wir an jedem *Tope* nahezu bis zum Stillstand, was wiederum vielen Straßenhändlern zugutekommt, die hier ihre Früchte, Tacos, Sonnenhüte, Süßigkeiten, Wasserflaschen und Baumwollunterhosen anbieten. Gemüse kaufen wir nicht mehr in Supermärkten, sondern in kleinen Geschäften am Straßenrand. Mit Englisch kommen wir dabei nicht mehr weiter und sind jetzt gefordert, Spanisch zu lernen. Ein paar Brocken reichen erst mal, um das Nötigste einzukaufen, nach dem Weg zu fragen oder um den Preis zu feilschen.

Alles läuft ein wenig langsamer ab. Musik klingt in den Straßen, die Häuser sind kleiner, improvisierter, oft in grellen Farben bunt bemalt. Wir teilen uns die Fahrspur von nun an auch mit Eselskarren oder stolzen Reitern, die lässig auf ihren Pferden sitzen, den Cowboyhut tief ins Gesicht gezogen.

Für uns besonders bedeutsam ist die Tatsache, dass man in Mexiko bestimmt auch frei campen könnte, uns jedoch viele Einheimische davon abraten. In ganz Asien nutzten wir nur ein Mal einen Campingplatz, in Kanada und den USA nur dann, wenn es nicht anders möglich war. In Mexiko übernachten wir überwiegend auf Campingplätzen, an den 24 Stunden geöffneten staatlichen PEMEX-Tankstellen oder auf großen Lkw-Stellplätzen. Die bisherige Freiheit, fast immer ein traumhaftes, einsames Plätzchen in der Wildnis zu finden, ohne sich Gedanken um die Sicherheit machen zu müssen, vermisse ich ein wenig.

KILOMETER 51 888
IM UNTERGRUND

Thomas

Ich bin positiv überrascht. Vier Wochen nach dem Grenzübertritt nach Mexiko sind wir immer noch am Leben. Ich drücke die Klinke nach unten, die Tür der Wohnkabine schwingt auf, die Morgensonne strahlt herein, und vor mir liegt ein malerisches Panorama. Ein weiter Teppich aus bunten Häusern, die sich die gegenüberliegenden Berghänge emporschieben. Wir stehen auf einem Campingplatz auf einem Hügel irgendwo nördlich des Zentrums von Guanajuato.

Steile Gassen führen in die Altstadt hinab. Immer wieder öffnen sich kleinere und größere Plätze im Gewirr der schmalen Straßen. Jeder Platz mit einem anderen Charakter, ein jeder voller Leben und Menschen, jung wie alt. Manche sind laut, voller Musik, andere Plätze leise, beschaulich. Die ganze Stadt pulsiert im Treiben der Einwohner. 20 000 Studenten beleben Guanajuato zusätzlich mit viel junger Kultur, Cafés, Bars, Kneipen und Kunst. Graffiti und Parolen überziehen die bunten Hauswände, zeugen von einer Jugendkultur, die etwas zu sagen hat, die ihre Ideen äußert, anstatt stumm und unmündig zu verharren. Hinter jeder Ecke wartet eine neue Überraschung, entdecken wir neue Freiräume, neue Gassen, unbekannte Winkel. Die Altstadt ist unüberschaubar, schwer zu begreifen. Das macht sie so interessant.

Ich laufe mit Sabine steile Treppen hinauf, wir folgen einer Gasse nach links und stehen verloren vor einem Tor. Wir haben uns verlaufen, drehen um, setzen uns auf die hohen Stufen, blicken still hinunter auf das Häusermeer. Minutenlang schweifen unsere Blicke umher. Mich erinnert das Bild an Jodhpur im nördlichen Indien, mit den vielen blau gestrichenen Häusern der Brahmanen. Nur dass die Fassaden in

Guanajuato nicht alle blau, sondern in vielen bunten Farben leuchten. Ich liebe es, mich in Altstädten zu verlaufen. Hinter jeder Ecke wartet eine neue Überraschung.

Diese Stadt hält noch ein weiteres Geheimnis bereit. In den engen, verwinkelten Straßen finden sich kleine, unscheinbare Rampen, über die Motorräder, Autos und sogar Busse verschwinden. An vielen Plätzen entdeckt man außerdem steile Treppen, die nach unten führen. Wir wagen uns über die Stufen hinab und entdecken einen ganz anderen Aspekt von Guanajuato.

Es ist schlagartig kalt, feucht und ein wenig stickig. Der Lärm ist verschwunden. Unsere eigenen Schritte hallen uns aus dem Dunkel als dumpfes Echo entgegen. Unter Guanajuato, dieser alten Stadt der Silberminen, liegt ein weites Geflecht aus Tunneln, das sich kreuz und quer unter der gesamten Altstadt erstreckt. Düster, schummrig, eng und genauso wirr verflochten wie die Häuserschluchten. Für die Bewohner gehören die dunklen, in den Fels geschlagenen Tunnel genauso zu den Straßen der Stadt wie die oberirdischen Gassen. Zehn, zwanzig Meter unter der Oberfläche finden sich Bushaltestellen, Parkplätze, Eingänge zu Häusern. Jugendliche laufen entlang der schmalen Bürgersteige in der Unterwelt, tauchen auf ihrem Weg in die Schule irgendwo in der Stadt ab, anderswo wieder auf. Frauen mit Einkaufskörben, Studenten mit Aktentaschen, Kinder mit Luftballons, für alle ist der spärlich beleuchtete Untergrund selbstverständlicher Teil ihrer alltäglichen Wege durch die Stadt. Und auch unser Weg vom Campingplatz in das Zentrum der Altstadt führt durch einen der kilometerlangen Tunnel. Um mich in diesem endlosen Labyrinth im Untergrund sicher zu orientieren, würde ich wohl Jahre brauchen. Guanajuato, fantastisch unübersichtlich.

KILOMETER 52 351
NO BAM BAM EN LA NOCHE

Sabine

Mexiko-Stadt ist mit über dreißig Millionen Einwohnern eines der größten Ballungsgebiete dieser Erde. Das können und wollen wir uns nicht entgehen lassen. Sich mit dem eigenen Fahrzeug in diesen gigantischen Moloch zu wagen, ist vermutlich kein allzu großer Spaß. Wir beschließen, unseren Lkw in Tepotzotlán, einer kleinen Stadt außerhalb des Zentrums, zu parken und für drei Tage in ein möglichst zentral gelegenes Hotel zu ziehen. Zentral bedeutet in der Regel laut, aber Lärm macht uns normalerweise nicht viel aus.

Beim Einchecken werden wir gleich darauf aufmerksam gemacht, dass es am kommenden Wochenende sehr laut werden könnte, weil auf der hoteleigenen Dachterrasse eine große Party stattfinden soll.

»Stört uns nicht«, beruhigt Thomas den Rezeptionisten.

»Wir können euch zwei Zimmer anbieten: Eines im ersten Stock mit Blick auf die Straße, das tagsüber etwas laut ist, oder ein deutlich ruhigeres ohne Ausblick.«

»Laut mit Ausblick«, sind Thomas und ich uns einig.

»*Muy bien*«, nickt der Rezeptionist und überreicht uns den Schlüssel.

Es gibt tatsächlich jede Menge zu beobachten. Auf der Straßenseite gegenüber befindet sich der Präsidentenpalast, der von schwer bewaffnetem Militär bewacht wird. Pick-up-Trucks mit Geschützen auf der Ladefläche fahren Patrouille. Soldaten mit Maschinengewehren sichern den Bürgersteig. Darüber hinaus dient die Straße unter unserem kleinen Balkon unzähligen Händlern als Verkaufsfläche. Was immer man sucht, hier wird man fündig, und es kostet selten mehr als neunzig Cent. Haarteile, Handtaschen, Fächer, Wurstsemmeln, Unterhemden, Armbanduhren, Haargummis, Büstenhalter, Spielzeugeisenbahnen, Tortillas, Slips, Getränke, Sporttaschen, Bürsten, Geldbeutel, Schreibblöcke, Buntstifte, süße Teigtaschen. Dazwischen tummeln sich Hunderte potenzielle Kunden, denen die Straßenverkäufer die Preise ihrer Ware mit größtmöglicher Lautstärke entgegenschreien. Das Spektakel läuft den kompletten Nachmittag und endet gegen neunzehn Uhr.

Die erste Nacht in Mexiko-Stadt fällt auf einen Donnerstag. Die Straße ist leer, die Hotelparty soll erst morgen steigen. Ein paar ruhige Stunden Schlaf sollten also drin sein, bevor es morgen Mittag wieder von Neuem losgeht.

Was ist das? Verschlafen hebe ich den Kopf, sehe auf die Uhr. Es ist kurz nach Mitternacht, und wenn ich meine Gedanken zwischen Traum und Wirklichkeit recht sortiere, wurde ich gerade von ohrenbetäubendem Gehämmere geweckt.

Nach einer halben Stunde Hämmern versucht Thomas, den Störenfried ausfindig zu machen, und findet ihn im 24-Stunden-Supermarkt nebenan. Ich liege schlaftrunken im Bett und höre über die offene Balkontür Thomas unten im Laden rufen: »*No Bam Bam en la noche!*«

Thomas versucht, dem Arbeiter im Supermarkt klarzumachen, dass man solche Bauarbeiten besser tagsüber erledigen sollte und nicht nach Mitternacht, wenn hinter der bearbeiteten Wand etwa hundert Personen versuchen zu schlafen. Der Handwerker ist hörbar beeindruckt von Thomas' Auftritt, erklärt jedoch, dass der Schlagbohrer nachts genutzt werden müsse. Tagsüber würde er die Kunden des Supermarktes stören. Dieser bestechenden Logik hat Thomas nichts entgegenzusetzen und nimmt dankbar die von der Rezeption angebotenen Ohrenstöpsel an.

In der folgenden Nacht fällt der Lärm der angekündigten Hotelparty enttäuschend schwach aus, unsere Freunde nebenan jedoch starten pünktlich um 24 Uhr mit Hammer und Meißel.

Die dritte Nacht. Da wir den Tag mit dem Erkunden der Stadt, Busfahren, der Besichtigung von Museen und U-Bahn-Fahren verbracht haben, mehrere Viertel besucht und etliche Kilometer zu Fuß zurückgelegt haben, fallen wir bereits um zwanzig Uhr geschafft in die Federn.

Eine Viertelstunde nach Mitternacht stehen wir wieder senkrecht im Bett. Nicht nur das ohrenbetäubende Hämmern hat wieder begonnen, sondern auch eine neue Party auf der Dachterrasse. Nun ist an Schlafen wirklich nicht mehr zu denken. Was soll's. Ziehen wir uns wieder an und feiern mit. Die erste Liveband beginnt gerade zu spielen. Nur schade, dass ich die Augen kaum aufhalten kann. Ein Bier und zwei Stunden später kann ich mich beim besten Willen nicht mehr auf den Beinen halten. Während Thomas der zweiten Liveband lauscht, krieche ich zurück ins Bett. Mittlerweile ist der Baulärm verstummt, und ich schlummere bald tief und fest.

Wer Mexiko entspannt bereisen möchte, das haben wir in den letzten drei Tagen eindrucksvoll feststellen können, muss entweder gute Nerven oder schlechte Ohren haben. Im besten Fall beides.

KILOMETER 53 651
AUTONOMES GEBIET

Thomas

*»PUEBLO TONINA – MPOI. AUTONOMO – E*Z*L*N«* steht in großen roten Buchstaben auf dem Holzschild vor uns. Wir befinden uns nun also auf dem autonom verwalteten Gebiet der Zapatistischen Befreiungsarmee. Ein Teil der Bevölkerung im Süden Mexikos fühlt sich abgehängt und vernachlässigt von der Zentralregierung in der weit entfern-

ten Hauptstadt. So gründete sich 1983 das *Ejército Zapatista de Liberación National*, die Zapatistische Armee der Nationalen Befreiung. Welche Nation möchte hier befreit werden?

Im Süden Mexikos befindet sich das traditionelle Siedlungsgebiet der Maya, das sich von Chiapas über Yucatán in Mexiko bis nach Guatemala und Belize erstreckt. Tatsächlich fühlen sich viele der indigenen Einwohner erheblich stärker den Nachbarn jenseits der Staatsgrenze verbunden als den Bürgern von Mexiko-Stadt. Die linke Guerillabewegung EZLN kämpft daher für die Rechte der indigenen Bevölkerung und setzt sich gegen eine neoliberale Wirtschaftsordnung ein.

Irgendetwas hat sich verändert, seit wir diese Region erreicht haben. Aber was? Wir sind noch in Mexiko, aber irgendwie auch nicht. Ein ähnliches Gefühl hatten wir schon im Osten der Türkei, in Diyarbakır, der sogenannten Hauptstadt der Kurden. Auch sie fühlen sich von der Regierung in Ankara vernachlässigt. Wir sind nun also im Kurdistan Mexikos gelandet. Und es fühlt sich bisher ganz gut an, hier zu sein.

Blicke ich rechts an dem großen Holzschild der EZLN vorbei, fällt mein Blick auf eine riesige Tempelpyramide, die sich gerade aus dem morgendlichen Dunst erhebt. Eingerahmt von Bäumen ragen große, abgestufte Steinplateaus aus dem Wald. Mehrere breite Treppenanlagen führen bis auf die Spitze. Das Ganze wirkt im Morgendunst fast ein wenig kitschig. Weit und breit ist kein Mensch zu sehen. Nach Tonina verirren sich offensichtlich nur wenige Touristen.

Auf dem Weg zum Fuß der Pyramide stehen wir nun vor einem kleinen Tickethäuschen. Eine junge Frau sitzt daneben, die durch ihre uniformartige Kleidung den Eindruck erweckt, sie gehöre in irgendeiner Weise zu denjenigen, die sich um die Pyramiden kümmern.

»Ihr braucht keinen Eintritt zu bezahlen«, erklärt sie. »Der Mann, der die Tickets verkauft, hat sich heute freigenommen.«

Na gut, einverstanden.

Schritt um Schritt erklettern wir die Anlage. Nach vierzig Stufen melden sich zum ersten Mal die Oberschenkel. Kurze Pause, dann weiter im 45-Grad-Winkel nach oben. Die Morgenluft ist noch angenehm kühl, und wir haben die Ruinenanlage komplett für uns allein. In aller Ruhe erkunden wir enge, dunkle Tunnel und scheuchen so mache Eidechse auf, die sich gerade über die ersten Sonnenstrahlen des Tages freut.

Sieben Terrassen zähle ich, bevor wir die Spitze der Pyramide erreichen. Ich bin kräftig außer Atem, setze mich erschöpft neben Sabine auf die oberste Stufe und lasse lange den Blick schweifen. Vor der Pyramide liegt eine große, ebene Grasfläche, dahinter vereinzelte Felder, Baumgruppen und in der Ferne zwei kleine Dörfer. Üppig grüner Wald, der noch immer im Dunst liegt, und am Horizont die weichen Konturen entfernter Hügel. Ab und an surren Insekten an uns vorbei, und ein paar Vögel brechen mit ihrem Zwitschern die Ruhe. Lange sitzen wir hier oben, bis die Sonne die letzten Nebelfetzen auflöst und die frische Morgenluft langsam einer feucht-schwülen Hitze weicht.

Das große EZLN-Schild bleibt hinter uns zurück, als Sabine den Lkw startet und wir uns auf den Weg zur nächsten Mayastätte in Palenque machen. Nach ein paar Kilometern liegt eine Schule am Wegesrand. An die Fassade des einstöckigen Gebäudes mit Wellblechdach ist eine riesige Sonne gemalt, auf der mit schwarzen Buchstaben »*Escuela autonóma Zapatista*« steht. Daneben ist ein Mann mit Bart und einer Waffe über der Schulter abgebildet. Ein zweiter Mann mit Gesichtsmaske hält ein Maschinengewehr. Im Hintergrund naiv gemalte Blumen, der Mond und einige Sterne, davor ein

Fluss. Ganz offenbar wurde die Wand von Kindern bemalt, und über den beiden großen Personen steht »*Sub Marcos*« und »*Sub Pedro*«, die Namen der Anführer der Zapatisten. Auch Sabine und ich hatten während unserer gemeinsamen Schulzeit mit Klassenkameraden ein großes Gemälde auf die Schulmauern gemalt. Keine Männer mit Maschinengewehren, sondern eher leichte Kost: Tierfiguren und Ornamente, die sich um eine große Uhr ranken. Die Prioritäten bei uns scheinen also anders gelagert zu sein als im Süden Mexikos. Zumindest könnte man daran ableiten, dass Zeit für deutsche Schüler ein wesentlich wichtigeres Thema ist als die vermeintlichen Helden der Landespolitik. Welch ein skurriler Gedanke. Überlebensgroße Abbilder von Franz Josef Strauß und Edmund Stoiber an den Fassaden bayerischer Schulen.

KILOMETER 53 951
IM REICH DER MAYA

Thomas

Seit dem Süden Mexikos befinden wir uns geografisch in Zentralamerika. Die Route ist ab sofort relativ klar. Guatemala, Honduras, Nicaragua, Costa Rica und Panama liegen vor uns. Dann werden wir überlegen müssen, wie wir Paula nach Südamerika bringen. Aber so weit sind wir noch lange nicht.

Wir verlassen Mexiko nach zwei Monaten und reisen über den Grenzübergang bei El Ceibo nach Guatemala ein. Während auf mexikanischer Seite ein nagelneues Grenzgebäude mit klimatisierten Toiletten steht, sitzen die guatemaltekischen Grenzbeamten in einem engen, improvisierten Container mit laut klappernden Ventilatoren. Bereits nach einigen Kilometern im Land ist augenfällig, dass die

Menschen hier unter wesentlich schwierigeren Bedingungen leben als in Mexiko. Am Straßenrand stehen viele einfache Bretterbuden, meist mit Stromanschluss, aber ohne Glas in den Fenstern. Vor jedem Haus steht ein aus Beton gegossenes Spülbecken. Die Vorgärten erinnern mich ein wenig an Kambodscha, denn auch hier gibt es viel zu entdecken. Hier rattert eine Nähmaschine, dort wird Wäsche gewaschen, Mais und Chili liegen zum Trocknen in der Sonne, dazwischen sind Hühner, Schweine und Esel unterwegs. Nebenan döst jemand in der Hängematte, und mittendrin spielt eine Horde Kinder mit einem verbeulten Fußball.

Wir sind noch immer im Gebiet der Maya unterwegs. Am Abend erreichen wir Tikal, eine einstige Metropole des Reichs. Wenn ich mich umsehe, kann ich nicht glauben, dass vor rund 1300 Jahren hier eine Stadt mit 70000 Einwohnern gestanden haben soll. Wie auch Angkor in Kambodscha wurde sie über die Jahrhunderte vom Dschungel verschluckt. Erst ein Bruchteil der Pyramiden und Bauwerke wurde wieder freigelegt. Mit diesem Wissen fallen Sabine und mir unentwegt markante Hügel im Dschungel auf, unter denen wir sofort und überall versteckte Pyramiden vermuten. Wahrscheinlich sind es nur Erdhügel, aber die Vorstellung, was darunterliegen könnte, macht Spaß.

Als Besucher in Tikal braucht man Ausdauer. Zehn Kilometer werden wir laufen müssen, um auch nur die schönsten und größten Pyramiden zu besichtigen. In den frühen Morgenstunden streifen wir durch den dichten Dschungel, begleitet vom lauten Geschrei der Brüllaffen. Nach einem zweistündigen Spaziergang öffnet sich der Wald zu einem großen Platz. An seiner Stirnseite steht das Wahrzeichen von Tikal, der Tempel des großen Jaguars, der sich pyramidenförmig gen Himmel reckt. In der Mitte der Freifläche befindet sich eine Feuerstelle, um die sich Frauen und Männer in traditionellen Gewändern und mit dünnen Kerzen in den Händen versammelt haben. Es erscheint wie eine Zeremonie, bei der gebetet und geopfert wird. Ein Bündel aus zusammengebundenen Zigarren raucht in der Mitte, eine Drei-Mann-Kapelle mit einer Flöte, einer Trommel aus Schildkrötenpanzern in verschiedenen Größen und einem Xylofon spielt einen immer gleichen Rhythmus dazu. Wir setzen uns in etwas Entfernung auf den Platz und beobachten die Gruppe. Erstaunlich, dass auch heute noch, viele Jahrhunderte nach dem Untergang der mächtigen Maya-Königreiche, Kultur und Rituale in ihren Nachfahren fortleben.

Am nächsten Morgen werde ich wieder von den hallenden Lauten der Brüllaffen geweckt. Als ich die Stufen zur Fahrerkabine hinaufsteige, um die heutige Fahretappe zu beginnen, spüre ich meine Beine. Sie sind noch müde vom langen gestrigen Marsch und den Hunderten steiler Stufen, die wir über die Pyramiden hinauf- und hinabgeklettert sind.

Die kleinen unasphaltierten Nebenrouten winden sich schier endlos durch das Hochland, sind häufig eng, steil, steinig, und manche Brücke wirkt wenig vertrauenerweckend.

Staub tanzt durch die warme Luft und überzieht die Pflanzen am Wegesrand mit einer dicken, erdigen Schicht. Sind die Straßen etwas besser, brettern die für Guatemala so typischen farbenprächtigen Chicken-Busse mit dumpfem Grölen der Motoren, lautem Hupen und wahnsinniger Geschwindigkeit um die Ecken. Die Fahrer der ausrangierten nordamerikanischen Schulbusse überholen ohne Rücksicht auf Verluste und lassen uns in einer dichten schwarzen Rußfahne zurück. *Buen viaje, camioneta*!

KILOMETER 54 847
ZU FUSS DURCH DIE BERGE

Sabine

»Nebaj könnt ihr euch sparen. Ein hässlicher Ort«, erzählte uns ein älteres französisches Ehepaar, das wir in Tikal getroffen hatten.

Nebaj, ein hässlicher Ort? Ja, es scheint so. Der Ort mit seinen 36 000 Einwohnern wirkt auf den ersten Blick alles andere als anziehend. Nebaj ist staubig und dreckig, räudige Straßenköter suchen in den Gassen in Abfallhaufen nach Fressbarem. Als wir an einem Straßenstand zu Abend essen und das wirre Treiben beobachten, dieses unglaubliche Chaos aus Marktständen, Menschen, Tieren und Müll, muss ich lachen: »Wo sind wir denn jetzt schon wieder gelandet?«

Doch Nebaj hat durchaus seine interessanten Seiten. Es wirkt sehr authentisch. Nichts ist aufgesetzt oder für Touristen hübsch hergerichtet. Auf dem Markt sitzen die Frauen am Boden, verkaufen Gemüse und Selbstgebackenes, während sie barbusig ihre Kinder stillen. Die Mehrheit der Frauen trägt die traditionelle farbenprächtige Tracht der Region. Zu einem kunstvoll bestickten Oberteil und einem schlichten roten Rock gehört ein prachtvoller Gürtel. Ins Haar flechten die Frauen ein langes, besticktes Band mit Quasten, das nicht nur Zierde ist, sondern gleichzeitig als eine Art Gepäckträger fungiert. Den Einkauf auf dem Kopf balancierend, ein Baby auf den Rücken gebunden, ein zweites Kind an der Hand, das ist ein typisches Bild für diese Region.

Nebaj ist Ausgangspunkt für mehrtägige Wanderungen durch die abgeschiedene Bergregion der Sierra de los Chuchumantanes. Doch wir sind noch unsicher, ob wir die Gegend auf einer Tour erkunden wollen. Zwei Tage verbringen wir unschlüssig in diesem entlegenen Ort, in den sich im Moment kein weiterer Tourist verirrt zu haben scheint. Wir sind freudig überrascht, als wir am dritten Abend in einem Restaurant zufällig auf fünf Rucksackreisende stoßen. Sie planen, zu einem Vier-Tages-Marsch quer durch das unerschlossene Hochland nach Todos Santos aufzubrechen. Interessiert fragen wir nach und ernten eine Einladung:

»Kommt doch mit, dann können wir uns die Kosten für den Guide teilen. Morgen früh geht es los.«

Warum nicht? Wir müssen uns beeilen, um die spontan zugesagte Wanderung vorzubereiten. Die Vorfreude ist groß, und so packen sich unsere Rucksäcke wie von selbst. Jetzt noch die Bergstiefel schnüren und los!

Schnell komme ich ins Schwitzen. Es geht sofort bergauf, bergab und wieder bergauf. Hinter jeder Bergkuppe ein weiteres Tal, und auf jedes Tal folgt ein erneuter, noch steilerer Anstieg. Die Sonne brennt herab, mit jedem Schritt scheint der Rucksack schwerer zu werden. Sechzig Kilometer Fußmarsch liegen vor uns. Fünf bis sieben Stunden werden wir täglich auf den schmalen Trampelpfaden durch die Berge und die Hochebene unterwegs sein, um unser Ziel Todos Santos innerhalb von vier Tagen zu erreichen.

Frische Luft und viel Bewegung sind eigentlich beste Voraussetzungen, um gut zu schlafen, doch leider sind die Nächte nicht erholsam. Wir übernachten mit den Einheimischen unter lokalen Bedingungen, und diese sind in diesem Fall sehr entbehrungsreich. Die Betten sind hart und viel zu kurz. Statt einer Matratze liegt ein einfaches Laken auf den krummen Holzlatten. Auf über 3000 Metern Höhe wird es nach Sonnenuntergang empfindlich kalt. Die zerschlissenen Decken wärmen nicht. Ständig wache ich auf, entweder weil ich friere oder weil Knie, Hüfte, Schultern oder alles gleichzeitig von der harten Unterlage schmerzen. Wie verwöhnt bin ich da von unserem fahrbaren Zuhause. Jetzt hoffe ich nur noch, dass die Nacht möglichst schnell vorübergeht und die Sonne die klamme Kälte vertreibt.

Auch Thomas sieht am Morgen gerädert aus. Völlig übermüdet raffen wir uns auf, die nächste, nicht weniger anstrengende Etappe der Wanderung in Angriff zu nehmen. »Wieso tue ich mir das überhaupt an?«, schwirrte es mir die ganze Nacht lang im Kopf herum. Tagsüber stelle ich mir diese Frage nicht ein einziges Mal. Wir kommen über saftig grüne Hügel, auf denen kleine Schafherden weiden. Wenig später ragen so weit das Auge reicht schroffe, große Steine aus dem Boden. Eine vollkommen lebensfeindliche Landschaft, und doch gibt es hier ein kleines Dorf. Keine Straße führt in diese abgelegene Gegend, die einzigen Fortbewegungsmittel sind Pferde und Esel. Es gibt weder Strom noch fließendes Wasser. Wovon die Menschen hier leben, kann ich mir nur schwer vorstellen.

Einige Stunden weiter verändert sich die Umgebung abermals. Wir wandern durch lichte Kiefernwälder und kommen schließlich in eine Ebene, in der die meterhohen Blütenstände der Aloepflanze das Landschaftsbild prägen.

Mit unserer Gruppe haben wir Glück. Nach und nach kommt jeder mit jedem ins Gespräch, und man lernt sich ein wenig kennen: Flo aus Berlin, Astrid und Tinka aus den Niederlanden, Florence aus Frankreich, Sarah aus England und unser einheimischer Guide Santiago. Beim Essen sitzen wir als Gäste in einer winzigen Wohnküche. Von überall tragen unsere Gastgeber provisorische Sitzgelegenheiten zusammen, damit unsere achtköpfige Gruppe überhaupt Platz findet. Auf kleinen Schemeln kauern wir dicht gedrängt um ein Holzfeuer in der Mitte des Raumes. Im spärlichen Sonnenlicht, das durch ein winziges glasloses Fenster fällt, sehe ich die Rauchschwaden aufsteigen. Langsam gewöhnen sich meine Augen an die Dunkelheit, und ich beginne Einzelheiten zu erkennen. Lange schwarze Rußfäden hängen von der Decke. An einer Schnur baumeln Maiskolben und Schweineschwarten zum Trocknen. Der Boden besteht aus blanker, festgetretener Erde. Mutter und Tochter der Familie stehen in einem Eck und bereiten die landestypischen Tortillas zu, die in Guatemala zu jedem Gericht gehören. Das charakteristisch rhythmische Klatschen der Maisfladen zwischen den Händen erfüllt den Raum und bricht die gespannte Stille neben dem sporadischen Knacken des Holzfeuers, über dem die Fladen anschließend gegart werden. Die Großmutter harrt unbewegt direkt neben dem Feuer aus, eingehüllt in dichten Qualm. Der Jüngste der Familie sitzt neben ihr und schaufelt eifrig Reis aus einer Schüssel in seinen kleinen Mund. Die übrigen Kinder spitzen immer wieder durch die Tür oder durchs kleine Fenster herein, aber so ganz wissen sie offenbar nicht, was sie von uns Fremden halten sollen. Während wir in den ersten beiden Nächten in der jeweiligen Dorfschule nächtigen, damit der ganze Ort von den Übernachtungskosten profitiert, schlafen wir in der letzten Nacht im Haus einer Großfamilie, das einsam in den Bergen steht.

»Seht euch um. Das ganze Land gehört mir«, erklärt der Hausherr stolz und ergänzt mit großen Augen: »Das heißt, ihr könnt hinkacken, wohin ihr wollt!«

Nicht sicher, ob wir ihn wirklich richtig verstanden haben, wiederholt er diesen Satz immer und immer wieder, bis ihn auch der Letzte der Gruppe verinnerlicht hat. Beim Blick in das Plumpsklo, das im Garten steht, nehme ich das Angebot gerne an.

Für uns sind diese Tage eine Herausforderung. Wir frieren trotz Outdoor-Kleidung, essen Bohnen mit Reis oder eine dünne Suppe, in der ein paar Nudeln schwimmen, und bekommen nachts kaum ein Auge zu. Selbst gewählt und nur vier Tage lang. Am Ende sind wir körperlich erschöpft und sehnen uns nach einer heißen Dusche und einem warmen Bett. Wie aber muss es sein, in dieser harschen Gegend aufzuwachsen?

Am nächsten Morgen komme ich beim Wandern mit Santiago ins Gespräch. Er erzählt, dass seine Eltern früh starben und er sich im Alter von neun Jahren um seine drei jüngeren Geschwister kümmern musste. Er hat versucht, was er konnte, aber es gelang ihm nicht, genug Essen aufzutreiben. So musste er zusehen, wie seine Geschwister verhungert sind. Allein seiner Erzählung zuzuhören, ist schwer zu ertragen, und doch hat Santiago nie aufgegeben. Er hat sich selbst Spanisch beigebracht, um ab und an Touristen wie uns durch die Berge führen zu können. Mittlerweile hat er selbst eine Familie und zwei Kinder, von denen er mit leuchtenden Augen erzählt. Ich wünsche ihm, dass es das Leben ab jetzt gut mit ihm meint.

KILOMETER 54 946
TRADITION UND TOURISMUS

Sabine

Wir sind zurück aus dem Hochland und mit Paula in Chichicastenango angekommen, einer Kleinstadt in der westlichen Bergregion. Hier soll es sonntags den größten und schönsten Markt Guatemalas geben. Schon jetzt am Vorabend herrscht hektisches Treiben auf den zentralen Plätzen. Männer und Frauen bauen Verkaufsstände aus Holzstangen und Plastikplanen auf und türmen kunterbunte Waren auf die Tische.

Am nächsten Morgen strömen neben vielen Einheimischen auch Hunderte Touristen in den Ort. Leicht auszumachen überragen sie das klein gewachsene Bergvolk zum Teil um mehrere Köpfe wie Riesen inmitten einer wuselnden Menge. Die ganze Stadt ist auf den Beinen, um Geschäfte zu machen und Besorgungen zu tätigen. Wer keinen Marktstand hat, trägt sein Warenangebot einfach über den Armen oder auf dem Kopf. Immer wieder geraten wir an dieselbe hartnäckige kleine Frau, die uns unablässig einen blauen gewebten Tischläufer mit einem Loch verkaufen möchte. Vier Mal treffen wir an diesem Tag aufeinander, ohne dass sie sich an uns erinnert. Ich nehme es ihr nicht übel. Für sie sehen wir Touristen offenbar alle gleich aus.

Wir schlendern gemütlich umher und beobachten die betriebsame Szenerie. An den Ecken der Marktgassen sitzen Obst- und Gemüseverkäufer, die energisch mit den Käufern verhandeln. Die Stufen der Kirche besiedeln Blumenhändler, hier gibt es handgezogene Kerzen und Weihrauch, dort Plastikspielzeug aus China und daneben traditionelle handbestickte Röcke. Ein großer Bereich widmet sich farbenprächtigen Souvenirs, direkt dahinter beginnt der Metzgereibereich. Wurstringe hängen über hölzernen Stäben, umgestülpte Mägen und Innereien liegen auf den Thekenbrettern und werden von Fliegen schon einmal vorgekostet. Die restliche Kuh hängt dahinter am Haken, während der Metzger nebenan ein Schwein mit den kräftigen Schlägen einer Axt in Stücke zerlegt. Appetit bekommen? Dann schnell weiter zu den rauchenden, fein duftenden Garküchen. Hier wird gebrutzelt und gekocht, in riesigen Töpfen blubbert es vor sich hin, in siedenden Pfannen spritzt das heiße Fett. Das unablässige Klatschen von tortillaformenden Frauenhänden durchdringt allgegenwärtig die Geräuschkulisse, und der beißende Rauch der Holzfeuer erfüllt die Gassen und hüllt sie in eine mystisch anmutende Atmosphäre. Erstaunlich, dass ein Markt, der mittlerweile größtenteils auf Touristen ausgerichtet ist, gleichzeitig so ursprünglich sein kann.

Später am Tag, als sich die Sonne gemächlich in Richtung Horizont senkt und das Gewusel zwischen den improvisierten Verkaufsbuden weniger wird, verlassen die Touristenbusse nach und nach den Ort des Geschehens. Einheimische sammeln sich in den Seitenstraßen und steigen zu Dutzenden auf die Ladeflächen der dort wartenden Pick-up-Jeeps, um den langen Heimweg in die abgelegenen Dörfer des umliegenden Berglandes anzutreten. Die Händler packen ihre Waren zusammen, tragen tief gebückt unvorstellbare Lasten auf ihren Rücken, ganze Marktstände samt Tischen und Stühlen, und bahnen sich mühsam ihren Weg durch die letzten Marktbesucher.

Auch uns zieht es weiter. Über den Pan-American-Highway CA1 erreichen wir nach 150 Kilometern und einem Zwischenstopp am Lago Atitlán die einstige Hauptstadt des Landes, Antigua Guatemala. Prachtvolle Bauten aus der Kolonialzeit reihen sich aneinander und flankieren die holprigen Straßen. Es ist Ende Mai und Regenzeit. Bei den allnachmittäglichen heftigen Wolkenbrüchen füllen sich die breiten Fugen zwischen den groben Pflastersteinen mit Wasser und reflektieren bunt schillernd die Fassaden. An fast jeder Straßenecke in Antigua findet sich eine eingestürzte Kirche, deren üppig mit Dekor geschmückte Westwerke noch vom einstigen Reichtum der Stadt zeugen.

Antigua liegt eingebettet zwischen den steilen Hängen von drei aktiven Vulkanen. Die meterdicken kollabierten Gewölbe der Kirchen erzählen allzu deutlich die Geschichte der verheerenden Erdbeben. Als eine Naturkatastrophe 1773 die Stadt nahezu dem Erdboden gleichmachte, beschloss man, Antigua als administratives Zentrum zu verlassen und dieses an einem anderen Ort neu zu errichten. Die heutige Hauptstadt Guatemala-Stadt wird von den meisten Besuchern des Landes gemieden. Sie hat den Ruf, weder sicher noch besonders interessant zu sein. Antigua hingegen ist voller Leben. Einheimische sowie zahllose Touristen aus aller Welt schlendern selbst jetzt, während der Regenzeit, durch die Gassen. Hier lernen wir Jürgen kennen. Er ist mit dem Rucksack unterwegs, Mitte zwanzig und kommt aus Franken. Seine unbeschwerte Art ist uns sofort sympathisch, und da er noch dazu ordentlich schafkopfen kann, reist er zusammen mit uns weiter nach Honduras.

KILOMETER 55 802
KARIBIK UNTER WASSER

Thomas

So wie Kanada nach Bergen, Wäldern und Bären klingt, so hört sich Karibik nach Palmen, traumhaften Sandstränden und bunten Korallen an. Genau das soll es auf der kleinen Insel Utila vor Honduras geben. Uns lockt vor allem das Riff, denn seit Thailand zieht es Sabine und mich immer wieder unter Wasser.

Paula muss am Festland bleiben, eine Fahrzeugfähre auf die kleine Karibikinsel gibt es nicht. Die Hafenstadt La Ceiba gilt als rau und unsicher. Auf den Sicherheitsmann vom 24-Stunden-rund-um-die-Uhr-Wachpersonal am Parkplatz des Hafens warten wir gut eineinhalb Stunden, bevor er vom Mittagessen zurückkommt. Ganz wohl ist mir daher nicht, als wir den Lkw abstellen und an der Pier warten.

Ich blättere zum Zeitvertreib im Reiseführer und lese von der schrecklichen Fähre, die vom Festland aus die Insel ansteuert. Schrecklich nicht wegen ihres Zustands, sondern vielmehr ist der Katamaran als bestes Brechmittel ganz Zentralamerikas verschrien. Und tatsächlich, mit dem Kauf unserer Tickets bekommen wir von der Dame am Schalter gleich noch ungefragt Tabletten gegen Seekrankheit überreicht. Mein Magen rebelliert schon jetzt. Anscheinend war das Essen etwas zu landestypisch, und mein Körper kämpft mit den spannenden Herausforderungen unbekannter Bakterienstämme. Sabine hatte hier offensichtlich das Glück des Vegetariers, der lieber auf Tostadas mit Hühnchen am Straßenstand verzichtet. Auch Jürgen hatte sich zurückgehalten. Ich fühle mich hundeelend, schleppe mich auf die Fähre in einen breiten Raum unter Deck, in dem sich die Sitzplätze wie in einem Großraumimbiss aufreihen. Verdunkelte Fenster, stickige Luft. Das Boot legt ab, und mit jeder Welle hebt sich erst der linke Teil des Rumpfes um knappe zwei Meter, danach der rechte. Links, rechts, links, rechts. Fünfzehn Minuten geht es gut, dann meldet sich mein Magen. Ich bahne mir den Weg durch das Schiff. Im Takt der Wellen schlägt mein Körper zwischen der linken und der rechten Wand hin und her. Die Bordtoilette jongliert mich, als wäre ich ein Gummiball. Schnell raus hier. Frische Luft. Bitte! Ich kralle mich an einen Türgriff, atme tief durch, starre stumpf auf den Horizont. Mein Geist wird träge. Endlich beginnt die Tablette zu wirken.

Benommen torkele ich vom Schiff und frage mich, wer auf die absurde Idee kam, diesem Höllending den Namen *Utila Princess IV* zu geben. Am Hafen sind wir augenblicklich umringt von einer Horde junger Menschen, die uns unter einem Berg von Handzetteln und einem Wortschwall über die Vorzüge ihrer Tauchschulen begraben. Wir folgen der Empfehlung anderer Reisender und landen in einem rotgelb-grün bemalten Minibus, dessen Motor nach kurzem Anschieben läuft. Er bringt uns zu einer Tauchbasis für die kommenden Tage.

Der Tipp war gut. Fünf Meter Sandstrand trennen unsere Unterkunft vom dreißig Grad warmen, türkisblauen Meer. Wir können morgens quasi vom Bett direkt ins Boot steigen und sind eine halbe Stunde später am Tauchplatz.

Ich drücke mit dem Daumen fest auf den kleinen Knopf, lasse die Luft aus der Tauchweste und sinke ab. Die Wasseroberfläche entfernt sich immer weiter, alle Geräusche verstummen, es bleibt nur das Zischen des Einatmens und das Blubbern des Ausatmens. Sabine schwebt neben mir hinab, und wir landen in einer völlig anderen Welt. Während auf den Similan-Inseln in Thailand große Bereiche der Hartkorallen durch den schweren Tsunami 2004 zerstört wurden und weitere Teile des Riffs durch die gestiegenen Wassertemperaturen absterben, bestaunen wir hier in Utila noch ein lebendes, wachsendes Riff. Leuchtend gelbe Gehirnkorallen, orangefarbene Seefächer, die in der Strömung hin und her wiegen, kleine bunte Shrimps, stachelige Kugelfische, Kuhfische mit kleinen Hörnern. Schillernde Papageienfische, grellblaue Schnecken, Trompetenfische, die sich geschickt zwischen den Korallen verstecken, schwarz-weiß getupfte Moränen mit weit aufgerissenem Maul und jede Menge Fischchen in allen Farben des Regenbogens, deren Namen ich nicht kenne. Was ich im ersten Moment für einen Stein halte, entpuppt sich bei genauer Betrachtung als riesige Krabbe, und daneben liegt eine fast perfekt getarnte Flunder im sandigen Untergrund. Abgelenkt vom Suchen nach versteckten Lebewesen am Boden und in kleinen Spalten, hätte ich fast die großen Adlerrochen übersehen, die in majestätischer Ruhe ihre Runden um das Riff ziehen. Die Schwämme und Korallen sind prachtvoll und intakt, doch erstaunlicherweise ist die Fischdichte mit den Tauchgebieten in Thailand oder auf Sumatra nicht zu vergleichen. Es fehlen die riesigen Schwärme, die im dunklen Blau vor dem Riff vorbeiziehen.

Zurück aus der Tiefe erzählt unsere Tauchbegleiterin Jessica vom starken Rückgang der Bestände in den letzten Jahren, verursacht durch den intensiven Fischfang in den umliegenden Gewässern. Sie benennt auch ganz konkret eine eingewanderte Art aus Asien, den Feuerfisch, als Übeltäter, der sich von Jungfischen ernährt und sich seit einigen Jahren ohne natürliche Feinde rasend schnell ausbreitet. Ob der Feuerfisch tatsächlich einen entscheidenden Einfluss auf die Bestände hat, kann ich nicht beurteilen. Die lokale Behörde hat zum Schutz des Riffs jedenfalls zum Kampf aufgerufen, und überall auf Utila findet man Plakate mit dem Slogan »*Dangerous Delicious!*« mit schmackhaften Kochrezepten und einer Anleitung, wie man den Feuerfisch am besten zerlegt und zubereitet.

KILOMETER 55 802

DAS ETWAS UNGUTE GEFÜHL

Sabine

Jürgen steht im Feinripp-Unterhemd vor uns. Er hat einen Hut auf dem Kopf, trägt eine kurze Hose, Lederschlappen und in der Hand eine Plastiktüte.

»Es war wie im Film. Plötzlich kamen zwei Typen ins Hostel gestürmt. Sie haben uns mit vorgehaltener Pistole in die Küche gedrängt. Wir mussten uns alle hinknien und auf den Boden gucken.«

Vor drei Tagen hatten wir uns erst auf Utila von Jürgen verabschiedet. Jetzt sollte er eigentlich im Flieger nach Bolivien sitzen, doch so weit kam er nicht. Schockiert hören wir seiner Erzählung zu.

»Gepäck, Kreditkarte, Pass, alles weg! Echt scheiße. Was mach ich jetzt? Ohne Jacke, ohne Wanderschuhe und all das Zeug brauch ich auch nicht mehr nach Bolivien.«

»Sonst hast du nichts mehr?«, frage ich.

»Nichts. Nur das T-Shirt hier in der Plastiktüte. Das hat mir ein anderer Tourist geschenkt.«

Viele Fahrzeugreisende durchqueren Honduras auf dem kürzesten Weg innerhalb von weniger als fünf Stunden, denn es hat den Ruf, neben El Salvador das gefährlichste Land Lateinamerikas zu sein. Kurz bevor wir einreisten, hatten wir im Internet von einem Pärchen gelesen, das mit seinem Wohnmobil bei einer langsamen Passage mit vorgehaltener Waffe gestoppt worden war. Und jetzt auch noch die Erfahrung von Jürgen, der in San Pedro Sula überfallen und buchstäblich bis aufs Unterhemd ausgeraubt worden war. Noch nie fühlten wir die Gefahr so nah. Für Jürgen können wir im Moment nicht viel mehr tun, als mit ihm ein paar Bier zu trinken und hier auf Utila für ihn Geld abzuheben, damit er die nächsten Wochen durchkommt. Er muss in die Hauptstadt Tegucigalpa, um dort bei der deutschen Botschaft einen neuen Pass zu beantragen.

Auf der Insel fühlten wir uns sicher. Jetzt zurück am Festland haben wir erstmals auf der Reise das Bedürfnis, unser Sicherheitskonzept zu verschärfen. Wir campen in Honduras nicht wild. Alle Wertsachen bleiben im Tresor. Wir bestücken einen falschen Geldbeutel mit heimischer Währung. Nicht zu viel, aber auch nicht zu wenig Geld, denn die Summe sollte einen Angreifer befriedigen. 200 Dollar, abgelaufene Pässe und Kreditkarten legen wir in ein Geheimfach, das wir im Notfall öffnen werden. Statt mit unserer hochwertigen Kamera fotografieren wir auch aus dem Auto heraus nur mit einer kleinen, günstigen Variante. Die Fahrer- und Beifahrertüren bleiben während der Fahrt versperrt, sodass man sie von außen nicht öffnen kann. Wir meiden kleine Straßen und abgelegene Gegenden ebenso wie große Zentren. Wir erzählen niemandem vom Verlauf unserer Route und fragen nicht nach dem Weg. Wir aktivieren unsere sieben Sinne und sind auf der Hut. So weit die Theorie.

Um heute einen sicheren Stellplatz bei einer Hotelanlage zu erreichen, müssen wir jedoch in einem Dorf von der Hauptroute abfahren und einem kleinen Weg hinab zu einem See folgen. Jetzt weiß bereits der ganze Ort, dass Touristen in einem Wohnmobil beim Hotel am See übernachten, und es führt nur diese eine Straße zurück.

Am nächsten Morgen sitzt ein junger Mann an der ersten Kreuzung. Als er uns sieht, zückt er sein Handy und beginnt zu telefonieren. Warum sitzt er hier? Wen ruft er an? Gibt er jemandem Bescheid? Langsam, mit kaum zwanzig Stundenkilometern tuckert Paula den Schotterweg bergauf. Wie leicht wäre es, jetzt aufzuspringen und uns zum Stehenbleiben zu zwingen? Aufmerksam beobachte ich die Umgebung. Weit und breit kein Haus, nur halbhohe Büsche säumen den Weg. Was ist das? Mitten auf dem Weg liegt ein riesiger Ast quer über die Fahrspur. Wo kommt der denn her, hier steht doch gar kein Baum? Noch ehe ich meinen Gedanken zu Ende gedacht habe, hat Thomas die Tür geöffnet und läuft schnurstracks auf den Ast zu. Mich trifft die Erkenntnis wie ein Schlag. Das ist eine Falle. Warum sind wir nicht einfach über das Hindernis drübergefahren? Wie dumm ist es, anzuhalten und auszusteigen. Jetzt sind wir völlig wehrlos. Selbst die Tür steht offen. Panisch blicke ich mich um. Thomas kommt zurück, legt den Gang ein und fährt weiter. Ich halte noch immer die Luft an. Es passiert nichts.

In jedem anderen Land hätte ich keinen Gedanken daran verschwendet, warum mich die Leute fragen, wohin wir reisen oder wie lange wir bleiben werden. Ich hätte mich nicht gefragt, warum der Pick-up vor uns so langsam fährt, was der Mann mit der Pistole im Gürtel auf der Ladefläche macht, warum sich die Jungs hinter den Büschen verstecken oder jemand zum Telefon greift. Jetzt bin ich in Dauer-habacht-Stellung.

Dabei machen wir auf unserem Weg durch Honduras selbst keine einzige schlechte Erfahrung. Die Straßen sind in gutem Zustand, die Straßenränder gepflegt und sauber, die Häuser sind aus Stein und freundlich gestrichen. Alles deutet darauf hin, dass es die Menschen im alltäglichen Leben sogar etwas einfacher haben als im Nachbarland. Die Menge an sichtbar getragenen Waffen ist hoch, aber auch nicht wesentlich höher als in Mexiko oder Guatemala. Die Leute, denen wir begegnen, sind nett und hilfsbereit, wie in jedem anderen Land auch. Dennoch, auch Thomas sagt das Bauchgefühl, dass wir dieses Land lieber früher als später verlassen sollten. Wir folgen unserem Gespür, denn wir wollen nicht, dass angsterfüllte Gedanken unser Handeln bestimmen.

KILOMETER 56 356

ELF SCHRITTE INS NEUE LAND

Thomas

Kein Überfall, keine Straßensperren. Wir sind gut durch Honduras gekommen. Vor uns liegt wieder eine Grenze. Nervös wie bei den ersten Grenzübertritten bin ich nicht mehr. Schließlich läuft es immer recht ähnlich ab. Ausreisen, Fahrzeug exportieren, einreisen, Fahrzeug importieren, fertig. Theoretisch ähnlich, im Detail doch immer wieder anders. Wie kann man sich solch einen Grenzübertritt eigentlich vorstellen?

In den Tagen davor recherchieren wir im Internet, lesen andere Reiseberichte, stöbern nach aktuellen Informationen. Schließlich möchten wir nicht gleich jedem auf den Leim gehen. Wer glaubt, dass alles, für das eine Quittung ausgestellt wird, immer auch Hand und Fuß hat, der irrt.

Wir haben gelesen haben, dass bei der Ausreise aus Honduras keine Gebühren anfallen. Der Grenzübertritt beginnt deshalb damit, dass wir an einer Tankstelle unsere letzten honduranischen Lempira in ein paar Liter Diesel eintauschen. Wir kaufen ein zweites Warndreieck und kleben hässliche rot-weiße Reflektorstreifen vorn und hinten auf Paula, denn beides ist in Nicaragua vorgeschrieben.

Einige Kilometer vor der Grenze sind die Straßenränder bereits gesäumt von endlosen Reihen Lastwägen, deren Fahrer entweder in einer Hängematte im Schatten unter dem Anhänger schaukeln oder damit beschäftigt sind, mit Kübeln und langen Besen ihre Fahrzeuge zu waschen. Wir passieren die wartenden Lkw im Zickzack und parken vor einem kleinen Gebäude mit der Aufschrift »*Migration*«. Sofort umringen uns zig Grenzhelfer und Geldwechsler, die alle aufgeregt um die Fahrerkabine hüpfen. Bis wir im Auto all unsere Papiere zusammengesucht haben, beruhigt sich der Trubel draußen etwas. Mit einem freundlichen, aber bestimmten »Nein, danke« und einer beiläufigen Frage, wie das Fußballspiel gestern ausgegangen sei, scheinen die Helfer zu akzeptieren, dass wir den Übertritt nach Costa Rica allein managen wollen. Zum Glück ist keiner so penetrant wie damals beim Grenzübertritt nach Iran.

Also gehen wir ihn an, unseren mittlerweile dreißigsten Grenzübertritt auf der Reise. Schritt 1: Die offizielle Ausreise aus Honduras. Wir präsentieren der Dame hinter einer verschmierten Glasscheibe unsere Pässe. Sie nimmt die Dokumente entgegen, blättert etwas darin, doch bevor sie uns die Ausreisestempel in den Pass drücken will, fordert sie drei US-Dollar pro Person für die Ausreise. Sabine und ich sehen uns an. Moment mal, wir hatten gelesen, dass die Ausreise aus Honduras kostenfrei ablaufen soll. Mit unserem immer noch sehr holprigen Spanisch erklären wir, dass es keine Gebühr für die Ausreise gibt und wir die drei Dollar bereits bei der Einreise bezahlt haben.

»Wo ist die Quittung?«, fragt sie energisch.

»Die Quittungen sind in den Pässen«, erklärt Sabine.

Sie blättert und findet einen kleinen gelben Zettel. »Nein«, meint sie, »da ist nur eine einzige Quittung in den beiden Pässen. Ihr seid zwei Personen. Dafür braucht ihr auch zwei Quittungen. Ihr müsst jetzt beide nochmals drei Dollar bezahlen.«

Was für ein Unfug! Ohne den Anschein zu erwecken, auch nur einen Zentimeter von ihrem Schalter weichen zu wollen, bleiben wir vor dem Fenster der Dame stehen und lächeln erwartungsvoll in ihr Büro.

Die Dame am Schalter blickt umher.

Wir bleiben stehen. Hinter uns bildet sich eine Schlange von Wartenden. Nach zwei Minuten wird es ihr zu dumm, und sie winkt, bittet uns hinter die Scheibe in ihr Büro. Direkt vor ihr auf dem Schreibtisch liegen unsere beiden Pässe und direkt daneben unübersehbar die beiden notwendigen Quittungen, von denen sie angeblich eine nicht finden konnte.

»Hier sind doch zwei Quittungen für zwei Pässe. Da sollte es kein Problem geben, den Ausreisestempel in unsere Pässe zu drücken.« Die Dame lässt sich schließlich überzeugen, und fünf Sekunden später sind wir offiziell aus Honduras ausgereist. Wir lächeln freundlich und bedanken uns.

Schritt 2: Die Fahrzeugausfuhr. Wir finden nach kurzer Zeit den richtigen Schalter, geben dort die Einfuhrpapiere ab und kontrollieren mit dem ersten Beamten unser Nummernschild und mithilfe des zweiten die Fahrgestellnummer. Der Dame vom Zoll helfen wir bei der Aufgabe, den Ausreisestempel ihres eigenen Landes in unseren Pässen zu finden. Ein weiterer Stempel für uns. Alle Angaben auf dem ausgedruckten Dokument kontrollieren. Freundlich lächeln. Bedanken.

Schritt 3: Die Fahrzeugdesinfektion. Mit einer geheimnisvollen Desinfektionslösung, die sehr stark nach Wasser aussieht und riecht, werden die Außenseiten von Paulas Reifen besprüht. Diese Desinfektion gegen Tier- und Pflanzenseuchen gibt es an jeder Grenze Mittelamerikas, um die Ausbreitung von länderübergreifenden Epidemien zu unterbinden. Eine tolle Sache, so eine Reifendesinfektion, denke ich mir, während ich beobachte, wie direkt neben uns einem zwanzig Meter langen, voll beladenen, stinkenden und von oben bis unten mit Tierkot verschmierten Schweinetransporter ebenfalls die Außenseiten der Reifen desinfiziert werden.

Schritt 4: Wir sprechen mit einem Versicherungsvertreter, der schon vor dem Auto wartet. Eine Haftpflichtversicherung ist in Nicaragua Pflicht. Im Ernstfall wird sie vermutlich nicht zahlen, dennoch benötigen wir sie, um sie bei Polizeikontrollen vorzeigen zu können. Für einen Monat liegt die Gebühr bei zwölf Dollar, das lässt sich verschmerzen.

Schritt 5: Ein weiterer Beamter wartet schon neben dem Fahrzeug. Er fragt nach unseren Pässen, setzt sich vor sein kleines blau-weiß bemaltes Häuschen und beginnt, für uns die Einreiseformulare auszufüllen. Das müsste er nicht machen, es ist eigentlich unsere Aufgabe, doch er möchte uns gerne dabei behilflich sein. Nach einigen Minuten drückt er uns die fertig ausgefüllten Formulare in die Hand. Wir kontrollieren alle Angaben und bedanken uns für seine Hilfe.

Schritt 6: Die Einreise nach Nicaragua. Hinter einem Schalter sitzt ein junger Polizist. Vor dem Schalter hängt ein riesiger Fernseher an der Decke, auf dem gerade ein Musikvideo von Snoop Dogg läuft. Die Frage des Beamten, ob wir aus Nicaragua kommen oder dorthin einreisen wollen, verstehe ich erst beim dritten Nachfragen, so laut dröhnt der basslastige Gangster-Rap aus den Lautsprechern des Videoschirms über mir. Der Herr in Uniform hinter der Glasscheibe wippt dynamisch mit Kopf und Schultern zum Beat. Zwölf Dollar Einreisegebühr pro Person verlangt er, die ich durch die kleine Öffnung in der Scheibe reiche und prompt wieder entgegengestreckt bekomme.

»Was stimmt nicht?«, frage ich.

»Schau mal hier«, sagt er und tippt auf den Schein. »Die kann ich so nicht annehmen.«

Die Dollarscheine sind an der Knickstelle in der Mitte leicht eingerissen. Also laufe ich zurück zum Auto, hole andere Dollarnoten, renne wieder zum Snoop-Dogg-Schalter, um jetzt schöne Scheine abzugeben.

Schritt 7: Weiter geht es mit der Fahrzeugeinfuhr. Dokumente vorzeigen und wie immer beim Finden von Fahrzeugdaten und -nummern auf dem deutschen Fahrzeugschein helfen. Die Dame tippt alle Angaben in den Computer. Alle Angaben auf dem ausgedruckten Formular kontrollieren. Freundlich lächeln. Bedanken.

Schritt 8: Mit dem Zettel vom Zoll geht es zur Kontrolle des Fahrzeugs. Der Beamte wirft einen flüchtigen Blick ins Innere.

»Alles in Ordnung. Habt ihr einen Hund dabei?«

»Nein. Wir haben keinen Hund und auch keine Katze.«

»Und was ist da oben auf dem Dach?«, will der Zöllner wissen.

»Ersatzreifen, Solaranlage und ein Schlitten.«

»Schlitten?«, hakt er nach. Verdammt, warum habe ich das nur erwähnt, denke ich, und die folgenden Minuten erkläre ich, was ein Schlitten ist und wofür man ihn braucht. Auf Spanisch. Ich weiß nicht, ob das jemand verstanden hat, aber egal. Alle Umherstehenden haben sich amüsiert.

»Sonst irgendwelche Ersatzteile?«

»Nein.«

»Und das da oben?«

»Das ist unsere kaputte alte Frontscheibe.«

»Oh. Die Scheibe müsst ihr aber in die Importgenehmigung eintragen lassen.«

Kurze Diskussion, ohne Erfolg. Also wieder zurück zur Dame vom Zoll, um von ihr einen Nachtrag in den Einfuhrpapieren ausfertigen zu lassen. »Mitgeführt: eine gebrauchte Windschutzscheibe«, ergänzt sie auf dem Dokument.

Zurück zum Fahrzeugkontrolleur. Alles in Ordnung, Stempel drauf. Erledigt.

Wir steigen ein, fahren zwanzig Meter, schon winkt der nächste Beamte. Er müsse den Führerschein und den Fahrzeugschein kontrollieren, also Schritt 9: Kontrolle der Dokumente. Beides wieder rausgekramt und vorgezeigt. Er deutet auf das Auto und meint: »*Seguro?*«

»*Si, todo seguro!*«, versichere ich ihm und klopfe gegen das Blech.

Er und sein Kollege lachen laut und erklären, mit »*Seguro*« sei die Versicherung gemeint, die müssten sie auch noch kontrollieren. Also noch mal die Versicherung vorzeigen.

Schritt 10: Wir müssen noch die *Municipal*-Abgabe für die lokale Gemeinde von einem Dollar pro Person zahlen. Also gut, zwei Dollar, zwei Quittungen werden dafür ausgestellt. Einsteigen, und jetzt haben wir es dann aber. Ab nach Nicaragua.

Nach weiteren fünf Metern winkt aber auch schon der nächste Herr in Uniform. Er müsste die Quittungen für die Einreisegebühr und unsere Pässe sehen. Also noch mal alle Quittungen raus. Der Beamte beäugt alles genau. Dann dürfen wir wieder einsteigen.

Schritt 11: Fünf Meter weiter steht der Nächste in Uniform. Er müsse unsere Papiere zur Fahrzeugeinfuhr kontrollieren und einen Blick ins Auto werfen. Also noch mal. Tür zur Wohnkabine auf, ein flüchtiger Blick ins Auto.

»Hund?«

»Nein, wir haben keinen Hund dabei.«

Er wünscht uns einen schönen Tag, viel Spaß und eine gute Zeit in Nicaragua. Laut rasselnd fällt die Eisenkette vor uns zu Boden. Der Beamte von Schritt 11 lächelt und winkt. Wir sind in Nicaragua!

KILOMETER 56 719

HELM AUF UND DURCH

Sabine

»Hundert Cordoba Eintritt pro Person und noch mal hundert Cordoba Gebühr für das Campen? Das ist aber eine ganze Menge.«

Wir stehen mit unserem Fahrzeug am Eingang zum Nationalpark Masaya, und Thomas diskutiert scherzend mit dem Parkwärter. Wir sind kurz davor, die geforderte Summe zu zahlen, als der Parkwärter Thomas fragt, ob ich auch Spanisch spräche.

»Auch? Äh, ja. Sie das Gleiches wie mir sprechen«, so dürfte in etwa Thomas Antwort wörtlich übersetzt lauten.

»Okay«, meint der Parkwächter, »wenn ihr beide so gut Spanisch sprecht, dann braucht ihr nur dreißig Cordoba bezahlen. Das ist die Gebühr für Einheimische.«

Ich bin freudig erstaunt. Dem Beamten reicht allein der hilflose Versuch, seine Sprache zumindest ein wenig zu sprechen, um sich großmütig zu zeigen und zwei Augen zuzudrücken.

Wir dürfen für die Nacht im Park direkt vor dem Besucherzentrum parken, mit Blick auf die riesige, kilometerhohe Rauchsäule, die aus dem Vulkankrater zieht. Der Hinweis, dass beim letzten Ausbruch ein Pkw-großer Steinbrocken knapp vor dem Besucherzentrum eingeschlagen ist, erhöht schlagartig mein Vertrauen in die lokale Behörde zur Überwachung der seismischen Aktivitäten. Nachdem sich in einem der fünf Krater vor zwei Monaten ein großer Riss aufgetan hatte, wurde der Park für Besucher vorübergehend geschlossen. Erst seit drei Tagen schätzt man die Lage wieder als sicher genug ein, um eine Besichtigung zu erlauben.

Die Besteigung des Vulkan Masaya ist denkbar einfach. Wie in den perfekt erschlossenen Nationalparks in den USA kann man auch hier mit dem Fahrzeug direkt bis zum rauchenden Kraterrand fahren. Wabernd weiße Schwaden steigen unablässig aus der endlosen Tiefe des Vulkanschlunds auf. Wir haben Glück, der Wind steht günstig, und so zieht die Säule aus beißend giftigen Dämpfen nicht in unsere Richtung. Dennoch achten einige Parkangestellte penibel darauf, dass sich niemand länger als fünf bis zehn Minuten in unmittelbarer Kraternähe aufhält, um sich keine Überdosis an giftigen Gasen einzuverleiben. Auch die Fahrzeuge müssen für den Fall spontan ansteigender Aktivität in Fluchtrichtung geparkt werden. Laut Broschüre, die wir am Eingang erhalten haben, soll man im Falle eines Ausbruchs unter sein Auto kriechen, um sich vor fliegenden Felsbrocken zu schützen. Welch eine Vorstellung, sich unter seinem Fahrzeug vor dieser unvorstellbaren Naturgewalt zu verstecken, die in diesem gigantischen Krater vor unseren Füßen schlummert. Da helfen uns wohl auch die bunten Baustellenhelme nicht, die zur Beruhigung verteilt wurden.

»Grundsätzlich«, so lese ich in der Broschüre, »handelt es sich beim Besuch des Nationalparks um ein Abenteuer. Dafür ist eine gewisse, nicht auszuschließende Gefahr nun einmal die Bedingung.« Na dann: Helm auf und durch.

KILOMETER 56 907
ABENTEUER IM NEBELWALD

Thomas

An der Küste Nicaraguas hatte ich meine Abneigung gegen das Wellenreiten aufgefrischt. Wenn ich mit einem Brett auf Wasser gleiten möchte, ist es mir in Form von Schnee lieber. Und Stachelrochen, die mich in den Fuß stechen, kommen in den Bergen auch deutlich seltener vor. Also schnell weg von der heißen Küste. Unser erstes Ziel in Costa Rica liegt in den Bergen, und ich hoffe auf ein paar kühlere Tage.

Der Weg ist beschwerlich. Drei Stunden holpern wir bergauf über eine einsame, kurvenreiche und mit Schlaglöchern übersäte Schotterpiste. Dort oben sind wir sicher ziemlich einsam. Langsam nähern wir uns dem Ort Monteverde auf 2000 Metern Höhe. Ich staune nicht schlecht, denn Sabine und ich sind bei Weitem nicht die Einzigen, die von den verheißungsvollen frischeren Temperaturen angelockt wurden. Als wären wir in einem österreichischen Kurort, wechseln sich Hotels mit Lokalen, Geschäften und Agenturen ab. Touristengruppen mit Sonnenhüten und überladene Rucksackreisende schlendern an den sauber herausgeputzten Häusern im zentralamerikanischen Alpenstil vorbei. Vier große Reisebusse parken davor. Mich dünkt, es muss noch eine bessere Straße hierher geben.

Riesige Werbeschilder kämpfen mit englischen Begriffen um meine Aufmerksamkeit und preisen vielfältige Abenteuer an, die ich hier käuflich erwerben kann. Dreißig Dollar für eine *Coffee-Adventure-Tour*, siebzig für ein neunzigminütiges *Zipline-Adventure* oder moderate elf, um den lokalen Zoo mit giftigen Fröschen zu besichtigen. Alternativ kann ich für 99 Dollar einen Tag mit *Rafting-Adventures* verbringen, oder ich lasse mich beim *Rappel-Adventure* vom höchsten Wasserfall der Region abseilen. Wem das noch nicht reicht, der kann für siebzehn Dollar bei einem geführten *Nightwalk* durch den Bergnebelwald den Tag aufregend ausklingen lassen. Bitte sehr. Jeder wie er mag. Ich wandere mit Sabine lieber ganz banal durch diese einmalige Natur, lausche dem Vogelgezwitscher, suche in Bromelien und Helikonien nach den leuchtend bunten Pfeilgiftfröschen. Wir trotzen dem kräftigen, warmen Regen, der selbst von dem dichten Blätterdach des vielschichtigen Bergwaldes nicht abgehalten wird. Für eine knappe Stunde verstecken wir uns in den Regenjacken, dicke Tropfen fallen uns mit einem lauten »Plopp« von den Baumkronen auf die Kapuzen. Dann lässt der Schauer nach, und zarter Nebel steht zwischen den Baumkronen, die von einem dünnen Wasserfilm überzogen in allen denkbaren Grüntönen schimmern. Von den raschelnden Kapuzen befreit, eröffnet sich eine weitere Dimension des Bergnebelwaldes. Unbekannte Geräusche hallen durch den Wald und mischen sich in den Rhythmus der Wasserperlen, die mit jedem leichten Windstoß von den Kronen geschüttelt werden. Wie kleine Trommelwirbel prasseln die Tropfen ringsherum nieder und lassen die Blätter erzittern. Ich sehe nach oben in das Blätterdach. Ein großer Tropfen trifft mich mitten auf der Stirn, rinnt über Nase, Mund und Hals und schlüpft mit einem leichten Kitzeln in den Kragen meiner Jacke.

Der Trampelpfad führt weiter auf einen kleinen Grat, und mit einem Mal können wir in das nächste Tal sehen. Der Blick fällt weit hinab und endet in grauen Schwaden, die sich überlagern, vermischen und so erscheinen, als würden sie sich bilden und auflösen zugleich. Kräftiger Wind peitscht uns entgegen. Ich strecke beide Hände in die Höhe und spüre förmlich das Wasser, so feucht ist die Luft. Für ein paar Sekunden zerreißt das Grau, und der gegenüberliegende Hang wird sichtbar, dann ist wieder alles in Dunst gehüllt. Wir stehen im Himmel, inmitten der Wolken. Im Studium habe ich viel über Bergnebelwälder gelernt, jetzt stehe ich selbst in einem. *Cloud Forest*, Wolkenwald, ist der englische Begriff für diese seltenen Ökosysteme. So wie sich die Feuchtigkeit an meinen ausgestreckten Händen niederschlägt, so kämmen die Bäume mit ihren Blättern und Nadeln das Wasser direkt aus den Wolken. Epiphyten, deutsch ein wenig sperrig »Aufsitzerpflanzen« genannt, wachsen üppig auf den Ästen und Gabelungen der Zweige. Sie sammeln das wertvolle Nass mit trichterförmigen Blättern und bilden in sich kleine Minitümpel, in denen Insektenlarven, Schnecken und Frösche leben. Alles scheint vor Leben überzuquellen. Ein leichtes Zittern überkommt mich. Der kalte, stürmische Wind saugt mir die Wärme aus dem Körper. Zeit, den Rückweg anzutreten.

Wenn mich heute Abend nun jemand fragt, welche Abenteuer ich erlebt habe, was soll ich nur sagen? Wir waren weder Quadfahren noch *Superman-Ziplining* und auch nicht *Extrem-Tarzan-Swinging*. Es war noch nicht einmal Nacht bei unserem Ausflug in den Nebelwald. Soll ich dann etwa sagen: »Wir waren einfach nur wandern«? Auf keinen Fall! Nein, ich werde von meiner einzigartigen *Bird-Listening-and-Frog-Searching-Experience* bei unserem *Eco-Daylight-Jungle-Walk-Adventure* erzählen.

KILOMETER 57 444
ZWISCHEN SONNENLIEGEN

Thomas

»*Pura Vida*«, ruft Ricardo in unsere Richtung, dreht den Kopf leicht über die Schulter und hebt die Bierdose mit der Aufschrift »Pilsen« zum Prost. Dann legt er sich wieder in seine Strandliege im Schatten des kleinen Baumes und blickt auf die Wellen. »*Pura Vida*«, rufe ich zurück, wische mir mit dem Handrücken die Mischung aus Sand und Schweiß von der Stirn und greife wieder zur Schaufel. Doch gleichzeitig denke ich mir: Mein Gott, was bin ich dämlich.

Aber ich bin sicher: Das alles wäre nicht so gekommen, wenn nicht der Lkw der lokalen Polizeibehörde den gesamten Parkplatz blockiert hätte. Und wenn der Parkwächter nicht gesagt hätte, wir sollten, bis der Lkw abgeholt wird, kurz dort am Rand anhalten. Und ich nicht gesagt hätte: »Kein Problem.«

Ich werfe die Schaufel in den Sand, setze mich zu Ricardo, der mir in diesem Moment mit einem breiten Lächeln eine Getränkedose entgegenstreckt. Ich greife dankbar nach dem eisgekühlten Getränk und nehme einen kräftigen Schluck. Zwischen uns und dem Meer liegen knapp zwanzig Meter Sandstrand. In etwa zweiminütigem Abstand bleiben dort kleine Grüppchen US-amerikanischer und europäischer Touristen stehen. Ihre Gesichter kann ich nicht erkennen, denn zwischen ihre Sonnenbrillen und uns wird ein Smartphone gehalten, mit dem in aller Ausführlichkeit ein knapp acht Tonnen schwerer Lkw mit deutschem Nummernschild fotografiert und gefilmt wird, der gerade am Strand von Costa Rica zwischen einer Gruppe von Sonnenliegen im Sand feststeckt. Neben dem Fahrzeug schwitzen zwei mit Sand panierte »Expeditionsreisende«, die abwechselnd schaufeln und Sandbleche schleppen. An ihrem Gesichtsausdruck ist deutlich zu erkennen, dass sie noch etwas Schwierigkeiten haben, sich auf die Leichtigkeit des Seins, auf das *Pura Vida* Costa Ricas, einzulassen.

Das wäre alles nicht so unangenehm, wenn diese beiden Personen nicht wir selbst wären. Wir hatten Paula schon einige Male ziemlich jämmerlich festgefahren und stundenlang ausgegraben. Doch bisher immer an abgelegenen Flecken der Erde, an Flussufern Kirgistans und in einsamen Tälern der Mongolei. Kurzum: an Orten, an denen nicht ununterbrochen Kameras auf uns gerichtet waren, die uns unverkennbar vor Augen führen, wie ungeschickt wir uns angestellt haben müssen, um nun hier festzustecken und zu graben.

Wenn ich so recht über das Zustandekommen der momentanen Situation nachdenke, hatte ich zuerst zum Parkplatzwächter gar nicht gesagt »Kein Problem.« Ich hatte gesagt: »Ist das nicht ein wenig steil?«

Worauf er meinte: »Aber ihr habt doch einen Mercedes, das geht schon.«

Nun gut, dann sagte ich tatsächlich: »Kein Problem.«

Sabine wirft das vierte Sandblech vom Dach, ich greife wieder zur Schaufel, und nachdem das nächste Urlaubergrüppchen fertig fotografiert hat, merke ich, wie die Flut langsam, aber stetig den Strand zwischen uns und den Wellen auffrisst. Ricardo rutscht seine Sonnenliege wieder etwas weiter in den Schatten des Baumes, greift noch einmal in seine Kühlbox und bietet mir ein Bier an. Danke, momentan nicht. Etwas später vielleicht.

Ja, richtig. Und ich sagte zum Parkplatzwächter: »Kein Problem. Wir parken hier am Rand, bis der Polizeilastwagen weg ist und ein Parkplatz frei wird.« Und schon rollte Paulas Vorderachse über die kleine Böschung zwischen Parkplatz und Strand. Na, vielleicht etwas sehr schief, dachte ich mir. Kein Problem. Rückwärtsgang. Doch schon dreht ein Hinterrad durch. Allrad, Differenzialsperre, Untersetzung. Schon drehen statt einem jetzt drei Räder durch, und Paula rutscht mit jeder Umdrehung weiter Richtung Strand. Ein junger Mann, auf dessen Strandliege wir immer näher zurutschen und den wir wenig später als Ricardo kennenlernen werden, blickt indes etwas verunsichert nach hinten, steht dann auf und zieht seine Liege und die seiner Frau um zwei Meter zur Seite, um nicht überrollt zu werden. Wieder drehen die groben Stollenreifen auf dem feuchten Laub durch. Laub, das von dem Schatten spendenden Baum stammt, den sich Ricardos Familie ausgesucht hatte, um einen ruhigen Nachmittag am Strand zu verbringen. Doch nun röhrt ein alter Dieselmotor neben ihnen. Eine dichte weiße Abgaswolke hüllt die Strandliegen in mystisches Licht. Ricardo hustet, blickt gelassen über die Schulter und beobachtet, wie sich die beiden deutschen Globetrotter dazu entschließen, statt rückwärts die Böschung hinauf, in einem kurzen Bogen über den Strand zurück auf den Parkplatz zu fahren. Kein Problem. Ricardo hatte sich in weiser Voraussicht zuvor schon aus der Gefahrenzone gebracht. Mit einem Satz rollt Paula hinab und gräbt sich mit Schwung direkt neben Ricardos Sonnenliege ein, als ob sie uns sagen möchte: »So, hier bleibe ich.«

Zwei Stunden und dreißig Minuten später können wir Paula dann endlich überzeugen, dass sie auf dem Parkplatz besser aufgehoben ist als am Strand. Der Polizei-Lkw hat unterdessen schon seit zwei Stunden und 25 Minuten den Parkplatz verlassen und auch der »Kein Problem, ist doch ein Mercedes«-Parkplatzwächter hat längst Feierabend gemacht. Ricardo winkt, auch sein Ausflug ist für heute beendet, und die fotografierenden Urlauber sitzen längst bei Pizza und Pasta im nächsten Strandrestaurant, zeigen auf ihre Telefone und rätseln, wie man so dämlich sein kann, seinen Lkw mitten auf dem Strand festzufahren. Dann stoßen die Bierdosen aneinander, und noch aus der Ferne vernimmt man ein leises »*Pura Vida*«.

KILOMETER 57 702
IT'S ALL PART OF THE ADVENTURE

Sabine

Mit Panama erreichen wir den südlichen Ausläufer Zentralamerikas und zugleich das Ende der Straße. Rund hundert Kilometer fehlen zwischen Panama und Kolumbien. Das Darien Gap trennt die Kontinente, ein unwegsames Sumpfgebiet ohne Straßen. Nur einige Schmugglerpfade sollen durch das Gebiet führen. Mit dem Lkw? Keine Chance.

Es ist Ende Juli, fast genau ein Jahr waren wir nun auf dem nordamerikanischen Kontinent. Schon muss Paula wieder auf ein Schiff, und mir graut davor. Gerüchte machen die Runde, dass es bald eine Fähre geben soll, mit der man regelmäßig und für wenig Geld übersetzen kann. Seit Monaten verfolgen wir die Entwicklung, doch der Start der neuen Verbindung wird immer wieder verschoben. Ohne Fähre müssen wir Paula wieder auf ein Frachtschiff bringen. Im Gegensatz zu unserer letzten Verschiffung von Singapur in die USA sind wir hier jedoch weder die ersten noch die einzigen Wohnmobilisten mit diesem Anliegen. Die Verschiffungsagentur in Panama-Stadt ist auf Privatleute wie uns eingestellt. Auch wir haben dazugelernt und stellen keine Fragen, auf die wir die Antworten nicht hören wollen. Ein passendes Boot ist schnell gefunden, und die bürokratischen Hürden können wir in wenigen Tagen erledigen. Stellt sich nur noch eine Frage: Das Frachtschiff kann Thomas und mich nicht mitnehmen. Wie kommen wir nach Kolumbien?

Am schnellsten und einfachsten ginge es per Flugzeug. Wir könnten aber auch mit einem kleinen Segelboot durch die Karibik schippern, vorbei an traumhaften, einsam gelegenen Inselchen mit malerischen Sandstränden. Das klingt für mich deutlich verlockender.

Mit gepackten Rucksäcken sitzen wir in einem kleinen Restaurant am Jachthafen, trinken eine letzte Flasche lokales Bier auf mittelamerikanischem Boden und lernen die kleine Gruppe Reisender kennen, mit denen wir die nächsten Tage verbringen werden. Byron, Madison, Simeon, Tom und Elle aus Australien, Mandi aus Kanada und Adeline aus der französischen Schweiz. Hinzu kommen Maria, unsere kolumbianische Köchin, und Jim, unser US-amerikanischer Kapitän, dessen Angebot wir auf einer Internetseite entdeckt hatten. Elf Leute auf einem 43 Fuß, also etwa dreizehn Meter langen Segelboot? Das wird gemütlich.

Als wir an Bord gehen, kommt uns vieles gewohnt vor. Ähnlich wie bei Paula ist auch hier jeder Zentimeter genutzt. Jedes Ding hat seinen Platz, seine Funktion und meist auch seine Macken. Nur an das Schwanken werde ich mich wohl nie gewöhnen. Ich schlucke die erste Tablette gegen Seekrankheit. Acht Stunden dauert die Etappe bis zu den San-Blas-Inseln. Hier bleiben wir für drei Tage und legen nur kurze Strecken zurück, um ein paar der insgesamt 365 Inseln zu besuchen. Fünfzig davon werden nach wie vor von den Kuna, einer Volksgruppe Panamas, bewohnt. Sie sind bekannt für kunstvolle Stickereien und einen einzigartigen Perlenschmuck, der Waden und Unterarme der Kuna-Frauen ziert. Außerdem glauben sie an die Erschaffung der Welt durch einen Riesenkraken.

»Hey Jim, können wir uns deine Harpunen ausleihen?«, fragt Simeon, »vielleicht erwischen wir ja was fürs Abendessen.«

»Meinetwegen. Aber bringt mir die Harpunen heil zurück«, antwortet Jim barsch. Ihm scheint sein Ton selbst aufgefallen zu sein, und er ergänzt freundlicher: »Seht ihr die dunkle Stelle dort im Wasser? Da öffnet sich das Riff. Ihr könnt den kleinen Kanal entlangschwimmen und kommt in tieferes Wasser. Da findet ihr größere Fische. Allerdings sind da auch gerne Haie unterwegs.«

»Super«, nickt Byron, »mal sehen, ob wir was erlegen.«

Voller Vorfreude springen die Jungs ins Wasser und schwimmen auf den Durchgang zu.

»Die sind Haie gewohnt«, kommentiert Madison meinen Blick, »in Australien liegt unser Surfstrand in einem Haigebiet.«

Ich frage mich allerdings, ob wirklich nur dort draußen am Riff Haie sind. Immerhin ist das Wasser auch hier mehrere Meter tief. Mit leichtem Unbehagen schwimmen Thomas und ich zur nahe gelegenen Insel, und ich bin doch erleichtert, als wir eine Stunde später wieder auf dem Boot sind. Jetzt kommen auch die Jungs zurück. Frischen Fisch haben sie leider nicht im Gepäck.

»Da waren riesige Augen in einer Höhle. Wow, was für ein großer Fisch, dachte ich und habe mit der Harpune geschossen. Und puff! hat er seine Körpergröße vervielfacht. Verdammt, ich hatte einen Kugelfisch erwischt. Der war jetzt so groß, dass er in der Höhle feststeckte. Die Harpune ließ sich nicht mehr schließen, und so hing ich mit der Harpune und dem Fisch in der Höhle fest. Mann, ich durfte sie doch nicht verlieren. Ich zog und zog. Und er blickte mich weiter mit riesigen Augen an«, erzählt Simeon aufgeregt.

»Meine Harpune hat auch nicht richtig funktioniert«, wirft Byron enttäuscht ein, »bei meiner öffneten sich die Widerhaken nicht. Ich hatte gerade so einen großen Fisch geschossen«, er deutet mit seinen Händen etwa achtzig Zentimeter an, »als er trotz Loch einfach weitergeschwommen ist. Ich bin hinterher und habe erneut geschossen. Die verdammte Harpune hat wieder nicht gehalten. In diesem Moment sehe ich einen Schatten unter mir, ein Hai taucht direkt vor mir auf und schnappt sich den Fisch. Direkt vor mir. Mann, bin ich erschrocken.«

»*It's all part of the adventure*«, kommentiert Captain Jim trocken die Erzählung der beiden.

Zwei Tage verbringen wir zwischen den kleinen Inseln, schnorcheln an farbenprächtigen Korallenbänken, balancieren über krumm gewachsene Palmen und spielen am Strand einsamer Inseln Fußball. Karibiktraum pur. Aber jetzt folgt der unangenehme Teil: dreißig Stunden auf hoher See in einem wackligen Segelboot.

»Ich habe acht Tabletten gegen Seekrankheit«, verkündet der Kapitän stolz und hält einen Blister in die Luft.

Kurz nachgerechnet. Das reicht für vier Passagiere ganze sechzehn Stunden. Ungünstig bei dreißig Stunden Fahrzeit und zehn Personen an Bord, von denen acht bereits auf der ersten kleinen Überfahrt kreidebleich waren. Zum Glück wusste ich vorher, dass mir auf Booten leicht schlecht wird, und verteile meine Familienpackung an unsere Mitsegler.

»*It's all part of the adventure.*« Das ist Jims Standardantwort auf alle Fragen, die seine Organisation in Zweifel ziehen. Egal, ob es an Bord zwei Betten zu wenig gibt und die Köchin und Elle an Deck schlafen müssen. Egal, ob das Obst nur für einen Tag reicht oder viel zu wenig Süßwasser an Bord ist: *It's all part of the adventure*.

»Jim, gibt es eigentlich eine Nachtschicht? Ich meine, wer passt auf, wenn wir nachts segeln?«, frage ich, als wir die zweitägige Überfahrt beginnen.

»Keine Sorge. Ich bleibe auf, oder ich gebe einem von den Jungs Bescheid, wenn sie mich ablösen sollen.«

Als Thomas nachts an Deck geht, liegt Jim schlafend auf der Bank hinter dem Steuer. Der Diesel tuckert, der Autopilot hält Kurs. Ausschau, ob wir mit irgendjemandem oder irgendetwas kollidieren, hält niemand. Auch das ist anscheinend *part of the adventure*. Für Kritik ist Jim nicht zu haben. Überhaupt ist er schwierig. Er bemüht sich, uns gegenüber nett zu sein, aber man merkt, dass ihm das sichtlich schwerfällt. Seiner neuen Köchin gegenüber gelingt es ihm nicht, die freundliche Fassade aufrechtzuhalten. Maria bringt er mindestens einmal am Tag zum Heulen, weil sie nicht weiß, wie man amerikanische Bohnen kocht, oder sie bei dem Geschaukel nicht schnell genug arbeitet. Dabei wird sie auch noch leicht seekrank, und wir erfahren, dass sie auf der Hinfahrt von Kolumbien nach Panama tagelang über der Reling hing. Eigentlich arbeitet sie in Cartagena im Hotel ihres Bruders. Ich bin mir sicher, dass sie das nach unserer Ankunft auch wieder tun wird.

»Jim, wie sieht's aus, werden wir mal richtig segeln?«

»Nein.« Jim weigert sich, die Segel aufzuspannen, stattdessen läuft der Motor.

»Da sind Delfine! Jim, können wir kurz anhalten und zu ihnen ins Wasser springen?«

»Nein.«

Gut, das scheint also nicht *part of the adventure* zu sein. Ich glaube, wir alle sind ihm lästig. Aber das kann ich sogar irgendwie nachvollziehen. Ich hätte vermutlich auch keine Lust, zehn Touristen in meinem Boot mitzunehmen, die nicht wissen, wie man eine Schiffstoilette bedient, und diese täglich überschwemmen. Zehn Gäste an Bord, die den ganzen Tag chillen und immer im Weg stehen, während man selbst von früh bis spät arbeitet. Allerdings verdient er mit jedem Passagier auch 500 US-Dollar für diese Überfahrt.

Thomas und ich sitzen an Deck, lassen die Beine unter der Reling hindurchbaumeln. Das Meer glitzert, die Wellen schlagen gegen den Bug, und ein wenig kühles Salzwasser spritzt über die Zehen.

»Wär das was für dich?«, fragt Thomas. »Auf so einem Boot leben, um die Welt segeln. In einsamen Buchten ankern und Fisch fangen.«

»Nein. Absolut nicht. Das Geschaukel finde ich fürchterlich.«

»Für mich wäre es auch nichts. Ständig ist alles immer nur blau. An Land ändert sich laufend die Landschaft, und wir kommen durch Dörfer und Städte. Vorbei an Feldern, durch Wüste und Dschungel. Wir treffen ständig Menschen. Das

Umhersegeln mag ja seinen Reiz haben. Aber nein, für mich wäre es nichts.«

»Da bin ich ja froh, dass wir uns einig sind.«

»Ja. Ich auch. Sonst müsst' ich mit dir jetzt auch noch um die Welt segeln«, lacht Thomas.

Ich blicke an ihm vorbei. Über dem glitzernden Blau liegt ein schmaler grauer Streifen. Erste Konturen zeichnen sich ab. Weiße Gebäude drängen sich dicht nebeneinander, links ein Berg, der wie eine flache Rampe neben den Hochhäusern liegt. Das ist es: Cartagena. Kolumbien. Südamerika. Jim zieht nun doch noch die Segel hoch, das Tuch spannt sich im Wind, das Boot kippt leicht zur Seite und gleitet auf die Stadt zu. Die Gebäude strahlen in der Sonne, ein kleiner Leuchtturm steht zwischen Palmen. Der Captain dreht am Steuerrad, der Leuchtturm zieht an uns vorbei. Eine riesige weiße Madonna steht auf einem Sockel im Wasser und wirkt trotz ihrer beeindruckenden Größe etwas verloren vor den noch viel mächtigeren blauen Hafenkränen und den Hunderten roter Schiffscontainer. Jim sammelt die Pässe ein, bittet uns, noch kurz auf dem Boot zu warten. Er klärt die Einreiseformalitäten. Eineinhalb Stunden später kommt er zurück, die Pässe sind gestempelt. Runter vom Boot.

Ich bin heilfroh, endlich wieder festen Boden unter den Füßen zu haben, wenn es sich auch noch eine Weile so anfühlt, als würde der Boden schwanken. Zum Glück sind wir mit dem Fahrzeug an Land unterwegs. Apropos, ist Paula schon im Hafen angekommen?

KILOMETER 58 390

ERSTE SCHRITTE IN SÜDAMERIKA

Sabine

Hin und Her. Auf und Ab. Mit flauem Magen liege ich auf dem Doppelbett der kleinen Herberge im Herzen von Cartagena. Auch nach zwei Tagen kämpft mein Gleichgewichtssinn noch immer mit der an sich erfreulichen Tatsache, dass es unter meinen Füßen nicht mehr schwankt. Ich wusste gar nicht, dass man an Land seekrank sein kann.

Das Containerschiff mit Paula hat Verspätung. Zum Glück, denn momentan wäre ich nicht in der Lage, von Schalter zu Schalter zu laufen, Papiere auszufüllen und mich mit unserem leidlichen Spanisch durchzukämpfen. Aber herumliegen und unter dem Ventilator schwitzen ist auch keine Lösung.

»Komm«, schlägt Thomas vor, »lass uns rüber in die historische Altstadt spazieren. Das sind nur ein paar Straßen.«

Mit weichen Knien schlendere ich durch die belebten Gassen. Am Straßenrand stehen fliegende Händler, die frisch gebrühten kolumbianischen Kaffee in bunten Thermoskannen anbieten. Ich koste den dampfenden Tinto, der so heiß ausgeschenkt wird, dass ich den kleinen Plastikbecher kaum zwischen Daumen und Zeigefinger halten kann. Über mir protzen Pilaster, Ziergesimse und schwere Balkone an den kolonialen Fassaden, von denen üppige Blumen herabhängen. Viele Fenster im Erdgeschoss sind mit verspielten Holzgittern eingefasst. Die bröckelnden Häuser im Stadtteil Getsemani strahlen rot, ocker, blau und mintgrün. »*Feliz Navidad*«, frohe Weihnachten, steht in großen krummen Buchstaben auf der Wand vor mir. Ein halb abgerissener Aufkleber auf der Holztür daneben wirbt dafür, auf Google nach dem Video »Zeitgeist« zu suchen, und ergänzt aufmerksam in Klammern, dass es dazu auch spanische Untertitel gibt. Daneben kleben Todesanzeigen.

Wir schlüpfen unter dem alten Torre de Reloj, dem Uhrenturm, hindurch in den renovierten Teil der Altstadt. Unter den breiten Arkaden ist es kühler. Sonnenhüte, alte Bücher und in Plastik eingeschweißte Süßigkeiten stehen auf weißen Holzregalen. Mit frischen Früchten gefüllte Plastikbecher warten unter einem Schirm geduldig auf Käufer. Händler setzen vorbeischlendernden Touristen Panamahüte auf, während diese sich gegenseitig fotografieren.

Auf der Plaza de Santo Domingo liegt eine Frau mit üppigen Kurven. Passanten und Touristen nähern sich ihr, erst vorsichtig, dann forsch. Sie greifen ihr frech und doch verlegen an die nackte Brust. Die Dame nimmt es mit Gelassenheit, zeigt sich gänzlich unbeeindruckt, nahezu gleichgültig, auch wenn ihre Brustwarze schon zum dritten Mal in den vergangenen fünf Minuten zwischen den Fingern eines jungen Mannes liegt, der sich dabei von seinen Freunden fotografieren lässt. Sie fasst sich ins streng frisierte Haar, das ihr in einem gewellten Zopf über die Schulter hängt. Auf ihren Beinen spiegeln sich matt die bunten Fassaden und Sonnenschirme. Ein paar Farbflecken zeugen vom letzten Graffiti auf ihrem Rücken. Die dicke Gertrudis hat Fernando Botero der Stadt als Geschenk überlassen. Rundherum scharen sich Cafés und Restaurants.

Es ist quirlig in den Straßen, bunt und laut. Letzteres liegt auch an den Frauen und Männern, die als moderne Telefonzellen an den Straßenecken sitzen. Eine jede umringt von ihren Kunden, die lautstark telefonieren. Die Geschäftsidee ist denkbar einfach: Jeder Mobilfunkbetreiber bietet netzintern deutlich günstigere Tarife an. In den unzähligen Handys, die vor den Verkäufern ausgebreitet liegen, stecken SIM-Karten der verschiedenen Anbieter. Damit die Telefone nicht abhandenkommen, sind sie an Schnüren an einem kleinen Tisch oder gar an dem Gürtel der Vermieter festgebunden. Eine Gruppe von fünf Personen schreit neben uns gleichzeitig in die geliehenen Handys. Sie wirken an den Schnüren fast wie ein Gespann laut bellender Schlittenhunde.

Trotz der anstrengenden Hitze verlaufen wir uns gerne für ein paar Stunden in den Gassen und schlendern erst spät am Abend zurück zu unserer Unterkunft. Im Hostel direkt gegenüber findet eine Salsaparty statt. Wir schlängeln uns durch die schwitzenden Körper, die dicht gedrängt zu Livemusik tanzen, folgen dem Trubel über die Stufen hinauf bis auf die luftige Dachterrasse. Um uns herum sitzen Einheimische wie Touristen, rauchen, trinken Bier, schnupfen Kokain.

»*Ten dollar a gram*«, erzählt Jan, der sich gerade mit einer Kreditkarte seine weiße Bahn zurechtkratzt. Relativ günstig, glaubt er. Einheimische zahlen weniger als ein Drittel. Der Besitz von bis zu einem Gramm Kokain bleibt straffrei. Der Verkauf aber ist illegal.

Die Dachterrasse hat sich inzwischen gefüllt. Touristen tragen weite Hosen, ausgeleierte T-Shirts und dazu ausgelatschte Turnschuhe oder hässliche Sandalen. Die einheimischen Frauen hüllen ihre ausladend geformten Körperteile in knappe Kleider oder hautenge Jeans. Die Gesetze der Schwerkraft scheinen in Kolumbien nicht zu gelten. Oder die Mehrzahl der horizontal abstehenden Hinterteile besteht aus Schaumstoff, Silikon oder transplantiertem Eigenfett. Unterhosen mit Polstereinlagen sind wahre Verkaufsschlager, und Schönheitsoperationen erfreuen sich in Kolumbien größter Beliebtheit.

Spät am nächsten Morgen quäle ich mich aus den Federn.

»Die Reederei schreibt, das Schiff mit Paula ist angekommen«, kommentiert Thomas seine E-Mails.

»Fast schade. Ohne Fahrzeug war es so entspannt«, erwidere ich und strecke mich in dem gemütlichen Doppelbett, über dem sich ein großer Ventilator dreht.

»Stimmt schon. Hier kann man es auszuhalten, im Lkw wird es bestimmt unerträglich heiß sein.«

»Freust du dich, dass wir jetzt wieder mit Paula unterwegs sein können?«, frage ich Thomas und auch ein wenig mich selbst.

»Na sicher freu ich mich. Aber bei der brutalen Hitze hier wird es bestimmt anstrengend. Erinnere dich mal, wie es in Kambodscha war«, seufzt Thomas.

»Wenn wir erst aus der Stadt raus sind, wird es sicher besser. Also komm, lass uns die Kiste abholen.«

Ausgestattet mit einem detaillierten Ablaufplan von der Reederei begeben wir uns zum Hafen. Ich komme mir vor wie Asterix und Obelix in dem »Haus, das Verrückte macht«. Mit dem Taxi fahren wir von A nach B quer durch die Stadt, stehen Schlange, füllen Zettel aus, kopieren, bezahlen Steuern, warten, dass die Siesta vorübergeht, stehen wieder Schlange, füllen noch mehr Zettel aus, zahlen Kopierkosten und Taxifahrten – um schließlich wieder Schlange zu stehen und neue Zettel auszufüllen.

»Mit dieser Bescheinigung können Sie Ihr Fahrzeug nun aus dem Zoll holen«, lächelt uns ein kolumbianischer Beamter endlich freundlich an.

»Danke. Dann fahren wir das Fahrzeug jetzt raus.«

»Halt! Das Hafengelände darf nur mit langen Hosen und festen Schuhen betreten werden.«

Wir sehen uns an. Ich trage einen Rock und Sandalen, Thomas kurze Hosen und Schlappen. Ein Blick auf die Uhr verrät, dass der Hafen in wenigen Minuten schließt. *Mañana.*

Als wir Paula am nächsten Tag endlich wiederhaben, ist die Freude nach kurzer Zeit getrübt. Der gesamte Innenraum schimmelt. Die Wände sind von einem weißen Flaum überzogen, Bettwäsche und Klamotten riechen muffig. Feuchtes karibisches Klima und zehn Tage ohne Lüften haben gereicht. Innerlich verfluche ich den Lkw. Warum sind wir nicht einfach mit dem Rucksack unterwegs, wie Millionen andere Touristen auch? Es könnte so einfach sein.

Ich glaube, wir haben gerade eine kleine Krise, Paula und wir. Vielleicht tun wir ihr auch unrecht. Genau genommen läuft es doch gerade richtig gut. Die Verschiffung war viel einfacher als befürchtet, und zu reparieren hatten wir in den letzten Monaten auch recht wenig. Selbst Öl braucht sie fast keines mehr, seit der letzten Motorreparatur in Malaysia. Es sind wohl zwei Dinge, die mich vorwiegend stören. Das eine ist die Hitze im Auto, vor allem nachts. Das müsste sich bessern, sobald wir in die Anden kommen. Das andere ist der ständige Lärm beim Fahren. Ich habe mich daran gewöhnt, aber er ist trotzdem belastend. Dagegen sollten wir bei nächster Gelegenheit etwas unternehmen.

Es folgen zwei lange Tage mit Ausräumen, Zurückbauen, Befestigen, Waschen und Putzen, Putzen, Putzen.

Hier in Cartagena sind die Einwohner dafür bekannt, dass sie nur eine einzige Sache schnell machen: Reden. Ich verstehe jetzt, warum. Die Hitze ist wirklich höllisch.

KILOMETER 58821
LA GUAJIRA

Thomas

Wir haben uns vorgenommen, Südamerika vollständig von Nord nach Süd zu durchqueren. Dazu müssen wir zunächst an den nördlichsten Punkt des Kontinents: Punta Gallinas, in der abgelegenen Wüstenregion La Guajira.

La Guajira gilt für viele Kolumbianer als das Wilde, das Unentdeckte, das unerschlossene Ende fernab, irgendwo im Norden. Eine gesetzlose Halbinsel in der Grenzregion zu Venezuela, wo am Rand des Kontinents das Land endet und die karibische See beginnt. Genau dort wollen wir hin.

Wir füllen die Tanks mit Diesel und Wasser, kaufen Vorräte, und nach den ersten holprigen Kilometern auf steinigen Feldwegen nördlich von Riohacha senken wir den Luftdruck der Reifen. Die Landschaft um uns herum verwandelt sich nach und nach in trockene Steppe. Außer Dornbüschen und Kakteen wächst kaum etwas. Es ist heiß und staubig, der Weg wird zunehmend anspruchsvoller, wechselt hin und her zwischen traumhaften Streckenabschnitten über weite Salzpfannen, auf denen es Spaß macht, Spuren in den Sand zu ziehen, und engen, einspurigen Passagen. Laut quietschend hinterlassen Äste und Dornen ihre Inschrift in Lack und Fenstern. Die Reifen kämpfen sich wortwörtlich über Stock und Stein. In vielerlei Hinsicht fühle ich mich an die Mongolei erinnert. Feiner Staub dringt durch die geschlossenen Türen, legt eine dünne Schicht über alles und knirscht zwischen den Zähnen. Bei jeder tiefen Bodenwelle, jedem Absatz über die hohen Steinblöcke hören wir das Fahrzeug unter uns quietschen und ächzen.

Was diese Kiste alles mitmachen muss und bisher anstandslos mitgemacht hat. Eigentlich unglaublich!, denke ich beeindruckt.

Am Abend hat sich die Stimmung wieder gewandelt. »Was für ein verdammter Mist!«, fluche ich, als ich mit der Fettpresse in der Hand unter dem Fahrzeug liege. Es ist nichts defekt, aber ich möchte, dass das auch so bleibt. Sand, Staub und die schlechten Straßen verlangen tägliche Wartung. Meine Hände und Arme sind mit Öl und Fett verschmiert, der Wind treibt Sand über den Boden, der an mir haftet wie Semmelbrösel an einem Schnitzel. Mit den Fingern taste ich im Kardangelenk nach dem verfluchten Schmiernippel, der nur in einer bestimmten Stellung der Antriebswelle zu erreichen ist, stemme mich mit dem Rücken in den Sand. Vom Wind verstreute Dornen stechen mir durch das T-Shirt in die Haut. Dick paniert krieche ich unter dem Fahrzeug hervor, tänzele herum, um ja nicht zu fest aufzutreten. In die abgewetzten Sohlen meiner Schuhe haben sich im Laufe der letzten Tage Dutzende Kaktusdornen gebohrt und sind darin unauffindbar verschwunden. Jedes Mal, wenn ich zu fest auftrete, drückt sich irgendwo einer der versteckten Dornen aus der Schuhsohle in meinen Fuß. Ich werfe die Gummilatschen wütend ins Auto. Die Einheimischen wissen es besser. Viele tragen Sandalen mit Sohlen aus Autoreifen. Genau solche werde ich mir jetzt auch kaufen und sie nicht mehr ausziehen, solange noch irgendwo ein verdammter Kaktus in Sichtweite ist.

Die Nacht ist ruhig und hell, der Mond leuchtet kräftig, und die Kakteen werfen zarte Schatten auf den Sand. Früh am Morgen brechen wir auf. Die Gegend ist kaum besiedelt, nur ab und an kommen wir an einem kleinen Dorf der Wayuu vorbei, das aus nicht mehr als fünf bis zehn Hütten besteht. Die Gebäude sind aus Ästen und Lehm gebaut, die Dächer aus Rinde oder getrockneten Kaktusstämmen. Hängematten baumeln unter einem Dach, ein paar Jeans, kurze Hosen und einige Hemden hängen an einer langen Wäscheleine. Eine Gruppe Frauen und Kinder ist mit mageren Eseln unterwegs. Ihre weit geschnittenen bunten Kleider wehen im Wind. Mit schweren Schritten trägt jeder Esel vier gelbe Kanister auf einem Holzgestell. Wasser bedeutet hier fundamentale Existenzsicherung.

In Cartagena erzählte mir Andrey, ein junger Kolumbianer, mit dem ich bei der Salsaparty auf der Dachterrasse ins Gespräch kam, von der Kultur der Wayuu. Die Brunnen werden innerhalb einer Familie unter den Frauen weitervererbt. Auch die Namen werden von der Mutter weitergegeben. Viele wichtige Aufgaben kommen dem weiblichen Teil der Gesellschaft zu. Die jüngste Tochter erbt, die älteste Tochter ist für das Umbetten der Gebeine der Vorfahren zuständig.

»Die Wayuu glauben, dass der verstorbene Verwandte nach dem Tod in eine andere Lebensphase eintritt. Er wird zunächst dort beigesetzt, wo er verstarb. Nach einigen Jahren wird er dann exhumiert, die Knochen gereinigt und andernorts neu bestattet.«

Die Wayuu scheinen ihre Traditionen noch zu leben. In den letzten Tagen kamen wir immer wieder an Friedhöfen vorbei. Manche Gräber waren aufgebrochen, leere Särge lagen daneben und zerbrochene getöpferte Tongefäße, die mit roten Zeichnungen verziert waren.

Aus Andreys Erzählung ist mir außerdem in Erinnerung geblieben, dass die Wayuu nicht »Guten Morgen« sagen, sondern stattdessen fragen: »Was hast du geträumt?« Träume haben für sie eine besondere Bedeutung. In ihnen kommunizieren sie mit den Ahnen.

»Da vorne steht jemand und winkt«, wundere ich mich. Das letzte Dorf liegt eine Stunde zurück.

»Der scheint auf eine Mitfahrgelegenheit zu warten. Hier, mitten im Nichts?«, fragt sich Sabine.

Wir halten vor einem kleinen, alten Mann in schmutzigem T-Shirt und zerrissenen Hosen. In der Hand trägt er eine Plastiktüte. Was macht er hier allein in der Wüste?

»Wohin möchtest du?«, fragt ihn Sabine auf Spanisch durch die offene Tür.

Wir kennen uns in dieser Gegend nicht aus, die Karte gibt nahezu keine Informationen, und auch das GPS spuckt schon seit Tagen keine brauchbaren Daten mehr aus. Den Ort, den uns der alte Mann nennt, können wir nirgends finden.

»Wir fahren nach Punta Gallinas«, erklärt ihm Sabine unser Ziel.

Der Mann nickt freudig und hangelt sich über die Stufen auf den Beifahrersitz. Sabine rutscht und setzt sich auf ein Sitzkissen zwischen ihn und mich.

Bisher konnten wir Reifenabdrücke von anderen Fahrzeugen im Sand sehen. Jetzt verliert sich jede Spur. Immer wieder halte ich an, steige aus, um große Steine von der Piste zu räumen. Zwei Stunden sind wir bereits zu dritt unterwegs.

Seit der Anhalter eingestiegen ist, hat er kein Wort gesprochen. Mir fällt auf, dass er immer wieder auf dem Sitz hin und her rutscht und zunehmend unruhiger wird.

»Komisch. Hier ist schon ewig niemand mehr gefahren. Vielleicht hätten wir vor einer halben Stunde der rechten Spur folgen sollen«, beginne ich zu zweifeln.

»Denkst du nicht, dass er was gesagt hätte, wenn wir falsch gefahren wären? Er ist doch von hier«, beruhigt mich Sabine.

»Keine Ahnung. Er hockt so eingeschüchtert auf seinem Sitz. Versuch doch noch mal herauszufinden, wo er genau hin will.«

Sabine fragt nach. Dieses Mal versteht sie den Ortsnamen, sucht auf der Karte und wird nach einigen Minuten fündig. Sein Ziel liegt exakt in der Gegenrichtung. Das scheint ihm in der Zwischenzeit auch klar geworden zu sein. Aber was sollen wir jetzt tun? Weit und breit kein Haus, kein Dorf und schon gar kein Fahrzeug. Wir können ihn ja schlecht mitten in der Wüste aussetzen. Was für eine blöde Situation.

Eine knappe weitere Stunde folgen wir schmalen Pfaden nach Norden, finden Spuren, queren ein Dorf, das jedoch komplett verlassen ist. Eine weitere halbe Stunde Fahrt, jetzt endlich eine belebte Ansiedlung.

»Nein, hier kommen nie Fahrzeuge vorbei«, sagt uns ein junger Mann. »Aber noch weiter im Norden schon, da gibt es viele Fahrzeuge«, macht er mir Hoffnung.

Schwer zu glauben. Ich steige wieder ein, fahre weiter, denke über die Auskunft des Mannes nach. Ich hätte doch besser noch mal nachgefragt. Was heißt denn »viele Fahrzeuge«? Viele Fahrzeuge im Vergleich zu was? Zu seinem Dorf, im dem nie ein Auto vorbeikommt?

Wieder geht es über Stock und Stein. Tatsächlich, die Spuren im Sand werden mehr. Ein kleines Holzhäuschen. Ich parke direkt davor. Unser Begleiter rafft sofort seine Plastiktüte mit Proviant zusammen und klettert erleichtert aus dem Auto. Ein älteres Paar tritt vor die Hütte.

»Gibt es eine Möglichkeit für unseren Begleiter, von hier aus weiterzukommen?«, frage ich.

»Ja«, nickt der Mann, »hier kommen manchmal Fahrzeuge vorbei.«

»Wirklich?«

Er nickt: »Ja. Manchmal.«

»Wie oft ist manchmal?«, frage ich.

»Manchmal«, wiederholt er.

»Heute noch?«

»Ja. Vielleicht.«

Ich will ihm glauben und verabschiede mich von unserem Fahrgast. Er wirkt sehr erleichtert. Ich hoffe, er findet bald eine neue, bessere Mitfahrgelegenheit.

»Wo kommt ihr eigentlich her?«, möchte der Bewohner der Hütte wissen, als ich zurück in den Wagen steige.

»Aus Deutschland«, antworte ich.

Ein Grinsen erstrahlt auf dem zerfurchten Gesicht: »Ah! Ein Nazi!«

Ich schüttle den Kopf. »Nein. Kein Nazi.«

Die Situation erinnert mich an einen Moment, als ich in Iran von einem Blumenverkäufer zwischen Rosen und Narzissen mit »Heil Hitler« begrüßt wurde. Auch da war mein Gegenüber verwundert, dass ich mich nicht darüber freute. Natürlich stößt es mich vor den Kopf. Aber was wissen wir schon über Länder, die wir noch nicht bereist haben? Was weiß ich über die politische Geschichte Kolumbiens? Nichts außer ein paar Klischees und Vorurteilen. Wie sollte es dem Mann hier mitten in der Wüste, im letzten Haus vor dem Ende der Welt, mit Deutschland anders ergehen?

Ich erkläre kurz, dass das Dritte Reich nicht mehr besteht und die allermeisten darüber auch sehr glücklich sind. Er hat keine weiteren Fragen, und ich glaube, dass ihn die genaue politische Gemengelage in Deutschland auch nicht sehr interessiert. Zumindest konnte ich ihm die wichtigste Neuigkeit des vergangenen Jahrhunderts überbringen.

Im Kriechgang holpern wir weiter über die brütend heiße Halbinsel, den Himmel fest im Blick. Hoffentlich schlägt das Wetter nicht um. Der Fahrer eines alten gelben Geländewagens hatte uns gestern gewarnt:

»Wenn es zu regnen beginnt, weichen die Ebenen an den Lagunen auf und verwandeln sich in tiefen Schlamm. Dann kommt ihr über diese Strecke nicht zurück.«

»Und dann?«, wollte ich wissen.

Er zuckte nur mit den Schultern.

Tiefe Furchen im Boden vor uns zeugen vom letzten Regen und lassen das Ausmaß erahnen. Mit unserem schweren Lkw? Keine Chance.

Der Bewuchs wird immer spärlicher. Statt Kaktuswäldern wachsen nur noch niedrige Sträucher neben der Fahrspur. Es geht einen ganz sanften Abhang hinunter, und dann liegt er vor uns: der nördlichste Punkt des Kontinents. Der bröckelnde Betonsockel eines alten Leuchtturms, daneben ein kleiner neuer Leuchtturm aus rot-weißen Metallstreben an einer einsamen, windigen Küste. Wellen schlagen gegen einen schmalen Streifen aus dunklem Stein. In der Ferne verschwinden die Klippen unter einem grauen Dunstschleier. Es ist, als würde mich der Ort mit spürbarer Bescheidenheit fragen: Hast du etwas Besonderes erwartet? Es tut mir leid. Es gibt hier nichts zu sehen.

Stimmt. Für sich gesehen wenig spektakulär. Trotzdem, dieser unscheinbare Fleck ist für uns ein weiterer Meilenstein.

Rechtzeitig zum Sonnenuntergang erreichen wir die nahe gelegene Sanddüne von Taroa. Über vierzig Meter hoch fällt sie steil ins Meer ab. Wir erklimmen den Dünenkamm und blicken über das tiefblaue Meer. Ich höre die Wellen unter uns, fühle den weichen Sand zwischen den Zehen, rieche die salzige Gischt. Wind weht mir entgegen und treibt Sandkörner über meine Beine. Die Welt um uns herum verliert Stück für Stück ihre Farbe, wird matt und grau. Es scheint, als wäre es der Himmel, der all die Farben aus der Welt saugt. Er verfärbt sich erst zartrosa, dann zieht sich der leuchtend helle Streifen über dem Horizont immer weiter zusammen, aus Rosa wird Lila. Der helle Streifen verschwindet, bis von ihm nur ein letztes schwaches Glimmen bleibt, das langsam erlischt. Mich fröstelt.

Als wir zum Fahrzeug zurückkehren, strahlt bereits der Mond. Ein traumhafter Stellplatz im Nirgendwo. Manche Tage sind so ungewöhnlich perfekt, dass ich das Gefühl habe, sie gar nicht tatsächlich zu erleben.

Die Nacht verbringen wir direkt vor der Düne, hören das Meeresrauschen gedämpft hinter dem Sand, der uns von der rauschenden Brandung trennt. Die Dunkelheit schwappt über uns hinweg.

Als wir am Morgen die Tür öffnen und aus dem Auto klettern, leisten uns drei Esel Gesellschaft. Es ist der erste Tag der neuen Etappe. Unser Ziel: Ushuaia auf Feuerland. *Fin del Mundo*. Ende der Welt.

KILOMETER 59 159
SCHMUGGLERPFADE

Thomas

Gedankenverloren lehne ich an der Stoßstange, Sabine neben mir. Wir sehen den Eseln nach, wie sie in der Ferne als kleine schwarze Punkte über die riesige Düne laufen. Oh? Was war das? Da! Schon wieder. Zwei schillernde Tropfen laufen mir über den rechten Unterarm. Ich blicke nach oben in die Wolken.

»Es fängt an zu regnen. Wir müssen sofort aufbrechen!«, rufe ich.

Wir springen in die Kabine, schieben schnell die Fenster zu, das Frühstücksgeschirr fliegt ins Spülbecken. Ich drücke den Startknopf.

»Wenn es jetzt richtig anfängt, weichen die Lagunen auf. Dann haben wir ein Problem.«

Es regnet leicht und nur einige Minuten, doch bereits in den ersten Senken, die gestern noch staubtrocken waren, bilden sich kleine Pfützen.

Nach dreißig Minuten eiliger Fahrt kommt uns ein Kleinlastwagen entgegen. Drei Personen hinten auf dem Fahrzeug winken mit beiden Armen.

»Ihr müsst umkehren, hier kommt ihr nicht weiter!«, rufen uns die Männer beim Vorbeifahren zu.

Die Lagunen sind aufgeweicht. Der Rückweg ist abgeschnitten. Wohin? Schnell folgen wir dem kleinen Transporter, doch wir sind viel zu langsam. Wir müssen höher kommen, weg von der Küste. Hier in der Ebene haben wir keine Chance. Mit dem Fernglas sucht Sabine die Gegend nach Pfaden ins hügelige Hinterland ab: »Dort ist ein kleiner Weg. Aber ob wir da mit Paula durchkommen?«

Die Spur ist schmal und ausgefahren, von links und rechts ragen Dornenbüsche in den Weg und kratzen mit lautem Gequietsche am Lack.

»Immer noch besser, als tagelang im Schlamm festzustecken«, kommentiert Sabine mein schmerzverzerrtes Gesicht. »Ich hab übrigens keine Ahnung, ob wir richtig sind. Das GPS hat keine Route verzeichnet. Die Himmelsrichtung stimmt auch nicht. Ich hoffe, dass sich der Weg irgendwann weiter nach rechts zieht.«

»Schau mal, da vorne«, unterbreche ich sie.

Ein grüner Kleintransporter blockiert die Fahrspur. Drei Mann stehen um das Auto herum, daneben liegen das Vorderrad, ein Wagenheber, eine Feder, zwei Stahlstangen. Ich steige aus, frage, ob sie Hilfe brauchen. Die Männer bedanken sich für das Angebot, sagen, sie hätten alles im Griff, das würden sie schon wieder richten. Ich frage mich zwar wie, aber sie sind zuversichtlich. Immerhin ist ja nur die komplette Radaufhängung auseinandergebrochen.

»Sagt mal, wir wollen zurück nach Süden, nach Uribia. In welche Richtung müssen wir uns da halten?«

»Uribia? Fahrt einfach den Spuren nach. Folgt den anderen Schmugglern. Die kennen sich aus.«

»Danke. Ihr braucht wirklich keine Hilfe? Wir haben Werkzeug dabei.«

»Nein, danke. Kein Problem.«

Wir verabschieden uns, folgen den Fahrspuren, die sich durch die Dornsträucher über die Hügel winden. Die Guajira ist Schmuggelgegend. Kolumbien und Venezuela teilen sich die Halbinsel. Günstiger Diesel und Lebensmittel aus Venezuela, Elektrogeräte und Medikamente. Kokain aus Kolumbien. Warum sollte man sich mit Zollformalitäten rumärgern, wenn man in der einsamen Halbwüste auch so über die Grenze fahren kann? Es heißt, früher wurde ein Kilo Kokapaste aus Kolumbien gegen eine Kalaschnikow aus Venezuela getauscht. Heute vielleicht gegen Flachbildschirme oder Treibstoff. Die Guajira ist weitgehend gesetzlos. Wayuu leben auf beiden Seiten der Grenze. Welche Grenze? Eine gedachte Linie im Sand, die keinen interessiert.

Ein grauer Pick-up-Jeep taucht hinter uns auf. Er sieht aus, als hätte er sich schon mehrfach überschlagen. Die verbeulte Motorhaube klappert, die Scheibe ist zigfach gesprungen, darauf ein Aufkleber: »*La Cotorrita wayuu apushana*«. *Apushana* ist der Name eines Clans, aber auch des bekanntesten zeitgenössischen Dichters der Wayuu. »Ich tausche heimlich Träume mit nahen Fremden«, heißt ein Gedichtband von ihm. Tauschgeschäfte und die Welt der Träume: Zwei Dinge, die das Leben hier auf der Guajira bestimmen. Irgendwie passend, sein Name auf einem klappernden Jeep mit venezolanischem Kennzeichen, der Waren über die Grenze transportiert.

Wir machen Platz, der Transporter überholt, ein zweiter folgt. Nicht ganz so verbeult, aber ebenso beladen. Vierzehn Leute zähle ich auf der Ladefläche. Die Männer tragen Schirmmützen, die Frauen schützen sich mit Kopftüchern vor der Sonne. Sie winken uns beim Vorbeifahren freudig zu und ducken sich vor den Dornzweigen eines Baumes, der über die Fahrspur ragt. Ein drittes Fahrzeug folgt, schaukelt auf der schmalen Spur durch das ausgetrocknete Flussbett. Ein gutes Zeichen, wir sind offenbar richtig, also hinterher. Doch das ist leichter gesagt als getan. Fünf Minuten können wir folgen, schon haben wir die Transporter wieder aus den Augen verloren. Vor uns die nächste Gabelung der Spuren im Sand.

»Und jetzt? Wo lang?«, frage ich Sabine.

»Keine Ahnung. Orientieren wir uns halt wieder grob an der Himmelsrichtung«, schlägt Sabine vor.

Das tun wir. Dutzende Male verfahren wir uns. Wege enden vor Wänden aus Kakteen und Dornbüschen. Zwei weitere Nächte in der Einsamkeit. Nächte in der Stille der Guajira, zwischen Schmugglerpfaden und den Geistern der Ahnen.

Nach drei Tagen haben wir endlich wieder Teer unter den Reifen. Es ist die Straße, die zum östlichen Nachbarn von Kolumbien führt.

»Lust auf Venezuela?«, frage ich.

»Wenn wir schon so nah dran sind, schauen wir es uns doch an!«

KILOMETER 59 465

HÄSSLICH, UNFREUNDLICH, KORRUPT?

Sabine

Man hört derzeit nichts Gutes von dem Land, das ich bis jetzt nur aus »Homo Faber« kenne. Die Polizisten seien die korruptesten in ganz Südamerika, seine Einwohner unfreundlich und das Land langweilig und hässlich. So viel schlechte Nachrede, was mag da wohl dran sein? Auch das Auswärtige Amt spricht von Entführungen und Überfällen mit Waffengewalt, besonders in den Gebieten entlang der kolumbianischen Grenze. Wir sind gewarnt, abschrecken lassen wir uns nicht. Und doch bleibt ein mulmiges Gefühl.

Viel Warenverkehr läuft zwischen Kolumbien und Venezuela, doch an der Grenze ist es einsam. Wir sind offenbar die Einzigen, die diesen offiziellen Übergang nutzen und nicht über die unkontrollierten Feldwege der Guajira fahren. Wir warten auf den Zollbeamten für den Fahrzeugimport und versuchen unterdessen, ein paar Erkundigungen über das Land einzuholen. Am Schalter wartet dann doch noch ein Lastwagenfahrer. Ich frage ihn, welche Straße die beste sei, um nach Mérida in der westlichen Bergregion zu gelangen. Er bemüht sich, es mir zu erklären, aber unsere Straßenkarte ist einfach zu schlecht. Na ja, da kann man nichts machen. Ich achte nicht weiter auf den Mann, denn nun sind wir an der Reihe, hier Papiere, dort Papiere. Als ich mich umsehe, ist er verschwunden. Seltsam.

Ich sortiere gerade die Dokumente, als er wieder in den Raum kommt. In der Hand hält er lächelnd die Kopie einer Straßenkarte. Er war schnell zu seinem Auto gelaufen, dann zu einer Kopierstelle, nur um uns den Weg zu erklären. Der Zollbeamte hatte unsere Frage ebenfalls gehört. Auch er hält eine Kopie in der Hand. Nun zanken sich die beiden, wer die bessere Karte für uns hat. So sind sie also, die unfreundlichen Menschen und die korrupten Beamten, von denen wir gehört hatten. Oder täuscht der erste Eindruck?

Venezuela steht kurz vor den Präsidentschaftswahlen. Ein ungünstiger Zeitpunkt, um in ein Land zu reisen, dessen politisches Gleichgewicht gerade zu kippen droht. Die Städte sind mit Plakaten der verschiedenen Kandidaten zugekleistert, in den Straßen werden Handzettel und Wahlwerbung verteilt. Auf den Heckscheiben vieler Autos prangt in großen Lettern der Schriftzug »Wir lieben Chávez« oder der Werbespruch des Gegenkandidaten Henrique Capriles Radonski: »Ein neuer Weg«. Viele Graffiti in den Gassen und Straßen mussten weichen, dafür sind die Wände nun von oben bis unten mit bunten Wahlsprüchen bemalt und mit Plakaten der Kandidaten beklebt. Chávez zeigt sich breit grinsend väterlich souverän, Capriles lächelt etwas verhaltener und gibt sich mit einer Schirmmütze eher jugendlich dynamisch. Die Stimmung auf den Straßen ist auch kurz vor der entscheidenden Wahl des Präsidenten entspannt. Soweit wir die Lage auf den ersten Blick einschätzen können, liegt keinerlei Brisanz in der Luft. Wenn wir uns mit Einheimischen unterhalten, fällt kein Wort über die anstehende Stimmabgabe.

Die Reisewarnungen scheinen sich dennoch viele zu Herzen genommen zu haben. Wir treffen selbst in Mérida, das eigentlich ein beliebtes Reiseziel ist, keinen einzigen Europäer. Nur zwei Reisende aus Argentinien. Auf mich wirkt das, was ich von Venezuela bisher gesehen habe, geordneter als einige Länder, die hinter uns liegen. Aber schätzen wir die Lage richtig ein? Wir fragen mehrere Einheimische nach einem Stellplatz für die Nacht. Alle empfehlen uns, einfach am Straßenrand zu parken. Wir müssten uns keine Sorgen machen, Mérida sei sicher.

Vier Nächte stehen wir im belebten Kneipenviertel, ohne die kleinste Störung. Ganz im Gegenteil. Das junge Paar, das jeden Tag auf der gegenüberliegenden Straßenseite seine Bonsai-Bäumchen zum Verkauf aufreiht, wünscht uns einen guten Morgen. Die ältere Dame am nahe gelegenen Park freut sich, wenn wir ihr zum Frühstück einen frisch gepressten Orangensaft abkaufen, und der Herr mit seinem fahrbaren Imbissstand um die Ecke macht uns mit freundlichem Lächeln einen ganz besonders großen Hamburger.

Wir hatten zwar nicht besonders viel Zeit, um uns einen Eindruck zu verschaffen, aber nach zehn Tagen bin ich von Venezuela positiv überrascht. Der Dieselpreis tut sein Übriges. Ein Liter kostet an der Zapfsäule umgerechnet 0,005 US-Dollar. Für vier Dollar und fünfzig Cent füllen wir unsere Tanks mit 900 Litern. Die kommenden 4000 Kilometer werden wir keine Tankstelle mehr besuchen müssen.

Kein Wunder, dass bei diesen Spritpreisen an der Grenze reges Treiben herrscht. Heute ist Sonntag, der venezolanische Zollposten ist geschlossen, und es gibt niemanden, der die Ausreise kontrolliert. Eine Schlange alter, rostiger und an allen Seiten verbeulter US-amerikanischer Straßenkreuzer pendelt über die Grenzbrücke. In Venezuela tanken, über die Grenze fahren, hier in Kolumbien in den ersten Hinterhof abbiegen, Schlauch in den Tank, ansaugen und umfüllen in Kanister. Diesel und Benzin wird dann von Zwischenhändlern ins Landesinnere transportiert und in Kanistern und alten Flaschen am Straßenrand verkauft. Mit hundert Litern im Tank werden so aus fünfzig Cent im Handumdrehen fünfzig Dollar. Schneller lässt sich Geld kaum verdienen.

KILOMETER 60 734
ERDRUTSCHZEIT

Thomas

Nach dem kurzen Abstecher durch Venezuela hatten wir Paula in Villa de Leyva geparkt und waren über den Jahreswechsel erneut bei unseren Familien in Deutschland. Dieses Mal nutzte Sabine den Heimaturlaub auch, um ihr Kunststudium in Stuttgart mit einer Ausstellung abzuschließen.

22 Stunden nach dem Abflug in München erreichen wir wieder Kolumbiens Hauptstadt Bogotá. Die Rucksäcke sind mit Ersatzteilen gefüllt, denn bevor es weitergehen kann, warten einige Reparaturarbeiten an Paula auf uns.

Seit zwei Stunden sind wir nun mit dem Minibus von Bogotá in Richtung Villa de Leyva unterwegs. Vollbremsung auf offener Strecke. Der Bus zieht scharf nach rechts und bleibt ruckartig neben der Straße stehen.

»Wenn du nicht sofort aufhörst, so zu rasen, rufe ich deinen Chef an und beschwere mich«, brüllt eine Kolumbianerin in der ersten Reihe mit unmissverständlichem Tonfall auf den Fahrer ein und zückt demonstrativ ihr Handy. »Ich möchte lebend ankommen. Ich habe Familie!«

Der Fahrer fühlt sich persönlich angegriffen und schreit zurück: »Ich habe noch nie einen Unfall gebaut! Und beschwert hat sich auch noch keiner! Davon abgesehen kann ich die Geschwindigkeit nicht dem Wunsch einer einzigen Person anpassen.« Er dreht sich um und blickt in die Gesichter der Fahrgäste: »Was sagt denn überhaupt der Rest des Busses dazu?«

Die fünf US-Amerikaner vor uns verstehen kein Wort und äußern sich daher auch nicht.

Auch von Sabine und mir wird keine Antwort erwartet.

Das argentinische Pärchen in der ersten Reihe meint, es fände den Fahrstil durchaus gewagt.

Die Antwort der zwei Herren in der hintersten Reihe kann ich nicht verstehen, es scheint ihnen recht egal zu sein, allerdings sprechen sie sich auch nicht für die waghalsige Raserei aus.

Der Fahrer ist sichtlich sauer, dass sich der gesamte Bus gegen ihn wendet. Er greift wieder zum Steuer und rollt los. Statt wie bisher mit Vollgas fährt er jetzt in provokativem Schneckentempo weiter. Ich kann den Tacho nicht sehen, aber mehr als zwanzig Stundenkilometer sind es sicher nicht, eher weniger. Keiner im Bus wagt es, sich zu beschweren. Ständig werden wir überholt, von Pkws, hupenden Lkws und von anderen Minibussen. Wir kriechen in Zeitlupe über die Landstraße. Der Fahrer leidet deutlich sichtbar mit, aber er zieht seine Sache durch.

Ich blicke nach hinten zu den beiden Männern. Sie kommentieren meinen fragenden Blick mit Schulterzucken, scheinen sich aber köstlich zu amüsieren.

Nach fünfzehn Minuten verliert sich langsam der Zorn des Fahrers, und als die Frau, die sich beschwert hatte, ausgestiegen ist, hat er wieder zu seiner alten Form zurückgefunden. Ein junger Mann, der mit seiner Familie erst nach diesem Zwischenfall zugestiegen ist, lacht laut, als der Bus über die nächste Bodenwelle schießt und seine kleine Tochter dreißig Zentimeter von der Sitzbank abhebt.

»Jetzt galoppiert er wieder«, zwinkert uns einer der Männer aus der letzten Reihe zu.

Hatte ich vor einiger Zeit mal darüber nachgedacht, ob ich nicht lieber mit dem Rucksack und öffentlichen Verkehrsmitteln unterwegs wäre? Nach dieser Fahrt bin ich froh, bald selbst wieder am Steuer zu sitzen.

In Villa de Leyva angekommen, machen wir uns sofort an die Arbeit. 2000 Stunden haben Sabine und ich auf dieser Reise schweigend nebeneinandergesessen. Das soll sich jetzt ändern. Zwei Wochen verbringen wir damit, ein paar Dinge an Paula zu reparieren und auch endlich Fahrerkabine und Motorraum mit Schallschutz zu dämmen. Bisher mussten wir uns während der Fahrt anschreien, um uns zu verständigen. Der Diesel dröhnt, die Reifen surren, und im fünften Gang heult das Getriebe wie ein Wolf, dem jemand auf den Schwanz gestiegen ist. In den Fünfzigerjahren, als Paulas Baureihe entworfen wurde, hat noch niemand an Arbeitsschutz für Lastwagenfahrer gedacht.

»Das ist ja Wahnsinn! Wir können uns unterhalten«, freue ich mich, als wir von Villa de Leyva aufbrechen.

»Dann sehen wir mal, ob das ein Vorteil ist«, grinst Sabine.

In Kolumbien begegnen uns die ersten Ausläufer der Anden. Fahren bedeutet hier Arbeit. Eins haben wir schon bemerkt: Man fährt nicht rechts auf der Straße und überholt links, sondern man fährt dort, wo die Straße gerade am besten ist. Der Gegenverkehr macht das ebenso. Alles schlängelt sich auf diese Art um die unzähligen Schlaglöcher und versucht dabei, nicht, oder nur leicht, mit dem Gegenverkehr zu kollidieren.

Mitte März hat die Regenzeit begonnen. Regenzeit bedeutet Erdrutschzeit. Straßen sind gesperrt, halb abgestürzt, nass und schlammig. Baustelle reiht sich an Baustelle. Ein Felsblock von der Größe eines Pkws liegt vor uns auf der Spur. Der Teer rundherum ist gesplittert, zerbrochen und gewölbt, mit solch einer Wucht ist der Brocken eingeschlagen. Wir warten, bis der zuständige Verkehrsregler sein achteckiges Schildchen von *PARE* auf *SIGA* wendet und uns durchwinkt. »*Peligro! Peligro!*« reihen sich die Schilder aneinander, die vor immer neuen Gefahrenstellen warnen. 150 Kilometer bedeuten bei diesen Verhältnissen eine Ganztagsbeschäftigung, dabei stehen uns die richtig hohen Pässe der Anden erst noch bevor.

KILOMETER 62 528

WILDES TREIBEN AUF DEM TIERMARKT

Sabine

Mit dem Grenzübertritt nach Ecuador ändert sich schlagartig der Straßenzustand. Auf einer perfekten Teerstraße erreichen wir Otavalo im Norden des Landes innerhalb von vier Stunden. Ein verschlafenes Städtchen, wenn man unter der Woche eintrifft.

Am Wochenende wandelt sich das Bild. Jeden Samstag findet hier der größte Handwerksmarkt Ecuadors statt. Neben zahlreichen Touristen strömen auch viele Bewohner der umliegenden Dörfer herbei. Der Stadtkern verwandelt sich in einen riesigen Markt, auf dem man von Decken über Tücher, Ponchos und Hosen bis hin zu Hängematten und Teppichen fast alles findet, was sich aus Wolle herstellen lässt.

Ein großer Teil der Otavaleños trägt auch im Alltag Tracht. Frauen umwickeln ihren langen schwarzen Zopf mit einem bunten Band, kleiden sich mit einer weißen bestickten Bluse, einem schwarz-beigen Wickelrock und schmücken sich mit auffallend vielen goldenen Halsketten. Viele Männer tragen einen Hut und einen dunklen Poncho.

Noch bevor der berühmte Handwerksmarkt beginnt, geht es in den frühen Morgenstunden etwas außerhalb auf dem Tiermarkt bereits hoch her. Aus den umliegenden Bergen kommen Bauern zusammen, um im ersten Morgenlicht Nutztiere zu kaufen oder zu verkaufen. Von Kühen und Schafen über Lamas bis hin zu Hunden, Hühnern und Meerschweinchen. Letztere werden hier *cui* genannt und nicht etwa als Haustiere verkauft. Sie landen erst auf dem Grill, dann auf den Tellern.

Während auf dem offenen Feld energisch um die noch lebenden Tiere gefeilscht wird, haben andere ihr Ende bereits in einem der großen blubbernden Kochtöpfe der Essensstände gefunden. Duftet fein, aber Innereiensuppe um diese Uhrzeit? Danke, nein.

Langsam graut der Morgen, die Luft ist kühl und schmeckt nach feuchtem, aufgewirbeltem Staub. Wir stehen mitten im Trubel des Marktes. Vor mir quieken laut zwei Dutzend Meerschweinchen in einem geflochtenen Korb. Neben uns ziehen drei junge Männer widerspenstige Tiere aus den aufgereihten Kleintransportern. Die Besitzer zerren an den Stricken, die mal um den Kopf, mal um den Fuß des Tieres gewickelt sind. Eine Kuh poltert von der Ladefläche und quer durch die Menschenmenge. Links von uns wehrt sich ein Ferkel mit ohrenbetäubendem Gequieke gegen jede Art von Fortbewegung. Rechts eine ausgewachsene Sau, die sich losreißt und die Flucht antritt. Ihre Besitzerin springt hinterher, klammert sich an den Strick und rammt mit aller Kraft die Fersen in den Dreck. Die Sau bremst das nur unwesentlich. Im gleichen Moment kämpft sich ein paar Meter weiter ein riesiger Stier los, um seinem Trieb zu folgen und eine der vielen Kühe zu begatten. Drei ausgewachsene Männer schaffen es nicht, ihn zu bändigen, und werden von dem Koloss quer über das Feld geschleift. Alles springt zur Seite und macht Platz für das wild gewordene Tier. Nichts wie weg hier! Ab hinter den nächsten Lkw. Wieder schnauft es. Der nächste Bulle wird an uns vorbeigezerrt. Schnell ein paar Schritte zur Seite. Ich rutsche aus, fange mich gerade noch ab. Großartig, so ein Tiermarkt, denke ich und fange an, mir den Kuhfladen von meinem Schuh zu streifen.

KILOMETER 64 195
ORANGEN UND HANDCREME

Thomas

Der Matsch spritzt nach links und rechts. Links gegen eine Felswand, rechts über die Kante tief in den Abgrund. Bisher überraschte mich Ecuador mit nagelneuen Straßen, doch auf den letzten Metern zwischen Vilcabamba und der peruanischen Grenze holpern wir über Steine, Sand, durch Schlamm und jede Menge Serpentinen. Die Tanks sind schon wieder bis zum Deckel aufgefüllt, zwar nicht ganz so billig wie in Venezuela, aber Dieselpreise von umgerechnet zwanzig Cent pro Liter werden wir nun wohl länger nicht mehr finden.

Vor uns liegt die ecuadorianisch-peruanische Grenze La Balza, übersetzt »Das Floß«. Sie trägt diesen Namen, weil man den Grenzfluss bis vor wenigen Jahren nur auf diese Art überqueren konnte. Mittlerweile überspannt hinter den Zollbaracken und dem schwarz-gelb gestreiften ecuadorianischen Schlagbaum eine neue Betonbrücke den Fluss.

Wir machen uns auf das Grenzprozedere bei der Einreise nach Peru gefasst. Ein zerrupftes Huhn blickt mich verwundert an, als ich mit Sabine den Holzverschlag betrete, an dem außen ein weißes Schild hängt, auf dem in dicht gedrängten Großbuchstaben MIGRACIONES geschrieben steht. Vor uns sitzt ein Beamter an einem alten Holzschreibtisch und scheint etwas verwundert, dass so spät am Abend noch jemand in sein Büro kommt. Ich lege unsere Pässe vor, er füllt die Formulare aus, und ich bitte ihn um neunzig Tage Aufenthaltsgenehmigung in Peru. Der Grenzbeamte weigert sich.

»Wie lange wollt ihr bleiben? Neunzig Tage? Kommt überhaupt nicht infrage!«

»Nicht? Schade«, seufze ich. Dabei hatte ich mich richtig auf Peru gefreut. Innerlich sehe ich die lange Strecke nach Süden vor mir. Man hatte uns schon prophezeit, dass es schwierig werden könnte, an der Grenze mehr als einen Monat genehmigt zu bekommen.

Der Beamte setzt seinen Plastikkugelschreiber auf das Papier und schüttelt den Kopf: »Warum denn neunzig Tage? Ich gebe euch 183 Tage. Ihr sollt ja schließlich genug Zeit haben, Euch Peru in aller Ruhe anzusehen.«

Mit Schwung knallt er seinen Stempel auf das Dokument und erklärt, in welches Büro wir als Nächstes für die Abwicklung der Fahrzeugpapiere müssen.

Die Sonne ist längst hinter den Bergen verschwunden. Im Dunkeln laufen wir auf die andere Seite des Weges. Hier sitzt ein weiterer Zollbeamter, der in seinem kleinen Containerhäuschen ohne Licht ausharren muss. Er füllt mit Engelsgeduld die Dokumente aus, während er abwechselnd mit einer Taschenlampe unsere Papiere beleuchtet und anschließend im kleinen Lichtkegel den passenden Buchstaben auf der Tastatur des Computers sucht. Buchstabe für Buchstabe. Zeit scheint an dieser kleinen, kaum frequentierten Grenze keine Rolle zu spielen. Ein ohrenbetäubendes Kreischen ertönt, als der uralte Nadeldrucker beginnt, die Importpapiere auszuspucken. Eine funktionierende Lampe gibt es nicht, dafür aber einen riesigen Ventilator, der uns die feuchtwarme Luft der beginnenden Nacht um die Knie bläst. Dann drückt mir der Beamte die Papiere in die Hand, greift unter den Schreibtisch und zieht diesmal nicht wie in den USA eine rote Karte, sondern vier riesige Orangen hervor, die er Sabine überreicht: »Herzlich willkommen!«

Wenige Kilometer weiter finden wir einen Platz zum Übernachten und fühlen uns vom ersten Moment an wohl in Peru.

Am nächsten Morgen köchelt der Kaffee auf dem Gasherd und verströmt verführerischen Duft. Die Sonne spitzt knapp über die Hügel durch die zerkratzten Fenster herein. Die Vorfreude auf dieses Land fühlt sich an wie eine geschüttelte

Flasche spritziges Mineralwasser. Als Erstes stehen zwei Aufgaben an: ein Versicherungsbüro finden, um eine Fahrzeugversicherung abzuschließen, und eine Handykarte besorgen.

Eine Stunde fahren wir durch die Straßen von San Ignacio, dann werden wir auf die Frage nach einem Versicherungsbüro in einen kleinen Raum im Souterrain gebeten. Hier sitzen wir einem jungen Mann gegenüber, der sich als Manuel vorstellt. Begeistert greift er zum Telefonhörer und erzählt seinem Gesprächspartner minutenlang in blumigen Worten von uns, seinen neuen Freunden. Wir sitzen auf wackeligen Plastikstühlen, vor uns ein kleiner Tisch, direkt neben uns eine halbhohe Trennwand, die den völlig leeren, weiß getünchten Raum teilt. Manuel scheint meine irritierten Blicke zu bemerken und erklärt, dass er sein Geschäft im Moment noch nicht fertig eingerichtet habe.

»Trotzdem schön, dass ihr hier seid«, ergänzt er schnell und klärt uns auf: »Nein, eine Versicherung könnt ihr hier nicht abschließen. Aber dafür kann ich euch etwas anderes anbieten.«

Er verschwindet kurz im Nebenraum, kommt zurück, greift in eine Dose und – zack! haben wir beide einen Klecks weißer Creme auf der Hand. Ich rieche Vanille. Drei Blechdosen landen laut klappernd vor uns auf dem Tisch.

»Na, wie duftet das?«, fragt Manuel mit erwartungsvollem Blick.

»Äh. Also na ja. Nicht schlecht«, sage ich verdutzt. Grässlich, hätte ich sagen müssen, wäre ich ehrlich gewesen, aber Manuel ist so sympathisch, ich möchte ihn nicht enttäuschen.

»Handcremes und Vitamingetränke zum Vorteilspreis!«, grinst er.

»Ja, riecht wirklich außergewöhnlich. Aber eigentlich brauchen wir eine Versicherung«, lache ich unbeholfen.

Manuel spürt meine Skepsis. »Kein Problem«, sagt er. »Ich habe die Creme auch noch mit Melonen- und Apfelduft.«

Ich nicke anerkennend, aber nicht sehr euphorisch.

»Ja und wegen der Versicherung. Ich habe bereits mit dem Vertreter gesprochen«, sagt er und schiebt einen Zettel mit einer Adresse über den Tresen.

Wir bedanken uns für seine Hilfe und werden sogleich mit einem Spritzer Parfüm belohnt. Wir wünschen Manuel viel Erfolg für sein neu eröffnetes Geschäft und machen uns duftend wieder auf den Weg.

In Kolumbien hatten wir den Versicherungsvertreter im Hinterzimmer einer Bäckerei gefunden, hier steht er an der Ersatzteiltheke eines Motorradladens.

»Manuel hat angerufen, ich habe euch schon erwartet«, begrüßt uns der Ladenbesitzer. »Eine Versicherung kann ich euch ausstellen. Allerdings nicht mehr heute. Überhaupt würde es viel schneller gehen, wenn ihr die Police nicht bei mir abschließt, sondern gleich in den nächstgrößeren Ort fahrt.«

Er beißt in eine süß-klebrige Leckerei, wischt seine triefenden Finger an einem Lumpen ab und drückt uns eine Visitenkarte der Niederlassung in die Hand.

Wieder sehr nett, aber wieder keine Versicherung. Aufgabe vorerst verschoben. Versuchen wir also, eine peruanische Handykarte zu besorgen. Im ersten Laden kaufen wir eine SIM-Karte, die wir im zweiten Laden aufladen. Im dritten Laden nennt man uns die Servicenummer, mit der wir das Guthaben der Karte kontrollieren können, im vierten erfahren wir, mit welcher Vorwahl vor der Vorwahl wir damit nach Deutschland telefonieren können. Im fünften Laden bringen wir in Erfahrung, ob, im sechsten schließlich, wie wir damit ins Internet gehen können. Schon macht sich die Sonne wieder ans Untergehen, und ich habe das Gefühl, nun ausnahmslos jedes Geschäft in San Ignacio zu kennen.

KILOMETER 65 615
DÜNNE LUFT

Thomas

Die längste Gebirgskette der Erde erstreckt sich entlang unserer kompletten Route durch den südamerikanischen Kontinent. So weit wie von München nach Neu-Delhi reichen die Anden von Kolumbien bis Feuerland. Hier in Peru ragen die mächtigsten Berge über 6500 Meter auf. Zu diesen Bergen wollen wir. In die Cordillera Blanca, die ihren Namen wegen der vielen Gletscher trägt, die auf und zwischen den hohen Gipfeln thronen.

Der Weg dorthin führt durch den Cañón del Pato, die Entenschlucht. Ein aus dem blanken Fels geschlagener Tunnel liegt vor uns. Mein Puls schlägt höher, als ich Paula in die stockfinstere Höhle lenke. Der Staub tanzt im Scheinwerferlicht, das nur wenige Meter vor uns erhellt. Links und rechts neben den Kotflügeln bleibt kaum Platz zu den Felswänden. Ich kann nur hoffen, dass uns kein anderes Fahrzeug entgegenkommt, denn in der engen, kurvigen und einspurigen Felsröhre rückwärts zu manövrieren, ist undenkbar. Endlich Licht am Ende des Tunnels, für ein paar Sekunden blendet die Sonne, dann verschwinden wir im nächsten Loch.

Die Schlucht wird immer tiefer und schmäler, der reißende Gebirgsbach rauscht bedrohlich in der Tiefe neben der holprigen Schotterpiste, die immer weiter hinauf in Richtung der vergletscherten Gebirgskette führt. 35 stockfinstere Passagen reihen sich aneinander, 35 Mal geht alles gut. Nur ein Lastwagen und ein Fahrradfahrer begegnen uns. Zum Glück zwischen den Tunneln.

Die Schlucht weitet sich in das Hochtal um Yungay. Es geht hinauf in den Huascarán-Nationalpark und hinein in die Cordillera Blanca. Eine lange Passüberfahrt führt von hier auf die Ostseite der Gebirgskette. Sieben Tage hatten

KILOMETER 67 819
IM ZENTRUM DES INKA-REICHES

Sabine

Machu Picchu Hostel, Machu Picchu Café oder Machu Picchu Restaurant, Machu Picchu Tourist Information. Seit wir in Kolumbien die Andenregion erreicht haben, ist in jedem größeren Ort mindestens eine Touristeneinrichtung nach der weltberühmten Inkastätte benannt, selbst wenn sie sich etliche Tausend Kilometer entfernt befindet. Das Image von Machu Picchu überstrahlt den gesamten südamerikanischen Kontinent. Es wundert mich nicht, als ich lese, dass Machu Picchu zu den meistbesuchten Touristenattraktionen der Welt zählt.

In Lima hatten wir meinen Vater vom Flughafen abgeholt. Er wird drei Wochen mit uns unterwegs sein. Paulas Esstisch können wir sehr einfach zu einem Gästebett umbauen, so ist genug Platz für drei Personen.

Gemeinsam waren wir von Perus Hauptstadt nach Süden aufgebrochen, durch die trockene Küstenwüste Perus. Mit einem Kleinflugzeug kreisten wir über den Nazca-Linien, diesen bis zu 2000 Jahre alten, gigantischen Scharrbildern im Wüstensand, bei denen nach wie vor ungeklärt ist, weshalb sie angelegt wurden. Von der Küste reisten wir zurück in die Anden nach Cusco, die ehemalige Hauptstadt des Inkareichs. Von dort starteten wir unseren Ausflug nach Machu Picchu.

Mit vielen Hundert Personen stehen wir jetzt Schlange und warten, dass sich die Pforten kurz vor Sonnenaufgang um sechs Uhr morgens öffnen. Dann geht alles Schlag auf Schlag. Perfekt durchorganisiert werden wir in nur wenigen Minuten durch den Eingang geschleust. Dahinter warten Fremdenführer und bieten ihre Dienste auf Spanisch und Englisch an. Wir fragen ein paar andere Touristen, und in Kürze sind wir eine kleine Gruppe, bestehend aus einem jungen englisch-amerikanischen, einem lustigen indischen Pärchen, meinem Vater und uns.

An einem Aussichtspunkt warten wir zusammen mit all den anderen, bis sich die Sonne langsam über die schroffen Gipfel der umliegenden Berge schiebt und die Anlage in unwirkliches, warm-weiches Licht taucht.

Wenn wir bisher dachten, ziemlich viele Fotos zu machen, so belehrt uns das indische Paar eines Besseren. Wann immer sich unsere Gruppe einige Meter weiterbewegt, warten wir, bis erst sie, dann er vor sämtlichen Häusern, Toren und Steinwänden ausführlich fotografiert und gefilmt wurde. Unser Guide nimmt es gelassen. Und sicher denken wir alle: Wahrscheinlich sind wir nur einmal im Leben in der sagenhaften Ruinenstadt Machu Picchu.

Wozu dieser ganze Komplex hier in den Bergen vor etwa 500 Jahren angelegt wurde, weiß keiner so recht. Bei jedem einzelnen Stein allerdings scheint ganz genau bekannt zu sein, wofür er gedacht war. Totentempel, Sonnenstein, Kondortempel und so weiter. Manchmal frage ich mich, ob es nur mir so geht. Nicht nur hier, bei allen Inka-, Maya- und Aztekenstätten sind mir immer wieder Dinge aufgefallen, die ganz nett klingen, wenn ich aber anfange, darüber nachzudenken, kommen mir Zweifel. Ich erinnere mich an unsere erste Führung durch ein Bauwerk der Inka im Süden Ecuadors, in Ingapirca. Dort wurde uns ein Stein mit Löchern gezeigt, der zur Beobachtung des Mondes diente. Dreißig Löcher für einen Monat. Wenn die Löcher mit Wasser gefüllt sind, spiegelt sich nachts der Mond, woraus die Astronomen der damaligen Zeit den Verlauf des Jahres ablesen konnten und damit die Zeit zur Aussaat bestimmt haben. Bei genauem Nachzählen waren es weniger als dreißig Löcher, und warum ich den Mond über eine Wasserpfütze beobachten soll, habe ich auch nicht verstanden. Ich glaube, manchmal ist es besser, die Erklärungen einfach staunend zur Kenntnis zu nehmen, als sie allzu sehr zu hinterfragen.

Als die Führung durch das Areal von Machu Picchu nach drei Stunden zu Ende ist, steigen wir noch auf den Huayna Picchu, den Berg, der bei fast allen Postkartenmotiven der Ruinenanlage im Hintergrund steht. Von dessen höchstem Punkt soll man einen atemberaubenden Ausblick auf die Ruinen haben. Atemberaubend ist vor allem der Aufstieg, eine Stunde lang geht es steil bergauf, über schmale Treppen und an schwindelerregenden Pfaden entlang. Marlies und Florian, die wir beim Aufstieg kennengelernt haben, stehen mit uns am Aussichtspunkt auf dem Gipfel. Jetzt stellt sich heraus, dass Marlies panische Höhenangst hat. Ich habe üblicherweise keine Höhenangst, trotzdem wird mir beim Blick nach unten ganz anders. Die schmalen Steinstufen sind dreißig bis vierzig Zentimeter hoch und nur so breit, dass ein quergestellter Schuh knapp daraufpasst. Kein Geländer, keine Sicherung. Marlies muss sich schrecklich fühlen. Stufe für Stufe rutscht sie die steilen Passagen auf dem Hosenboden nach unten. Florian steigt vor ihr rückwärts die Treppen hinab, damit sie einen Anhaltspunkt vor sich sieht und nicht in die Tiefe blicken muss. Eineinhalb Stunden lang, Treppe für Treppe, mehrere Heulkrämpfe, Panik und viele Tränen später ist auch sie wieder unten.

Beim Abstieg hat das Wetter umgeschlagen, Wolken haben sich vor die Sonne geschoben, es nieselt. Nebel steigt aus dem Tal auf, umhüllt langsam die Ruinen und lässt die ganze Anlage noch geheimnisvoller wirken. Wofür nun die mutmaßlichen Tempel genau gedacht waren, ist für mich nicht entscheidend. Ich verlasse Machu Picchu mit dem Gefühl, an einem ganz besonderen Ort gewesen zu sein. Einem Ort, der durch seine spektakuläre Lage und seine kompakte Struktur alle anderen Inkastätten überragt.

KILOMETER 68 003
WELTENBUMMLER UNTER SICH

Thomas

Sabines Vater ist von Cusco zurück nach Deutschland geflogen. Wir sind ab sofort wieder zu zweit unterwegs, doch allein sind wir im Moment nicht.

Anderen Overlandern zu begegnen, die auch kreuz und quer durch die Kontinente unterwegs sind, steht selten auf der Tagesordnung. In Asien hatten wir zum Teil monatelang niemanden getroffen, nur gelegentlich unsere Freunde, mit denen wir uns gezielt verabredet hatten. In Südamerika sind mehr Reisende im eigenen Fahrzeug unterwegs. Hin und wieder treffen wir auf Gleichgesinnte, mit denen wir uns über die Freuden und Sorgen eines mobilen Lebens in der Fremde austauschen können. Doch noch nie habe ich so viele wie hier an einem Platz gesehen.

Sechzehn Reisefahrzeuge zähle ich, wenn ich mich auf dem kleinen Campingplatz Quinta Lala oberhalb von Cusco umsehe. Ein paar Tage bleiben die meisten, bevor sie die Runde durch das Heilige Tal der Inka antreten. Ob der Machu Picchu mit seinen horrenden Eintrittsgebühren mit dabei ist, scheint die Gretchenfrage des Camps zu sein. »Ja, natürlich, wenn ich schon mal da bin« steht gegen ein »Nein! Aus Prinzip nicht! Das ist doch Abzocke.« Egal, ob mit oder ohne Machu Picchu, nach der Runde durch die Inkastätten landen viele wieder hier in Quinta Lala.

Tagsüber schrauben wir am Lkw, waschen Wäsche, schreiben Tagebuch und sammeln Ideen für die weitere Route. Sobald die Sonne verschwindet und es bitterkalt wird, setzen sich alle zusammen um ein großes Lagerfeuer. Man erzählt sich von fernen Abenteuern, diskutiert über bekannte und unbekannte Reiserouten, über Einreiseformulare und Polizeikontrollen, Reifendruck und Luftfilter und all die merkwürdigen Dinge, die im alltäglichen Leben unterwegs von Bedeutung sind.

Am nächsten Morgen putze ich mir müde vor dem Lkw die Zähne. Der siebenjährige Clement zieht mit einem freundlichen »*Bonjour Monsieur, bonjour Madame*« quirlig seine Runde durch den Campingplatz, obwohl er gestern Abend auch noch lange am Feuer saß und mit uns Marshmallows grillte, bis sie rot glühten. Blaue Augen strahlen aus seinem blassen Gesicht, die blonden Haare liegen wohlgekämmt in zwei Richtungen, und jedes Mal, wenn er »*Bonjour*« sagt, steht er kurz stramm und läuft dann schnell zum nächsten Fahrzeug. Er lebt zusammen mit seinen Eltern und zwei Brüdern in einem Wohnmobil. Sie sind zu fünft unterwegs auf einer Reise durch Nord- und Südamerika. Jeden Vormittag sitzen die Kinder über ihren Schulbüchern.

Neben dem fahrbaren Zuhause von Clements Familie parken Emily und Adam. Sie sortieren vor ihrem blauen VW-Campingbus einen riesigen Berg Decken, Teppiche und Schals. Diese haben sie online über einen selbst erfundenen »*24-hours-bazaar*« an viele Freunde, Bekannte und Unterstützer ihrer Reise in die USA verkauft. Die beiden sind in unserem Alter und haben ihre Fahrt von Kalifornien nach Feuerland über ein Crowdfunding-Projekt finanziert, indem sie eigene Kunstwerke als Dank für die Unterstützung ihres Reisetraums angeboten haben. Es hat funktioniert. 15 000 US-Dollar kamen zusammen. Eine Handvoll Flohmärkte später, auf denen sie alles verkauften, was sich an unnützen Dingen angesammelt hatte, ging es für sie zusammen mit ihrer kleinen Tochter im Oktober 2012 von Los Angeles los. Jetzt, acht Monate später, stehen sie neben uns in Cusco auf dem kleinen Campingplatz und bessern ihre Reisekasse noch ein wenig mit dem Versand der Handwerkswaren auf.

Auf der anderen Seite des Areals stehen Pascale, Mathieu und ihre zwei Kinder. Sie sind aus Kanada und mit einem großen Pick-up-Camper unterwegs. Oben auf ihrer Wohnkabine ist ein riesiges Loch mit einer Holzplatte abgedeckt. Auch sie hatten ihr Fahrzeug zur Verschiffung am Hafen von Colón in Panama abgegeben. Mathieu erzählt lachend, wie er dem Hafenarbeiter den Autoschlüssel übergeben hat und dieser direkt vor seinen Augen gegen eine Höhenbegrenzung gefahren ist, die mit einem riesigen Rumms die Klimaanlage vom Dach gerissen hat. Ich muss mitlachen, aber eigentlich ist es zum Heulen.

Die Fahrzeuge auf dem Campingplatz sind genauso vielfältig wie ihre Besitzer. Klapprige Autos, vom Schrottplatz gerettet, stehen neben nagelneuen Luxusfahrzeugen. Manche Reisende sind allein unterwegs, andere als Paar oder mit Kindern, wieder andere zusammen mit Freunden. Von Anfang zwanzig bis knapp achtzig sind alle Altersgruppen vertreten. Alle hier haben ihren ganz eigenen Weg gefunden, unterwegs zu sein. Manche sind wohlhabend, andere nicht. Manche haben ihr Budget vorab gespart, andere verdienen beim Reisen oder auch durch das Reisen. Manche sind mit klar definiertem Zeitplan unterwegs, andere mit offenem Ende. So viele verschiedene Ansätze, und doch verbindet uns eines: die Lust, frei und selbstbestimmt die Welt zu entdecken.

Nach drei Wochen fällt es Sabine und mir fast ein bisschen schwer, uns in Richtung Bolivien zu verabschieden. Ein letzter Blick zurück zu den vielen winkenden Armen und lachenden Gesichtern, dann rollt Paula durch das große Tor.

KILOMETER 68 573
EIN WENIG SEGEN

Sabine

Copacabana, da denke ich an braun gebrannte Schönheiten, weißen Sandstrand und brasilianisches Lebensgefühl in Rio de Janeiro. Aber nein, wir sind nicht an der Küste Brasiliens angekommen, wir befinden uns an dem Ort, der für die Namensgebung des berühmten Strandabschnitts Pate stand.

Boliviens Copacabana ist ein beschauliches Städtchen am Titicacasee und dennoch ein ganz besonderer Ort. Hier können wir Paula ordentlich segnen lassen, und das dreimal täglich, um neun, um elf und um vierzehn Uhr dreißig. Selbst über die Landesgrenze hinweg ist Copacabana dafür bekannt. Von weither reisen die Menschen an, um den geliebten Neuwagen, ein in die Jahre gekommenes Taxi oder einen Reisebus samt Passagieren unter Gottes Schutz stellen zu lassen.

Wer denkt, man fährt kurz vor, lässt das Fahrzeug segnen und setzt seine Reise fort, der irrt gewaltig. Zuerst wird das Auto gebührend geschmückt. Der ganze Ort scheint von dieser Inszenierung zu leben. Ein Blumenladen reiht sich an den anderen. Gestecke in allen Größen und Formen werden ab den frühen Morgenstunden gebunden, Blumengirlanden aus prallen roten Blütenblättern aufgefädelt, und auch bunter Plastikschmuck, Glückshüte, Spielzeugautos und Papiergeld können erstanden werden. Marienfiguren, Rosenkränze, Andachtsbildchen, Glückwunschkarten runden den kleinen Altar ab, der vor den Fahrzeugen aufgebaut wird. Dazu Böller und Champagner, schließlich soll der Spaß nicht zu kurz kommen.

Wir parken Paula vor den Toren der Kirche zwischen den anderen Autos und schmücken sie. Girlanden hier, Blumen dort, und als sie im Blütenglanz erstrahlt, bezahlen wir die obligatorische Segnungsgebühr von umgerechnet einem Euro an den Kirchenvertreter, der ähnlich wie ein Mönch eine lange braune Kutte trägt. Die Segnung nimmt ihren Lauf. Wir haben keine Ahnung, wie die Zeremonie aussieht, und werfen voller Begeisterung zwei Handvoll Blütenblätter auf das Fahrerhaus. Der Priester hebt beide Hände dem Fahrzeug entgegen, nuschelt einige unverständliche Sätze Richtung Motorhaube, und ehe wir uns versehen, dreht er sich um, hebt seinen Segenspüschel und feuert eine ordentliche Weihwasserladung auf Thomas und mich ab. Grinsend wischen wir uns das Wasser aus dem Gesicht. Damit, dass wir für den günstigen Preis auch gleich mit gesegnet werden, haben wir nicht gerechnet. Der Priester zieht eine Runde um das Fahrzeug. Jeder Reifen bekommt ein paar Spritzer gesegnetes Wasser. Sicher ist sicher. Dann verabschiedet er sich mit einem Nicken, geht zum nächsten Fahrzeug, nimmt die nächste Segnungsgebühr entgegen und hebt vor einer weiteren Motorhaube die Hände.

Der Kirchenvertreter ist zwischen den vielen Fahrzeugen verschwunden, da kommt eine winzige, ganz in Schwarz gekleidete ältere Dame. Sie bietet ebenfalls gegen eine kleine Gebühr ihre Dienste als Segensspenderin an. Die Señora könnte nach ihrem Äußeren zu urteilen als Schamanin durchgehen. Vielleicht ist sie das auch, denn an der Plaza werden nicht nur Blumenschmuck und christliche Dekorationsartikel verkauft, sondern auch Utensilien für so manch anderen Glauben: getrocknete Lamaföten, Seesterne und mysteriöse Pülverchen. Aber warum nicht, wenn wir schon dabei sind, soll auch sie ihre guten Wünsche aussprechen.

Jetzt kann wirklich nichts mehr schiefgehen. Paula ist dank ihres prachtvollen Blumenschmucks schöner denn je, und wir sind alle reichlich gesegnet.

Drei Kilometer hinter Copacabana, die erste Steigung. Der Motor verfällt in ein uns bereits bekanntes Stottern. Nicht schon wieder! Seit einiger Zeit haben wir Schmutzpartikel im

Tank oder in den Kraftstoffleitungen oder irgendwo dazwischen. Alle paar Kilometer verstopfen sie den Diesel-Vorfilter. Schnell zu beheben, aber lästig. Für den Motor haben die Segnungen also schon mal nichts gebracht. Immerhin überstehen wir kurz danach die Überfahrt auf der wackeligen Holzfähre, die uns mit Paula über den Titicacasee bringt. Bald werden wir wissen, ob uns die Segnung Glück bringt. Eine große Prüfung steht bevor.

KILOMETER 68876
CAMINO DE LA MUERTE

Thomas

Jeder ungepflegte Waldweg in der nördlichen Oberpfalz ist in einem besseren Zustand als viele Hauptstraßen in Südamerika. Doch eine Strecke bleibt allein wegen ihres Namens im Gedächtnis: *Camino de la Muerte*. Die Straße des Todes. Ist sie tatsächlich die gefährlichste Straße der Welt? Wir wollen es wissen.

Wir sind in Coroico, einem kleinen, beschaulichen Städtchen mit engen Gassen, die uns einige Dutzend Rangiermanöver abverlangen. 500 Meter geht es hinab ins Tal, hier beginnt für uns die berühmt-berüchtigte Passage der nördlichen Yungas-Straße. Ab jetzt gilt Linksverkehr, denn so sitzen die Fahrer direkt am Abgrund und können im Falle eines Ausweichmanövers die Reifen besser an der Felskante entlangdirigieren. Lieber stoßen mal die Spiegel der Fahrzeuge aneinander, als dass ein Rad über den schmalen Grat hinausrollt und das ganze Fahrzeug abstürzt. Doch noch sind wir am Beginn der Strecke, noch ist der Weg eben, breit und von zügellosem Bewuchs gesäumt. Ein Blick auf den Höhenmesser zeigt 1200 Meter über Meeresniveau. Dampfig-schwüle

Luft dringt in die Kabine, üppiges Grün drängt sich dicht an dicht am Wegesrand und schwappt mit von Blüten behangenen Ästen und Zweigen in die Fahrbahn hinein. Der Weg führt über eine kleine Brücke und zieht sich ab jetzt bergauf. Noch wäre die Strecke breit genug, dass zwei Fahrzeuge ohne große Probleme aneinander vorbeifahren könnten.

Meter um Meter verliert die Luft ihren feuchtwarmen Charakter, und mit jeder Kurve verändert sich auch die Vegetation. Fast unmerklich verschwindet die weich abfallende Böschung rechts der Fahrspur, wird schmäler, und was noch vor wenigen Metern ein sanfter Hügel hinab ins Tal war, kippt nun immer mehr zu einem steilen Hang, dessen mattgrüner Grund weiter fortrückt.

Die Luft wird frischer. Links von uns ragt nun der Fels steil empor, rechts liegt nichts mehr. Weniger als dreißig Zentimeter bleiben neben dem rechten Reifen und einem bis zu 700 Meter tiefen, fast senkrecht abfallenden Abgrund hinunter in die ferne grüne Hölle. Vor jeder engen Kehre hupe ich, in der Hoffnung, möglicher Gegenverkehr könnte uns hören. Abschnitte, in denen ein Ausweichen unmöglich ist, sind vorab oft nicht einsehbar.

Es passiert wie befürchtet. Hinter einer spitzen Kehre kommen uns zwei Lkw entgegen. Die Fahrspur ist kaum breiter als Paula. Wo war nun die letzte Ausweichstelle? Ein Blick in die Spiegel. Linker Spiegel: Fels. Rechter Spiegel: nichts. Der Puls beschleunigt sich. Ich fahre nach links dicht an die Felswand, damit Sabine vorsichtig aus der Beifahrertür klettern kann. Durchatmen. Rückwärtsgang. Meter für Meter dirigiert mich Sabine per Handzeichen. Jede Lenkbewegung muss kontrolliert sein. Es darf nicht das kleinste Missverständnis geben. Zentimetergenau rollen die Reifen rückwärts. Die beiden Lkw folgen Stück um Stück. Nach mehreren Hundert Metern kommt endlich eine knappe Verbreiterung der Fahrspur in Sicht. Alles läuft mit viel Geduld und Ruhe ab. Jeder weiß, dass die Fahrmanöver allerhöchste

Konzentration abverlangen. Keiner drängelt, nörgelt oder schimpft ungeduldig. Sabine kreuzt die Hände. Stopp! Die beiden Lastwagen schieben sich an uns vorbei. Durchatmen. Weiter. Noch liegt der größte Teil der Todesstraße vor uns. Und sie wird noch schmäler. Der hoch aufragende Fels schiebt sich nun über die Straße, und immer wieder stürzen kleine Wasserfälle auf uns herab. Sie entspringen irgendwo weit oben und fallen über und neben uns in die Tiefe. Der schmale Straßenrand ist gesäumt von Kreuzen und Gedenktafeln, die in der feinen Gischt langsam von Moos überwachsen werden.

Wir halten an einer Ausweichstelle. Seit einiger Zeit kommen uns immer wieder Gruppen von Radfahrern entgegen. Wie auch uns diese spektakuläre Strecke mit ihrem Ruf anzieht, wollen viele einmal die berüchtigte Straße des Todes auf dem Mountainbike hinabdüsen. Aber so todesmutig die Fahrer auch gekleidet sind, mit Protektoren, Integralhelm, Knieschützern, Westen mit Aufdrucken von Knochen und Totenköpfen, so treffen wir doch keinen einzigen, der tatsächlich kräftig in die Pedale tritt. Zu groß ist der Respekt vor dem harschen Abgrund zur Linken, der jeden Fahrfehler mit oder ohne Helm gnadenlos und endgültig bestrafen würde. Sorgen mache ich mir allerdings weniger um diejenigen, die halbwegs zügig fahren, sondern vielmehr um die Langsamen, die ihren Drahtesel derart zaghaft durch die Kurven steuern, dass ich Angst habe, sie fallen jeden Moment allein vor Schreck um. Heute wird es hoffentlich jeder der etwa hundert Mountainbiker bis ins Tal schaffen. Das ist nicht an jedem Tag so. Immer wieder verunglücken Radler.

Die Opfer der Todesstraße liegen heute bei einigen wenigen pro Jahr, das war bis vor kurzer Zeit vollkommen anders. Vor 2007, vor dem Bau der neuen, gut asphaltierten Umfahrung, verloren jedes Jahr zwischen 200 und 300 Menschen auf dieser Strecke bei schrecklichen Unfällen ihr

Leben. Mehrfach im Monat stürzten Pkws, Lastwagen und Reisebusse in die Tiefe, was der Strecke schließlich ihren Namen und den Ruf der gefährlichsten Straße der Welt einbrachte. Für mich ist es völlig unvorstellbar, wie noch vor wenigen Jahren tagtäglich viele Hundert Lkw auf der Strecke pendelten. Voll beladen, wenige Zentimeter neben den tiefen Felsabbrüchen, mit sperrigen Anhängern und ständigem Gegenverkehr.

Nach sechs Stunden Fahrt auf 33 Kilometer Strecke haben wir uns von 1200 auf 3200 Meter hochgeschraubt. Zahllose Kurven und Kehren liegen hinter uns, Engstellen und Wasserfälle, Gegenverkehr und einige Ausweichmanöver. Wir sind um eine Erfahrung reicher: Ja, auch die berüchtigte Todesstraße ist zu schaffen. Ich denke, heute ist das Risiko kalkulierbar, wenn man die Strecke ohne Zeitdruck und mit großer Vorsicht fährt. Spektakulär und nervenaufreibend ist sie in jedem Fall nach wie vor.

KILOMETER 71 736
DIE SILBERMINE VON POTOSÍ

Sabine

Zentimetergenau passt Paula durch das Tor zum Hotel Maria José. Marcelo, der junge Rezeptionist, empfängt uns herzlich und freut sich sichtlich, endlich einen Gast in diesem baufälligen Hotel zu begrüßen. Er sprudelt uns nur so auf Spanisch entgegen: »Willkommen in Potosí. Wart ihr schon in der Stadt? Potosí ist auch berühmt für den Cerro Rico. Wollt ihr das Bergwerk besichtigen? Mein Freund Antonio war Minenarbeiter, er kann es euch zeigen!«

Wir hatten von den Silberminen bei Potosí gehört und davon, dass es möglich sei, in sie hinabzusteigen. Aber wollen wir das wirklich? Nach langem Hin und Her beschließen wir, am nächsten Tag tatsächlich mit Antonio in den Berg zu gehen.

Als wir vor dem kleinen runden Loch stehen, das der Eingang zur Mine sein soll, wird mir langsam klar, dass meine Vorstellung einer Mine mit der Realität nichts, aber auch gar nichts zu tun hat. Antonio schickt ein Stoßgebet zu den Göttern der Oberwelt. Das mindert mein Unbehagen nicht, im Gegenteil. Ich atme noch einmal tief durch und steige rückwärts durch die Öffnung. Thomas folgt mir durch das etwa einen Meter große schwarze Loch in die Tiefe. Sprosse für Sprosse steigen wir über die wackelige Leiter hinab. Das Licht wird mit jedem Schritt weniger, bis ich es über mir nur noch erahnen kann. Als ich wieder Boden unter den Füßen spüre, empfängt mich stickig-warme Luft. Der runde Schein der Stirnlampen fällt auf die Wände um uns. Blanker Fels, grob behauen und nicht abgestützt, auch die Decke ist nicht gesichert. Über unseren Köpfen führen schwarze Leitungen in die Tiefe. Es ist beängstigend.

Wir folgen Antonio durch die Gänge in den Berg. Immer wieder verzweigen sich die Wege, werden enger, selten weiter. Stellenweise kann ich aufrecht stehen, doch meist laufe ich gebückt durch die Schächte. In kürzester Zeit ist unsere Kleidung von einer dicken Staubschicht überzogen.

Wir erreichen einen Gang, in dem alte, verbogene Gleise liegen. Ein donnerndes Geräusch kommt schnell auf uns zu. Antonio packt Thomas und mich und zieht uns zu sich in eine kleine Nische im Fels. Ein voll beladener Waggon mit Gestein rumpelt an uns vorbei. Vorsichtig beuge ich mich vor und sehe gerade noch die zwei jungen Burschen, die das rasende Geschoss schieben. Keine Handbreit passt zwischen den Waggon und die Wände. Stille kehrt zurück. Ich höre das Platschen unserer Stiefel auf dem matschigen Untergrund, das stete Tropfen von Wasser auf Stein. Vor allem höre ich meinen schweren Atem und spüre mein Herz klopfen. Die

Lunge kratzt, Staub steht in der Luft. Jetzt wird es eng. Auf allen vieren kriechen wir durch ein Loch, rutschen eine Schräge hinab, balancieren über Bretter. Thomas versucht, mit der Fotokamera einige Eindrücke im Dunkeln festzuhalten. Zwei Stunden Abstieg liegen hinter uns bis auf die sechste Schachtebene unter der Oberfläche.

»Abgebaut wird viel weiter unten auf Ebene vierzehn. Nur dort ist noch Silber zu finden«, erklärt Antonio und deutet auf den schweren Sack voller Steine auf dem Rücken des Arbeiters, der uns aus der Tiefe entgegenkommt: »Seht ihr? Das sind etwa vierzig Kilo Gestein.«

Antonio zeigt uns Silberadern im Fels, lehrt uns, die Zeichnungen an den Wänden zu deuten, die helfen sollen, sich in dem Wirrwarr an Gängen zurechtzufinden.

»Habt ihr schon die Kristalle hier an der Wand bemerkt? Das ist Asbest. Ist hier überall in der Luft. Und das Wasser, das aus dem Fels läuft und auf dem Boden steht, ist mit Blei getränkt. Es lässt den Fels porös und brüchig werden.«

Erschöpft setzen wir uns auf einen Haufen Geröll. Es ist still. Nur immer wieder ein leises Knacken im Gestein, wie der stumpfe Schlag eines Hammers.

»Was ist das für ein Geräusch?«, möchte Thomas wissen.

»Das sind die Arbeiter weit unter uns. Jedes Knacken ist eine Ladung Sprengstoff, mit der sie Gestein aus dem Berg sprengen.«

»Gibt es eine Regelung, wer wo sprengt?«

»Wenn eine Kooperative eine Ader im Gestein findet, folgt sie ihr.«

»Und weiß irgendjemand, wo die anderen Kooperativen arbeiten?«

»Nein. Manchmal kommen sich die Schächte zu nahe. Dann gibt der Fels nach.«

Für einige Minuten verschnaufen wir. Die Hitze ist unerträglich. Die Luft kratzt im Hals. Aus der Tiefe das dumpfe Knacken der Sprengungen. Ein beklemmendes Gefühl.

Seit dem 15. Jahrhundert wird Erz aus dem Berg gewonnen, über 600 Minen wurden seither in das Gestein getrieben. Der Berg muss durchlöchert sein wie ein Schweizer Käse. Die Hoffnung auf Wohlstand, doch vor allem die fehlenden Alternativen in diesem kargen, auf 4000 Metern über dem Meeresspiegel gelegenen Gebiet treibt die Menschen seit Generationen in die Stollen. 11 000 Mineros arbeiten täglich im Berg. Oftmals übernehmen die Kinder die Plätze ihrer jung verstorbenen Väter, viele beginnen bereits mit vierzehn Jahren in den Minen zu arbeiten. Seit einigen Jahren dürfen nur noch die alten, erfahrenen Arbeiter Sprengungen durchführen. Alt, das bedeutet in diesem Beruf 25 oder 30 Jahre.

»Durch die neue Regel kommt es nun zu wesentlich weniger Unfällen. Früher starben im Schnitt zwei Arbeiter jede Woche. Jetzt ist es ein tödlicher Unfall im Monat«, erklärt Antonio. Sein Blick ist nachdenklich, die Augen starr, »nicht mitgerechnet all diejenigen, die an den Folgen einer Staublunge sterben. Die Lebenserwartung der Minenarbeiter liegt zwischen 35 und 45 Jahren.«

Auch sein Vater ist vor einigen Jahren viel zu jung gestorben. Antonio hat daraufhin mit seinen Geschwistern beschlossen, nicht länger in der Mine zu arbeiten, auch wenn es sehr schwierig ist, mit einem anderen Beruf ein Auskommen zu finden. Zwei Jahre lang hat Antonio gelernt und sich selbst mühevoll Englisch beigebracht, denn der Tourismus ist eine der wenigen alternativen Einnahmequellen in Potosí. Zu Recht klingt Stolz in seiner Stimme mit, wenn er erzählt, dass er jetzt nur noch für Führungen in den Berg geht.

Als wir nach knapp drei Stunden das Tageslicht am Ende der wackeligen Holzleiter wieder erblicken, bin ich froh, dass wir dieser Hölle heil entkommen sind. Unvorstellbar, was die Menschen hier täglich leisten, für wenig Entlohnung und mit dem Wissen, dass es keineswegs besser werden wird. Junge Arbeiter können sich oft nicht einmal Stiefel leisten, laufen barfuß durch die Tunnel. Als Atemschutz binden sich viele einfache Spülschwämme vor Mund und Nase. Um an Silber, Zinn, Zink und Kupfer zu kommen, müssen sie immer tiefer graben. Für Sicherheitsvorkehrungen bleibt den Arbeitern kein Geld.

Für mich waren die Stunden im Berg ein erschütternd intensives Erlebnis. Die Stollen von Potosí sind nur ein schockierendes Beispiel. Bergwerke wie die im Cerro Rico gibt es viele, denn Metalle aus Minen wie dieser nutzen wir alle. Fast jeder hat sie in seinem Telefon, Computer oder Auto.

KILOMETER 71 990
DAS WEISSE MEER

Sabine

Zusammen mit den vierzehn Reservekanistern auf dem Dach haben wir 1100 Liter Diesel an Bord. Staufächer und Kühlschrank sind mit Lebensmitteln gefüllt, 350 Liter Wasser schwappen in den Tanks. Beide Gasflaschen sind voll, wir haben eine Kiste Holz für den Ofen und einen Baumstamm auf dem Gepäckträger verzurrt. Wir sind vorbereitet.

Wir planen keine monatelange Durchquerung der russischen Tundra, sondern lediglich 600 Kilometer über den menschenleeren bolivianischen Altiplano. 600 Kilometer sind in Deutschland eine Halbtagesetappe auf der Autobahn, in Bolivien kalkulieren wir anders. Ist die Route wirklich schlecht, schaffen wir sechzig Kilometer pro Tag, das heißt zehn Tage unterwegs. Es geht auf knapp 5000 Meter Höhe. Ein Wetterumschwung könnte bedeuten, dass der Grenzpass nach Chile unpassierbar wird. Im schlimmsten Fall müssen wir alles wieder zurückfahren. Voraussichtlich gibt es keine Dörfer, keine Brunnen, keine Geschäfte, Tankstellen oder sonstige Infrastruktur. Im Fall einer Panne brauchen wir

Zeit, um Paula zu reparieren oder um darauf zu warten, dass ein anderes Fahrzeug vorbeikommt, denn Handynetz gibt es nicht. Wenn ich mit dieser Kalkulation auf die Vorräte sehe, schrumpfen sie plötzlich ganz schön zusammen.

Schon seit Monaten habe ich mich auf diesen Moment gefreut. Wir fahren auf den Salar de Uyuni, den größten Salzsee der Welt. Wohin ich auch blicke: Ich sehe nur Weiß. Links, rechts, vor, hinter und unter uns, nichts als ewiges Weiß. Nur das kräftige Blau des Himmels bietet einen Kontrast. Die Luft ist frisch, obwohl die Sonne auf 3600 Metern Höhe mit aller Kraft herabbrennt. Mit siebzig Stundenkilometern sausen wir über die gigantische Ebene. Nichts und niemand zu sehen, nur das Surren der Reifen auf dem rauen Untergrund ist unser ständiger Begleiter. Straßen gibt es keine. Orientieren können wir uns an vereinzelten Spuren, die sich durch den Reifenabrieb der Fahrzeuge dunkel auf dem Weiß abheben. Jetzt zeichnet sich in der Ferne etwas Dunkles ab, erhebt sich gleich einem riesenhaften Boot vom Grund, schwebt auf den flirrenden Wellen wie auf einer tosenden See und verschmilzt langsam wieder mit dem Boden. Eine Insel inmitten des unendlichen Weiß. Eine Realität surrealer als jedes Gemälde.

Am Rande der Insel gehen wir vor Anker. Wir treten auf das Meer, die Wellen sind starr. Unter den Schuhen knirschen die markant aufgewölbten Ränder unregelmäßiger Fünf-, Sechs- und Siebenecke. Wenige Schritte sind es zum Strand. Raue Felsen, schwarz und brüchig, Korallen an Land. Ein Wald aus meterhohen Kakteen, die ihre stacheligen Arme sehnsüchtig dem klaren Blau des Himmels entgegenstrecken. Alice im Wunderland muss sich so gefühlt haben. Zehn, fünfzehn Meter hoch mögen die stacheligen Riesen sein, sicher über tausend Jahre alt. Wir klettern über den Fels nach oben. Weitere Inseln liegen in der Ferne, dazwischen die Ebene, die mit voller Wucht das Strahlen der Sonne in alle Richtungen zurückschleudert. Eine Hasenmaus, ein Kaninchen mit viel zu langem Schwanz und dickem Fell, hüpft hinter einem Stein hervor und starrt mich genauso verwundert an wie ich sie. Für einen Moment sucht sie im Schatten eines Steins ein wenig Ruhe, blickt dann hektisch auf ihre Taschenuhr, hoppelt weiter und verschwindet.

Es ist still auf dem Salar. Die Weite verschluckt jedes Geräusch. Vier Tage bleiben wir auf dem endlosen Weiß, versuchen, eine Landschaft zu begreifen, die man nicht begreifen kann. Immer wieder täuscht mich meine Wahrnehmung, suggeriert meinem Gehirn, ich befände mich auf Schnee. Was ist groß, was ist klein, was ist weit weg oder ganz nah? Maßstäbe verschwimmen. Größenverhältnisse lassen sich in dieser skurrilen Umgebung ad absurdum führen. Ohne Referenz verliert sich jedes Gefühl für Geschwindigkeit, verschieben sich Raum und Zeit in die Relativität.

Wie lange wir auch auf dem Salar verweilen, er verliert nichts von seiner Faszination. Nur das Wissen, dass die Lagunenroute nun auf uns wartet, lässt mich mit Freude den Startknopf drücken. Der Motor ringt nach Luft und stößt eine dicke schwarze Fahne über das Weiß. Ein Blick auf das GPS, ich zerre am Lenkrad, bis der Pfeil nach Süden zeigt. Wieder ertönt das Surren der Reifen. Es wird uns begleiten, bis wir in gut fünfzig Kilometern das Ufer des Salzsees erreichen.

Während der Salar im Rückspiegel verschwindet, ändert sich die Landschaft. Die Piste ist abwechselnd mit ruppigen Wellblechflächen, spitzen Steinen oder tiefen Schlaglöchern übersät und zwingt uns in die untersten Gänge. Die Luft wird dünner. Wir passieren die 4000-Meter-Marke. Das setzt dem Fahrzeugmotor zu und erschwert zusätzlich ein zügiges Vorankommen.

Es ist der dritte Tag, seit wir den Salar verlassen haben. Wir machen Pause an einer einsamen Lagune, und Thomas erkundet zu Fuß die Umgebung.

»Es beginnt zu schneien!«, höre ich Thomas rufen.

Ich strecke meinen Kopf aus der Tür, beobachte kritisch den Himmel und lasse meinen Blick in die Ferne schweifen. In den vergangenen Tagen waren uns hin und wieder Tourenjeeps begegnet. Seit gestern Nachmittag sind sie verschwunden. Ein unangenehmer Verdacht beschleicht mich. Wir stehen auf 4300 Metern. Der Schneefall wird dichter. Sturm kommt auf. Die Sicht reicht nur noch wenige Meter, der Schnee beginnt die Fahrspuren zu bedecken, die uns bisher den Weg durch die Einsamkeit gezeigt haben.

»Es hat keinen Sinn weiterzufahren. Wir müssen warten, bis sich der Sturm legt«, schlägt Thomas vor und bringt das Ofenrohr an, damit wir einheizen können. Der Lkw wackelt, ich höre Thomas' Schritte über mir und bin froh, dass meist er aufs Dach klettert. Seine Haare sind weiß, als er zurückkommt. Der Wind spielt eine Melodie durch das Ofenrohr, während ich versuche, das Feuer zu entfachen. Es knistert. Wir setzen uns dicht vor den kleinen Ofen, der uns schon so oft Wärme gespendet hat. Mit Yakdung in der Mongolei, Kiefernzapfen in den USA, jetzt mit dürrem Holz, das wir am Nachmittag gesammelt haben. Es duftet leicht nach Rauch, ich spüre die Wärme des Feuers, die sich langsam im Innenraum ausbreitet.

»Ist dir aufgefallen, dass wir gestern Nachmittag den letzten Jeep gesehen haben?«, frage ich Thomas.

»Die wussten wohl alle, dass das Wetter umschlägt.«

Die Worte kommen mir unangenehm bekannt vor. »Was machen wir jetzt?«

»Falls wir morgen früh eingeschneit sind? Keine Ahnung. Wir können nichts anderes machen als abzuwarten. Vorräte haben wir noch. Ich schätze, drei Wochen würden wir aushalten.«

Wir sitzen da, starren aus dem Fenster, beobachten das Treiben der Schneeflocken. Immer wieder rollen starke Böen über die Ebene und rempeln den Lkw an, schütteln ihn und wiegen uns unsanft in den Schlaf.

Am nächsten Morgen schiebe ich erwartungsvoll den Vorhang zur Seite. Der Sturm peitscht weiter seine Böen gegen Paula, als sei er ein ehrgeiziger Jockey, der seinen Gaul antreibt. Es schneit noch immer, die Landschaft hat sich in einen zerrissenen weißen Teppich verwandelt. Keine durchgehende Decke, denn der Wind lässt den gefallenen Flocken keine Ruhe. Er packt sie, schleudert sie umher. An manchen Stellen treibt er den Schnee zusammen, an anderen Stellen schaut der steinige Boden hervor.

Wir frühstücken, warten, beobachten das Wetter. Ich füttere den Ofen mit kleinen Holzstücken, starre nach draußen. Dafür, dass ich gerade auf 4300 Metern Höhe eingeschneit werde und nicht die geringste Ahnung habe, wie lange wir hier feststecken werden, bin ich erstaunlich entspannt.

Am späten Nachmittag legt sich der Sturm ein wenig. Wir versuchen, ein kleines Stück zu fahren, rollen wie vor wenigen Tagen auf dem Salar durch Weiß, mit dem Unterschied, dass es nun tatsächlich Schnee und nicht mehr Salz ist. Paula kämpft sich durch tiefe Schneewehen, unser Atem gefriert von innen an der Scheibe. Nach wenigen Kilometern geben wir auf. Wieder ist der Schneefall stärker und die Sicht schlechter geworden. Ausharren.

Am dritten Morgen schiebe ich den Vorhang erneut zur Seite. Es blendet mich. Ich öffne das Fenster, eiskalte Luft strömt herein, der Himmel ist tiefblau. Schnee liegt in langen Fransen über der Landschaft. Weiße Gipfel leuchten links und rechts. Lebensfeindlich, aber wunderschön. Heute ist der Tag. Es kann weitergehen. Die Treibschneeansammlungen sind zum Teil über einen Meter hoch, aber wir werden einen Weg finden, sie zu umfahren.

Zwei Stunden tasten wir uns durch die verschneite Hochebene, dann fällt sie langsam in eine weite Senke ab. Nur wenige Hundert Meter tiefer zaubert die Sonne Farben in die Landschaft, wie man sie nur in dieser Höhe erleben kann.

Kolumbien Der Sprung nach Südamerika ist geglückt. Hier suchen wir das nördliche Ende des Kontinents.

Kolumbien Mit Punta Gallinas auf der Wüstenhalbinsel La Guajira erreichen wir das nördliche Ende Südamerikas.

Mexiko In Teotihuacán feiern Nachfahren der Azteken am 21. März den Moment der Tag- und Nachtgleiche.

Panama Mit einem kleinen Segelboot überbrücken wir das Darien Gap zwischen Panama und Kolumbien.

Guatemala Nachfahren der Maya vollführen Opferrituale vor den 1500 Jahre alten Stufentempeln von Tikal.

Guatemala Zu Fuß durchqueren wir die atemberaubende Landschaft der entlegenen Sierra de los Chuchumantanes.

Guatemala Zu Gast bei einer Familie im Bergland. Bei kalten Temperaturen wärmt ein Holzfeuer die Hütte.

Peru Die sagenumwobene Ruinenstadt Machu Picchu thront auf einem Bergrücken in über 2400 Meter Höhe.

Peru Mehr als dreißig einspurige, unbeleuchtete Tunnel lassen im Cañón del Pato den Adrenalinspiegel steigen.

Bolivien Der Camino de la Muerte, die sogenannte Straße des Todes, führt vom Amazonastiefland auf den Altiplano.

Bolivien Nach zwei Tagen im Schneesturm auf rund 4600 Metern Höhe rollen wir durch die eisige Kälte.

Bolivien Wie auf einem anderen Planeten fühlen wir uns auf einer der Inseln inmitten des Salar de Uyuni.

Bolivien Etwas außerhalb der Stadt Uyuni rosten alte Dampflokomotiven auf dem Zugfriedhof vor sich hin.

Ecuador Auf den Tiermärkten wechseln unter anderem Schweine, Meerschweinchen und Lamas die Besitzer.

Chile Nach rund tausend Kilometern auf der legendären Carretera Austral queren wir die patagonischen Anden.

Bolivien Pannen ade? Vor der Kathedrale in Copacabana am Rand des Titicacasees bekommt Paula eine Segnung.

Kenia Auf staubigen Pisten fahren wir im Norden Kenias durch die Einsamkeit der Chalbi-Wüste.

Äthiopien Acht Meter unter unseren Füßen kocht das Gestein im Krater des Erta Ale.

Äthiopien Beim traditionellen Bullenspringen beweist ein junger Mann der Banna seine Reife.

Äthiopien Blutbrustpaviane leben in großen Gruppen auf den Hochlandwiesen des Simien-Nationalparks.

Kenia Im Masai-Mara-Naturschutzgebiet beobachten wir eine Gepardenmutter mit ihren Jungen bei der Jagd.

Ein kräftiges Orange am Fuße des Berges, zartes Grün in der Ebene, überstrahlt von einem tiefblauen Himmel, der das Weiß des Schnees auf den Gipfeln zum Leuchten bringt. Inmitten dieser Szenerie stolzieren Flamingos in Lagunen, die in Türkisblau, gebrochenem Weiß oder Blutrot das Licht der Sonne reflektieren.

Abseits der Route lässt auf 4900 Meter über dem Meeresspiegel ein Geysirfeld die Luft dampfen. Die Erde kocht und brodelt, und am Abend versinkt die Sonne hinter einer zischenden Fumarole. Etwas weiter speist eine heiße Quelle ein Naturbecken, in dem wir uns bei vierzig Grad von den eisigen Außentemperaturen erholen. In der Ferne eine Gruppe rosaroter Flamingos, die im flachen Wasser mit ihren Schnäbeln nach Plankton fischen, dahinter die umliegenden Berge, die sich im Sonnenuntergang violett verfärben.

Zwei Wochen erleben wir eine Landschaft, deren Schönheit mich jeden Tag aufs Neue in Staunen versetzt und deren Weite und Einsamkeit ein Gefühl von Freiheit vermitteln, wie wir es bisher nur in der Mongolei erlebt hatten.

Vor uns liegt noch eine lange Etappe bis an die Grenze. Für die Zollabfertigung müssen wir auf knapp über 5000 Meter Höhe, dann weitere achtzig Kilometer bis zum Grenzpass nach Chile. Ich hoffe, dass er trotz des Schneefalls geöffnet sein wird.

KILOMETER 72 763

EIN FRECHES VERKEHRSSCHILD

Thomas

Mit einem rostigen Quietschen fällt der Schlagbaum. Es ist geschafft, die Lagunenroute liegt hinter uns, und seit der einsame Grenzbeamte in seinem kleinen Häuschen im Nirgendwo den Stempel auf unsere Pässe gedrückt hat, haben wir Bolivien verlassen. Auch am Pass lagen gut dreißig Zentimeter Schnee, aber die Grenze war geöffnet.

Die ersten zwanzig Kilometer geht es über eine zerfurchte, matschige rotbraune Erdpiste, dann stehen wir nach Wochen zum ersten Mal wieder vor einer befestigten Straße. Gegenüber reckt sich ein großes Verkehrsschild in den Himmel und lässt uns die Wahl: links Argentinien, rechts Chile. Jetzt heißt es: entweder … oder …

Chile ist ein 5000 Kilometer langer schmaler Küstenstreifen auf der Westseite der Anden, Argentinien erstreckt sich östlich des Gebirgszugs über die weiten Steppengebiete bis an den Atlantik. Im Süden löst sich Chile in ein tief zerklüftetes, von Fjorden durchzogenes Archipel auf, dort geht es mit dem Fahrzeug über weite Strecken nur durch Argentinien hinab bis nach Feuerland.

Was sollen wir uns nun im Norden ansehen? Chile lockt mit der Atacamawüste. Eine der trockensten Regionen der Erde. Die Atacama – das klingt verheißungsvoll! Ich frage mich, welche Rolle die Namen bei unseren Entscheidungen spielen. Lässt man sich vom Klang der Worte anziehen? Wenn ja, so haben wir jetzt die Wahl zwischen Atacama und Pampa. Mir kommt die Frage in den Sinn, wie ich überhaupt meinen Weg durch die Kontinente finde. Verlasse ich mich auf meine Intuition? Lege ich eine klare Route fest, basierend auf dem, was ich mir vor der Reise angelesen habe? Oder orientiere ich mich an den begeisterten Berichten anderer Reisender und suche an den gleichen Orten nach den gleichen Erlebnissen und Eindrücken? Für fast jedes Land, das wir entdecken, steht bei uns ein Reiseführer im Regal. Je mehr ich mich mit Reiseführern vorbereite, desto geringer ist die Gefahr, dass ich etwas verpasse. Andererseits prägen Reiseführer wie kaum etwas anderes den Blick auf ein Land, lenken den Fokus auf bestimmte Dinge. Ohne sie hätten wir manche Gegend vielleicht ganz anders kennengelernt.

»Und? Was ist jetzt?«, schnauzt mich der Wegweiser an. »Du hast jetzt lange in Reiseführern geblättert, aber mit deiner Entscheidung bist du immer noch keinen Schritt weiter!« Provokativ funkelt er mir im Sonnenlicht entgegen.

»Weißt du«, entgegne ich, »wir müssen uns ständig entscheiden. Tag für Tag, Abzweigung für Abzweigung. Egal, welche Route wir wählen, wir müssen akzeptieren, dass wir uns nicht nur für etwas, sondern gleichzeitig auch gegen etwas entscheiden.«

Er starrt mich weiter erwartungsvoll an.

»Selbst wenn man so lange unterwegs ist, kann man nie auch nur annähernd alles sehen und erleben.«

Der Wegweiser nickt verständnisvoll im Wind. Ich verabschiede mich, denn es ist entschieden. Wir fahren nach Chile. Runter nach San Pedro, dann durch die Atacamawüste nach Süden.

Sechs Tage später kommen wir von San Pedro über die gleiche Strecke zurück. Wir haben uns doch umentschieden und werden nicht durch Nordchile fahren, sondern durch den Norden Argentiniens. Oben am Pass vernehme ich ein spöttisches Feixen vom Straßenrand.

KILOMETER 73 403
BLAUMARKT

Sabine

Kurz nach der Grenze erreichen wir Salta, eine Geisterstadt. Es ist früher Nachmittag an einem sonnigen Mittwoch. Geschäfte und Restaurants sind geschlossen, die Gitter heruntergelassen. Kein Mensch auf der Straße. Eine lebendige Metropole im Norden solle Salta angeblich sein, hatte ich gelesen. Davon spüre ich nichts. Ich suche mit Thomas Straßenzug um Straßenzug nach einem Laden ab, in dem wir zumindest etwas Gemüse kaufen können. Vergeblich. Haben die vergangenen Jahre wirtschaftlichen Zusammenbruchs in Argentinien solche Spuren hinterlassen?

Fünf Stunden später in Salta: Die Geisterstadt lebt! Die Geschäfte sind geöffnet, Menschenmassen schieben sich durch die Fußgängerzone der Innenstadt. Ab zwanzig Uhr öffnen auch die Restaurants. Wir sind die Einzigen, die bereits um diese Uhrzeit, halb verhungert, am Tisch sitzen. Nur der Küchengehilfe ist schon da und macht den Abwasch vom Vortag. In aller Ruhe erscheinen die ersten Gäste, gegen 22 Uhr füllt sich das Lokal. Merke: Zwischen zwölf und siebzehn Uhr sollte man gar nicht daran denken, einkaufen zu gehen, vor 21 Uhr nicht ans Abendessen. Siesta.

Unser Erstkontakt mit argentinischem Essen endet vor zwei riesigen, rosarot gebratenen, butterweich saftigen Stücken Rindfleisch. Fünfzehn Jahre lang war ich Vegetarierin. Bisher sah ich, bis auf wenige Ausnahmen, keinen Grund, auf der Reise Fleisch zu essen, aber zu Argentinien gehört das Steak wie die Pasta zu Italien, und das will ich mir nicht entgehen lassen. Mein Dasein als Vegetarier ist hiermit beendet.

Parrilla, gesprochen Pa-rie-scha, ist in Argentinien allgegenwärtig. Nicht nur in Restaurants, am Straßenrand und in den Hinterhöfen der Häuser, auf jedem Campingplatz, an Flüssen und Badeseen. Egal, wohin ich blicke, überall entdecke ich gemauerte Grillstellen, auf denen von mittags bis spätabends Rind, Lamm, Schwein und ab und an auch mal Hühnchen brutzelt und die Umgebung mit verlockendem Duft schwängert.

Ein paar Argentinische Peso hatten wir von anderen Reisenden bekommen. Für ein Abendessen hat es gereicht, aber nun brauchen wir Bargeld. Auf der Bank zu tauschen wäre ungeschickt. Seit der argentinischen Wirtschaftskrise im Jahr 2002 und der damit verbundenen Abwertung des Peso haben viele Argentinier das Vertrauen in ihr Bankensystem verloren. Um einer Kapitalflucht entgegenzuwirken, untersagt der argentinische Staat seither seinen Bürgern, ihr Geld in Fremdwährungen anzulegen. Weil der argentinische Peso jedoch einer enormen Inflation unterliegt, entwickelte sich in den vergangenen Jahren der sogenannte Blaumarkt. Ein Parallelmarkt für den Tausch von Dollar, Euro und brasilianischen Real, bei dem die Kurse im Moment etwa vierzig Prozent höher liegen als beim offiziellen Geldwechsel.

Wir kennen solche Parallelmärkte bereits. In Usbekistan bekam man unter der Hand etwa dreißig Prozent mehr als auf der Bank, in Venezuela vergangenes Jahr sogar das Doppelte des regulären Wechselkurses. Neben der Angst, bei dieser Art von Geschäft Falschgeld angedreht zu bekommen, liegt die eigentliche Schwierigkeit meist darin, genau dann einen Geldwechsler zu finden, wenn man ihn braucht. Jetzt brauchen wir einen.

In Salta befindet sich der Treffpunkt für alle Tauschwilligen direkt vor der offiziellen Wechselstube am Hauptplatz. Vereinzelt stehen Männer an Häuserfassaden gelehnt und wiederholen die Worte »*Change money? Cambiar dollares?*« wie einen kleinen Singsang. Die beste Position am Platz haben sich zwei beleibte und selbstbewusste Männer gesichert. Sie sitzen gemütlich auf Barhockern gegenüber der offiziellen Wechselstube unter Arkaden im Schatten und überblicken den Platz. Immer wieder kommt jemand vorbei, spricht die beiden Herren an, die Taschenrechner werden gezückt, und man beginnt zu verhandeln. Ich bin erstaunt, welche Mengen an Bargeld diese Männer in aller Öffentlichkeit bei sich tragen. Selbst mehrere Tausend Dollar ziehen sie ohne mit der Wimper zu zucken aus den Brusttaschen ihrer Hemden. Hier werden die großen Geschäfte abgewickelt, nur Fünfziger und Hunderter stehen gut im Kurs.

Im idyllischen Ferienort Bariloche schreiben einige Geschäfte im Zentrum ihre inoffiziellen Wechselkurse direkt auf Zetteln ans Schaufenster. Um einen wirklich guten Kurs zu bekommen, muss man sich allerdings durchfragen. Der erste Hinweis führt uns in ein von Duftkerzen geschwängertes Souvenirgeschäft. Nichts deutet darauf hin, dass man hier Geld wechseln kann. Ein paar Matebecher im Regal, Holzperlenketten, Strickmützen, Schlüsselanhänger und Postkarten. Der Besitzer ist keineswegs überrascht, als ich ihn nach dem Wechselkurs frage. Er wirft einen kurzen Blick ins Internet, überprüft den aktuellen Stand des Blue Dollar in Buenos Aires und nennt uns seinen Kurs. Die Rate für große Dollarscheine stünde ganz gut, doch für unsere Zwanziger will auch er uns weit weniger geben.

Im nächsten Zeitschriftengeschäft bekommen wir den Tipp, nach einem Hutladen Ausschau zu halten. In einer kleinen Einkaufspassage stehen wir schließlich vor einem winzigen Geschäft, in dem sich verstaubte Hüte bis unter die Decke stapeln. Zögerlich treten wir ein.

»Entschuldigung, sind wir hier richtig, wenn wir Dollar wechseln wollen?«, frage ich.

»Selbstverständlich«, antwortet der Verkäufer, als wäre es vollkommen klar, dass man in einem Hutgeschäft Geld wechselt.

»Ihr könnt bei mir auch große Geldbeträge tauschen. Mehrere Tausend Dollar sind kein Problem.«

»Gibt es für Euro einen besseren Kurs als für Dollar?«

»Nein, das kann ich euch im Moment leider nicht anbieten. Aber fragt mal im Spielzeugladen am anderen Ende der Einkaufsstraße.«

Vom Souvenirladen ins Zeitschriftengeschäft, vom Hutgeschäft in den Spielzeugladen. Dort angekommen ist weit und breit kein Mensch zu sehen. Die Tür ist zwar geöffnet, doch die Angestellten scheinen gerade Pause zu machen. Unschlüssig stehen wir vor dem langen Verkaufstresen, da werden wir in das Hinterzimmer gewunken. Bis jetzt war uns das verspiegelte Fenster in der Rückwand des kleinen Geschäfts gar nicht aufgefallen, doch als wir durch die unscheinbare Holztür treten, stehen wir direkt vor einem Schalter aus Panzerglas. Absurd! Doch auch hier bekommen wir weder für die kleinen Dollarnoten noch für unsere Euro ein gutes Angebot.

Ein paar Straßen weiter landen wir in einem chaotischen Bekleidungsladen. Frisch bedruckte T-Shirts stapeln sich auf dem Boden und riechen nach Farbe und Lösungsmitteln. Auf der Auslage wird gerade ein Baby gewickelt. Die jungen Besitzer wirken nett und solide und nennen auf Anhieb einen akzeptablen Wechselkurs. Na also, und schon haben wir gefunden, wonach wir suchen.

KILOMETER 77 416
CARRETERA AUSTRAL

Sabine

Seit wir Bolivien verlassen haben, pendeln wir zwischen Chile und Argentinien hin und her. Erst waren wir für ein paar Tage bei San Pedro de Atacama in Chile, dann im Norden Argentiniens. Auf der Höhe von Santiago überquerten wir wieder die Grenze nach Chile und packten die Snowboards aus, um bei Portillo die Andenhänge hinabzurutschen. Pünktlich zu Betriebsbeginn der Lifte standen wir dort am Kartenhäuschen, Liftfahren konnten wir allerdings erst eine Dreiviertelstunde später, weil der Verkäufer für die Liftkarten noch beim Frühstücken war.

In Santiago fand die erneute monatelange Suche nach Ersatzreifen ein glückliches Ende im Lager eines Herstellers für Putzlappen. Kein Händler konnte Reifen für Paulas ungewöhnliche Felgengröße auftreiben. Mit viel Glück entdeckten wir die Kleinanzeige eines ehemaligen Rallye-Dakar-Fahrers, der versehentlich sechs falsche Reifen aus Europa importiert hatte. Wir ergriffen die Chance und fahren sie seitdem zusätzlich durch die Gegend: vier auf dem Dach, zwei am Heck. So sind wir hoffentlich für die weitere Reise gerüstet.

Südlich von Santiago kreuzten wir wieder für ein paar Tage nach Argentinien, dann wieder zurück nach Chile. Die Seenregion um Valdivia erinnerte mich sehr an das deutsche Voralpenland. Zahlreiche Deutsche sind vielleicht auch deshalb vor und nach dem Zweiten Weltkrieg hierher ausgewandert. Viele bekannte Begriffe – Kuchen, Brezen, Bratwurst – haben wir in den Bäckereien und auf den Speisekarten der Wirtshäuser gelesen.

Von Puerto Montt sind wir nun in Chile nach Süden unterwegs. Einige Traum- und Albtraumrouten dieser Erde liegen bereits hinter uns: Abschnitte der Seidenstraße, der Highway 101 entlang der Pazifikküste, später dann Teile der Panamericana, der spektakuläre Cañón del Pato in Peru, die Todesstraße und die unglaubliche Lagunenroute in Bolivien. Und schließlich bereisten wir in den vergangenen Wochen einige Abschnitte der Ruta 40 in Argentinien, der längsten Landstraße der Erde. Nun liegt eine neue legendäre Strecke vor uns. Eines der ehrgeizigsten Straßenbauprojekte des 20. und 21. Jahrhunderts. Seit den Siebzigerjahren wird daran gebaut, und ein Ende ist nicht in Sicht: die Carretera Austral. Sie umfasst tausend Kilometer Schotterstraße, dreimal werden wir mit einer Fähre übersetzen müssen, um der Piste durch den zerklüfteten Süden Chiles zu folgen. Das chilenische Patagonien ist kaum besiedelt. Wir werden auf weiten Teilen der Strecke auf uns allein gestellt sein, und ich freue mich auf zwei Wochen abseits der Zivilisation. Wir haben erneut Besuch. Lena, eine Freundin aus Freising, wird uns auf diesem Abschnitt begleiten.

Patagonien ist nicht nur bekannt für seine landschaftliche Schönheit, für einen der letzten wachsenden Gletscher und die schroffen Bergmassive, sondern auch für sein raues, wechselhaftes Klima. Zwar naht jetzt Ende Oktober bereits der kurze patagonische Sommer, doch noch sind die Temperaturen frisch und der Wind eisig. Wir stellen uns auf schlechtes Wetter ein, und ich bin wenig überrascht, als es die ersten Tage ununterbrochen regnet.

Nasse Hosen und Jacken hängen von der Decke. Drei Paar dick verschlammte Schuhe stehen im Eingang, und zu allem Überfluss tropft es wieder durch die Folie, die Kabine und Fahrerhaus miteinander verbindet. Ich stelle einen Kochtopf darunter, mehr kann ich vorerst nicht tun.

Am nächsten Tag haben sich die Schlechtwetterwolken verzogen. Wir lernen Patagonien von seiner schönsten Seite kennen: Natur pur. Neben der Schotterstrecke baden wir in eisigen, aber glasklaren Flüssen, trinken frisches Mineralwasser direkt aus einer Quelle und entdecken die patagonische Tierwelt aus nächster Nähe. Herden von Guanakos tollen über die weite Ebene und lassen sich von uns bei ihren Balzritualen nicht aus der Ruhe bringen. Biber bauen emsig riesige Dämme und fluten ganze Landstriche. Alles direkt neben dem Straßenrand. Zusammen wandern wir über ein meterdickes Aschefeld, das vor wenigen Jahren durch den Ausbruch des erloschen geglaubten Vulkans Chaitén entstand, baden in heißen Quellen, sammeln Holz für die kalten

Abende und unternehmen eine Bootsfahrt zu farbenprächtigen Marmorhöhlen inmitten des Lago General Carrera. Die Landschaft um uns herum protzt mit dichtem Grün, mächtigen Gletschern, türkisgrünen Seen und azurblau leuchtenden, ungezügelt rauschenden Flüssen.

Die Carretera Austral fordert ihren Tribut. Drei Reifenpannen innerhalb einer Woche, das schafften wir bisher nicht einmal in der Mongolei. Thomas schlägt den Reifen von der Felge, flickt die Löcher. Viel Aufwand für wenig Erfolg. Aber was wäre eine legendäre Traumstraße so ganz ohne Herausforderungen?

KILOMETER 79 239
BERGE UND EIS

Thomas

Bis zum letzten Pass, den wir mit Paula überqueren konnten, sind wir auf der Carretera Austral nach Süden gefahren. Über einen winzigen Grenzübergang ging es zum dritten Mal nach Argentinien. Die Beamten suchten eine halbe Stunde nach dem richtigen Formblatt für die Einreise mit Paula. Die Pässe von Lena, Sabine und mir waren hingegen im Handumdrehen gestempelt.

Für einige Wochen zu dritt unterwegs zu sein, ist eine schöne Abwechslung. Lena wird uns noch bis Punta Arenas, kurz vor Feuerland, begleiten. Der gestrige Abend war lang und lustig. Wir hatten uns viel zu erzählen, nur der chilenische Rotwein hängt mir noch etwas nach. Aber Jammern hilft nicht. Der Himmel ist strahlend blau, und es gibt keinen Grund, heute nicht wandern zu gehen.

Wir stehen in Chaltén, am Fuße des Rauchenden Berges, wie das 3406 Meter hohe Granitmassiv von den Ureinwohnern genannt wird, denn meist umhüllt eine Wolke die Spitze des Fitz Roy. In direkter Nähe befindet sich ein zweiter markanter Gipfel, dessen Name bei Extrembergsteigern und -kletterern ein Kribbeln erzeugt. Der mit 3138 Metern zwar etwas niedrigere, aber nicht minder beeindruckende Cerro Torre. Beiden ist gemein, dass sie wegen ihrer Form und den unbeständigen Wetterverhältnissen noch heute zu den am schwierigsten zu begehenden Bergen der Welt zählen.

Auch für Otto-Normal-Bergsteiger wie uns ist diese Region ungemein reizvoll. Vor allem an den wenigen Tagen, an denen die Sonne scheint und der garstige patagonische Wind einmal nicht pfeift.

Wir wandern über eine grüne Hochebene, über kleine Bäche hinweg und durch lichten Wald. Es ist Ende Oktober, Frühling in Patagonien. Im Tal glänzen bereits die jungen Blätter der Südbuchen, und erste Sträucher beginnen zu blühen, in höheren Lagen befindet sich die Natur noch am Ende ihres Winterschlafs. Der finale Anstieg zur Lagune des Cerro Torre vertreibt vollends die Nachwirkungen des vergangenen Abends.

Eisberge, die von den umliegenden Gletschern in die Lagune stürzen, schwimmen auf der türkisblauen Fläche. Während die Gletscher das Licht bläulich reflektieren, verliert das Eis, das inmitten der Lagune schwimmt, seine kräftige Farbe und leuchtet in gebrochenem Weiß. Es kracht. Ein Teil eines Eisbergs ist abgebrochen, rutscht in den See und erzeugt eine kleine Welle. Aus dem Gleichgewicht gekommen, beginnt sich nun der ganze Eisberg zu drehen, kippt langsam und treibt am Ende mit seiner Unterseite nach oben im Wasser. Das neu an die Oberfläche getretene Eis schimmert noch einige Zeit tiefblau, bevor die Sonne auch ihm die Farbe nimmt.

Wieder geht es von Argentinien über die Grenze nach Chile. Kurz darauf starre ich auf eine achtzig Meter hohe Eiswand, die sich vor mir erhebt. Es kracht und ächzt, rauscht und dröhnt. Der Gletscher Perito Moreno ist nicht zu überhören, wenn er sich fortbewegt. Grau beherrscht die Oberfläche, dunkles Blau strahlt aus den Tiefen der Gletscherspalten hervor.

Da ist es wieder. Ein dumpfes Knacken durchzieht die gigantische Masse. Etwas Eis rieselt die Wand hinab in den Gletschersee. Ich suche das Feld mit konzentriertem Blick nach Veränderungen ab. Wird der Spalt dort etwa breiter oder täusche ich mich? Nein, tatsächlich, die blaue Fuge weitet sich, eine gigantische Eissäule löst sich, kippt wie in Zeitlupe nach vorne und stürzt tosend in den türkisblauen See. Eine enorme Welle bringt die im Wasser schwimmenden Eisberge zum Tanzen und mich zum Erschauern. Mit Verzögerung erreicht uns der Schall des lauten Aufschlags der Eisbrocken auf der Wasseroberfläche.

Unvorstellbare Kräfte müssen auf den dreißig Kilometer langen Gletscher wirken, schieben ihn Tag für Tag voran durch den Lago Argentino, bis er die Halbinsel erreicht, auf der wir gerade stehen. In wenigen Monaten wird es wieder so weit sein, dass Eis und Land für einige Zeit eine Einheit bilden. Ist dies der Fall, kann der südliche Teil des Lago Argentino nicht mehr abfließen. Der Wasserspiegel steigt um mehrere Meter an, bis der Wasserdruck die mächtige Gletscherzunge zum Bersten bringt und der Kampf zwischen Wasser und Eis von vorne beginnt.

KILOMETER 81 110
FIN DEL MUNDO

Thomas

Seit dem Start in Kolumbien, vom nördlichsten Punkt des Kontinents, sind knapp fünfzehn Monate vergangen, immer mit dem fernen Ziel Feuerland im Blick. So wenig greifbar uns damals das andere Ende Südamerikas erschien, so überwältigend fühlt es sich nun an, Feuerland tatsächlich erreicht zu haben. 22 000 Kilometer liegen hinter uns, und wir rollen mit Paula durch Ushuaia, die südlichste Stadt des Kontinents.

Vor mir steht ein großes braunes Holzschild mit der Aufschrift »*USHUAIA. FIN DEL MUNDO*«. Doch wo genau liegt nun dieses Ende der Welt wirklich? Wir wollten nach Süden fahren, so weit es mit dem Fahrzeug möglich ist. Ganz am Ziel angelangt fühle ich mich noch nicht.

Wir fragen Einheimische nach vorhandenen Straßen und Wegen und folgen schließlich einer Schotterpiste, die einige Kilometer vor Ushuaia abzweigt und nach Südosten in die Einsamkeit führt. Der anfangs breite Weg wird nach einigen Stunden Fahrt zunehmend schmäler, aus zwei Spuren wird eine. Häuser haben wir schon lang nicht mehr gesehen, lediglich zwei Schaffarmen teilen sich das karge Land. Kilometerweit nichts als Wald, dazwischen deuten Weideflächen auf vereinzeltes Leben hin. Inmitten dieses Nichts steht eine einsame kleine Hütte, vor der ein alter Mann auf einem Stein sitzt. Vermutlich ist er ähnlich verwundert wie wir, jemanden zu sehen.

Ich kann spüren, wie wir dem Ende der Welt näher kommen. Der Wald lichtet sich, der Weg führt zur Küste und gibt den Blick frei auf den vor uns liegenden Beagle-Kanal. Der Himmel ist wolkenverhangen, stürmischer Wind bläst uns entgegen. Die krumm gewachsenen Bäume zeugen vom rauen Klima und schmiegen sich Schutz suchend an die Landschaft.

Das GPS zählt weiter die Sekunden, Minuten und Grad nach Süden. Ein einsamer Leuchtturm markiert das Ufer, davor wiegen sich riesige Kelpwälder im Wasser. Am Strand rollen unablässig rund geschliffene Kiesel hin und her, klackern, rauschen und poltern im Takt der Wellen. Der Weg führt durch große Wasserpfützen, in denen sich der schnelle Zug der Wolken spiegelt. Ein Flusslauf schneidet sich in die Küste, der Feldweg biegt ab, führt über eine Brücke, etwas hinauf, weg vom Ufer. In der Ferne erscheint ein Funkmast, beim Näherkommen erkenne ich ein kleines Häuschen. Langsam, schweigend, fast andächtig rollen wir darauf zu, spüren, dass wir dem Ende nun sehr nahe sind. Ein Schild zeigt uns, was es mit dem Gebäude auf sich hat. Ein Stützpunkt der Marine, der den Schiffsverkehr im Beagle-Kanal überwacht. Knapp neben dem Stützpunkt endet der Weg. Die Bremsen quietschen leise. Ein Druck auf den Knopf am Armaturenbrett. Der Motor stoppt. Stille. Nur das Rauschen des Windes, der den Lkw hin und her schaukelt. *Fin del mundo*.

Wir steigen hinab zum Wasser, stehen auf den schroffen Felsen. Um uns peitschen die Wellen, die Gischt spritzt. Doch wir blicken nicht hinaus aufs Meer, sondern nach hinten, über das Land, über den Kontinent, über Südamerika, das wir genau jetzt vom nördlichsten bis zum südlichsten Punkt durchfahren haben. Es ist kein Traum, keine Idee mehr. Es ist Realität.

KILOMETER 85 499
WAS NUN?

Thomas

Seit Monaten beschäftigt uns die Frage, wie es weitergehen soll, wenn wir in Feuerland angekommen sind. Nun sind wir hier. Es gäbe auf dem südamerikanischen Kontinent noch so viel zu entdecken. Andererseits sind wir wieder an einem Punkt angelangt, an dem unsere Köpfe voll sind. Voll mit intensiven Erlebnissen und Eindrücken.

So zu leben wie wir es im Moment tun, ist das ein einziger Traum? In vielerlei Hinsicht ist es das. Aber für diesen Traum müssen wir auch auf manches verzichten. So stellen wir uns immer mehr die Frage, ob wir das auch weiterhin wollen. Und falls ja, wie lange noch? Sollen wir unseren ursprünglichen Plan beibehalten und nach Afrika verschiffen, oder erkunden wir noch ein wenig Südamerika und beenden die Reise nach diesem Jahr? Wir haben viele Ideen, was wir nach der Reise in Deutschland anpacken könnten. Unsere Familien würden sich auch sehr freuen, wenn sie uns wieder in der Nähe wüssten. Andererseits steht für Sabine und mich fest, dass wir Afrika auf jeden Fall besser kennenlernen möchten.

Nein! Wir sind noch nicht am Ende dieser Reise angekommen. Noch nicht. Wir werden nach Südamerika wieder für einige Wochen nach Hause fliegen, das Erlebte sich ein wenig setzen lassen und Zeit mit Familie und Freunden verbringen. Dann starten wir zur letzten Herausforderung: die finale Etappe, die uns durch den fünften Kontinent wieder dorthin zurückführt, wo alles begann. Afrika, wir sind bereit!

Noch sind wir in Argentinien. Von Feuerland reisen wir gemütlich nach Norden bis La Plata, einem Vorort südöstlich von Buenos Aires. Dort schrauben wir zwei Wochen an Paula herum und machen sie fit für Afrika. Seit gestern steht nun fest: Wir können von Zárate nach Durban in Südafrika verschiffen. Wir haben einen Agenten, ein Angebot und ein Datum. Na also, läuft ja ganz glatt. Singapur-Trauma überwunden?

Fast. Denn wir wissen noch nicht, ob auf dem Schiff auch Platz für unser Fahrzeug ist. Von der Reederei gibt es dazu bisher keine Bestätigung. Heute ist bereits der 23. Dezember, es folgen drei Feiertage bis zum 26., und am 27. soll das Fahrzeug bereits am Hafen abgegeben werden. Uns bleibt nichts anderes übrig, als das Beste zu hoffen.

Lucas ist in unserer Agentur für die Papiere zuständig, sein Vater Fernando übernimmt die Abwicklung, denn seit vierzig Jahren kennt er die Häfen von Buenos Aires und Zárate wie seine Westentasche. Er stammt von deutschen Einwanderern ab und spricht fließend Deutsch, mit einigen liebenswerten spanischen Abwandlungen. Wir verabreden uns für den 27. Dezember um acht Uhr morgens am Eingangstor zum Hafen von Zárate, um Paula dort abzugeben. Noch drei Tage in Südamerika.

An Heiligabend sitzen wir in kurzen Hosen vor dem Lkw auf einem kleinen Campingplatz. Wir sind die einzigen Gäste. Neben uns brutzelt ein riesiges argentinisches Rindersteak auf dem Grill. Drei Mal kam schon der Großvater des Hauses vorbei. Jedes Mal warf er einen Blick auf das Stück Fleisch, jedes Mal sagte er zu uns: »zu viel Hitze« und schob mit einem Stecken etwas Glut zur Seite. Zwei winzige glühende Kohlen liegen jetzt noch unter dem Fleisch. Prüfend halte ich meine Hand über den Grillrost. Ich spüre keinen Unterschied zur Umgebungstemperatur.

Zweieinhalb Stunden später ist das Stück Rind endlich so weit, und jeder Zweifel an des Großvaters Urteilsvermögen ist verschwunden.

Die beiden Weihnachtsfeiertage haben wir genutzt, um Paula für die Verschiffung vorzubereiten. Morgen soll sie in den Hafen. Der Innenraum ist voll, die letzte Nacht in Südamerika schlafen wir unter freiem Himmel. Es ist bereits nach Mitternacht. Die warme Luft liegt wie Sirup auf uns. Mücken surren um das Moskitonetz und lauern darauf, dass unsere Zehen, Knie oder Ellenbogen irgendwann im Schlaf das Netz berühren werden. So weit hat alles gut geklappt, und jetzt will ich noch gar nicht an das Schiff, die Überfahrt, den Hafen in Durban oder den Zoll denken. Ich bin einfach nur glücklich, dass bisher alles gut gegangen ist. Ich starre in den Nachthimmel, meine Gedanken kreisen und lassen mich nicht einschlafen. Ich spüre Zweifel in mir aufkommen. Zweifel, die mich verunsichern. Müsste ich nach so vielen Ländern, nach so vielen Grenzen, nach mehr als vier Jahren unterwegs nicht mit vollkommener Gelassenheit auf die Etappe durch Afrika zugehen? Was erwartet uns dort wohl …?

KILOMETER 85 780
NO ES FACIL

Sabine

27. Dezember, acht Uhr: Pünktlich treffen wir vor der Einfahrt zum Hafen in Zárate auf Fernando.

»Ihr wartet hier, ich erledige den Papierkram«, ruft er uns zu und verschwindet im Hafengelände. Wir warten. Vierzig Minuten später ist Fernando zurück, steigt neben mir auf den Beifahrersitz, und Thomas lenkt Paula zum Hafeneingang. Neugierig deutet der Zollbeamte auf unser Fahrzeug.

Fernando winkt ab: »Ist schon versperrt, wir liefern das Fahrzeug nur ab.«

Der Herr an der Schranke nickt und winkt uns durch. Hätte er einen Blick in das Fahrzeug geworfen, in dem sich vier Ersatzreifen und sechs Dachboxen bis zur Decke stapeln, hätte ihn wahrscheinlich der Schlag getroffen.

»Ich war schon hier, als er seine Ausbildung begonnen hat«, zwinkert Fernando.

8.50 Uhr: Thomas stellt Paula auf einem Parkplatz ab und übergibt den Schüssel einem Hafenarbeiter. Paula bekommt zwei Aufkleber verpasst, fertig.

9.00 Uhr: Wir steigen zu Fernando ins Auto, der uns nun direkt zum Flughafen bringen wird. Unser Flug geht um 22 Uhr, das ist in dreizehn Stunden. Mehr als genug Zeit, um in aller Ruhe einmal komplett quer durch Buenos Aires zum Flughafen zu gelangen.

»Da hätten wir getrost den früheren Flieger am Nachmittag nehmen können«, sage ich zu Thomas, als Fernando den Schlüssel im Zündschloss dreht – und der Wagen keinen Mucks macht.

9.15 Uhr: Fernando ruft den Pannendienst, nachdem er selbst unter der Motorhaube nichts Auffälliges entdecken konnte. Obwohl unser Flieger erst heute Abend starten wird, will uns Fernando die zwei Stunden Wartezeit, bis Hilfe naht, ersparen und beauftragt einen Angestellten aus dem Büro in Buenos Aires. Er soll mit Lucas' Auto hierher, in das etwa fünfzig Kilometer entfernte Zárate, kommen, um Thomas und mich zum Flughafen zu bringen. Wir warten zu dritt im Auto, das sich in der gleißenden Sonne immer weiter aufheizt. Langweilig wird es nicht, da uns Fernando einiges über die aktuell schwierige wirtschaftliche Situation Argentiniens erklärt. »*No es facil*«, sagt er, es sei nicht leicht.

10.00 Uhr: Fernando wird langsam ungeduldig. Er ruft seinen Angestellten an, wo er denn bleibe. Der Angestellte sagt, er weiß nicht recht, wo er sich zwischen Buenos Aires und Zárate befindet, meint aber, gleich da zu sein. Fernando erklärt ihm den Weg, legt auf und stöhnt: »*No es facil.*«

10.20 Uhr: Fernando ruft erneut seinen Angestellten an, der immer noch nicht weiß, wo er sich befindet, aber nach wie vor meint, gleich da zu sein. Fernando erklärt ihm erneut den Weg.

10.35 Uhr: Der Angestellte meldet sich, dass ihm bald das Benzin ausgehe. Kopfschütteln von Fernando.

11.15 Uhr: Pünktlich nach zwei Stunden treffen Pannenhilfe und Fernandos Angestellter exakt zeitgleich ein. Während der Mechaniker das Auto begutachtet, wird der Angestellte von Fernando losgeschickt. Jetzt, wo er endlich da ist, soll er erst mal für uns alle kühle Getränke organisieren.

11.25 Uhr: Der Pannenhelfer hat das Fahrzeug wieder zum Laufen gebracht. Fernando will uns nun doch selbst zum Flughafen bringen. Alle warten auf den Angestellten, der noch unterwegs ist, um Getränke zu besorgen.

11.30 Uhr: Es stellt sich heraus, dass die Autobatterie in Fernandos Wagen kaputt ist. Zwar kann das Auto fremdgestartet werden, doch was ist, wenn der Motor ausgeht? Der Fahrer des Abschleppwagens schlägt vor, uns bis nach Buenos Aires zu begleiten. So könne er auch die Rückfahrt über die Versicherung abrechnen. Lange Diskussion, Fernando hält das Ganze für Blödsinn, ist aber letztlich mit dem Vorschlag einverstanden. Er möchte aber erst in Zárate eine neue Batterie für sein Auto kaufen.

11.35 Uhr: Alle warten weiterhin auf den Angestellten mit den Getränken.

11.50 Uhr: Der Angestellte kommt mit den Getränken. Die Kolonne aus Fernandos Kleinwagen, dem Abschleppwagen und dem Angestellten in Lucas' Auto fährt im Schritttempo durch die engen Gassen von Zárate auf der Suche nach einer neuen Autobatterie.

12.10 Uhr: Wir kreisen mit drei Fahrzeugen durch Zárate. Trotz Siesta finden wir eine kleine Werkstatt. Die Motorhaube wird geöffnet, man überlegt hin und her, doch die passende Batterie ist nicht auf Lager. Fernando schüttelt den

Kopf, steigt wieder ein. Es dauert fünf Minuten, bis sich der Konvoi wieder formiert, da der Angestellte ungeschickterweise in eine Einbahnstraße gebogen ist und deshalb eine Runde um den ganzen Häuserblock fahren muss. Fernando stützt seine Stirn auf das Lenkrad: »*No es facil.*«

12.40 Uhr: Der Angestellte biegt bei der ersten Tankstelle ab, da er jetzt endgültig keinen Sprit mehr hat, und ist ab sofort verloren. Der Abschleppwagen bleibt dicht hinter uns.

13.50 Uhr: Eine gute Stunde vergeht, der Verkehr in die Hauptstadt ist dicht, da wegen Protesten viele Zufahrtsstraßen von aufgebrachten Demonstranten gesperrt sind. Durch die anhaltende Hitzewelle kommt es im gesamten Großraum Buenos Aires immer wieder zu Stromausfällen und Wasserknappheit, die Armenviertel werden zuerst vom Netz genommen. Deshalb blockieren die Bewohner so lange die Hauptstraßen der Stadt, bis Strom und Wasser in ihren Vierteln wieder aufgedreht werden. Der Abschleppwagen verabschiedet sich, und wir fahren die letzten Kilometer bis zu der Werkstatt, bei der Fernando vor zwei Jahren die inzwischen kaputte Batterie gekauft hatte.

14.40 Uhr: Während die Mechaniker die Autobatterie tauschen, erklärt ihnen Fernando, welche Unannehmlichkeiten wir, seine Gäste aus Deutschland, durch die bei ihnen gekaufte Batterie gehabt hätten. Das wollen sie nicht auf sich sitzen lassen, holen sofort eine Flasche Cidre aus dem Kühlschrank und drücken jedem von uns einen vollen Becher des sprudelnden Getränks in die Hand. Leicht verdutzt stehen Thomas und ich inmitten der lachenden Arbeiter und stoßen auf Argentinien an. Ja, was für ein Land! Welch ein unerwartet abwechslungsreicher Tag das bereits geworden ist. Noch bleiben uns fünf Stunden, um den Flughafen zu erreichen.

15.15 Uhr: Mit neuer Batterie und leicht beschwipst machen wir uns auf den Weg. Zwanzig Kilometer bis zum Flughafen klingt nicht weit, doch sämtliche Hauptstraßen sind nach wie vor gesperrt. Von der Brücke, die Richtung

Flughafen führt, steigen dichte schwarze Rauchfahnen auf, Autoreifen brennen, Baumstämme blockieren die Straße. Wir wenden im Chaos der gestauten Fahrzeuge und versuchen unser Glück in einer Parallelstraße. Es geht durch einige Stadtviertel, die Fernando sicherlich nicht für eine Stadtrundfahrt ausgewählt hätte. Ich bin froh, dass Fernandos Auto wieder von allein starten könnte.

18.10 Uhr: Die Irrfahrt nimmt ein Ende. Neun Stunden nachdem wir Paula am Hafen abgegeben haben, erreichen wir den internationalen Flughafen von Buenos Aires. Wir verabschieden uns dankend von Fernando. Wer weiß, ob wir ohne ihn je aus dem Wirrwarr der Stadt herausgefunden hätten. Vermutlich hätten selbst Taxifahrer abgelehnt, uns während der anhaltenden Proteste aus der Stadt zu fahren. Doch Fernando ist auch nach neun Stunden auf Tour immer noch die Ruhe selbst. Er meint, wir seien vermutlich schneller in Afrika als er zurück in seinem Büro im Zentrum. *No es facil* in Argentinien.

TEIL 3

TRANSAFRIKA

2014 – 2015

KILOMETER 86 386

SCHWARZ UND WEISS

Sabine

Gigantische Gnuherden, die durch die Steppe streifen, Löwen, die im Schatten knorriger Bäume die Mittagshitze überdauern, und Geparden, die mit über hundert Stundenkilometern Antilopen jagen. Ich frage mich, ob wir in Afrika tatsächlich das erleben werden, was ich seit Kindheitstagen aus Heinz Sielmanns Filmen kenne? Es wäre ein großer Traum.

Aus diesem Grund beginnen wir die Reise durch Afrika mit einem riesigen Umweg. Nach Paulas Ankunft im Hafen von Durban und einer recht unproblematischen Zollabwicklung waren wir direkt nach Johannesburg gefahren, wo wir sie für einige Wochen geparkt hatten. Nach dem Heimaturlaub sind wir frisch für neue Eindrücke und gespannt auf das, was uns in Afrika erwartet.

Statt schnurstracks nach Südwesten Richtung Kapstadt zu fahren, um vom südlichsten Punkt des Kontinents den langen Weg bis in die Heimat anzugehen, rollen wir nach Nordosten, zum Krüger-Nationalpark, dem bekanntesten Schutzgebiet Südafrikas. Vor etwas mehr als hundert Jahren wurde er vom damaligen Präsidenten des Landes, Paul Kruger, gegründet. Die beiden Punkte auf dem Krüger-ü haben sich wohl erst im Laufe der Zeit eingeschmuggelt.

Am späten Nachmittag überqueren wir eine Brücke, die den Park von den umliegenden Siedlungen trennt. Der Blick nach links über den Fluss lässt mein Herz sofort höherschlagen. Auf der breiten Sandbank inmitten des Flusses liegt eine ganze Gruppe Nilpferde. Das geht ja gut los! Wir parken am Eingangstor und steigen aus dem Lkw. Ein Angestellter der Parkverwaltung läuft auf mich zu, deutet auf unser Fahrzeug und meint: »*Watch the …!*«

Ich verstehe ihn nicht. Parken wir falsch? Ich zucke mit den Schultern.

»*Watch the ELEPHANT!*«

Irritiert folgt mein Blick seinem ausgestreckten Arm. Direkt hinter Paula tritt ein drei Meter hoher Elefant aus dem Gebüsch. Thomas, der gerade eine Runde um das Auto dreht, entdeckt ihn in dem Moment auch. Ungläubig stehen wir da, starr, wie gelähmt. Weniger als zehn Meter von uns entfernt zupft ein Elefant mit seinem Rüssel gemächlich die Blätter von den Zweigen und steckt sie sich ins Maul, bevor er mit zwei, drei langsamen Schritten wieder im Grün verschwindet.

Habe ich das gerade wirklich gesehen? Kopfschüttelnd laufen wir über die Straße zum Ticketoffice.

»Es sind gerade Rentner-Rabatt-Wochen. Da haben wir besondere Ermäßigungen, und es ist viel los im Park. Aber ihr habt Glück, für heute und morgen kann ich euch noch einen Stellplatz in einem der Camps geben«, erklärt die junge Dame und überreicht uns die Tickets.

Tatsächlich, das Camp ist gesteckt voll mit südafrikanischen Rentnern und ihren Wohnmobilen. Mit Mühe finden wir noch einen freien Platz. Paulas ausländisches Nummernschild fällt sofort auf, und unsere Camping-Nachbarn laden uns gleich zum *Braai*, wie man das Grillen hier nennt, ein. Nach Argentinien kann uns in dieser Hinsicht wenig imponieren, doch auch die Südafrikaner zelebrieren diese Kunst mit exzessiver Hingabe.

»Nehmt von dem Rindfleisch. Hier, auch von den Rippchen und unbedingt auch von der Wurst. Ihr müsst das Hühnchen probieren, es ist aus Sambia importiert. Die Hühnchen, die du hier in Südafrika kaufen kannst, taugen nichts. Die sind was für Flachnasen«, sagt die ältere Dame und drückt dabei auf ihre Nase. Ihr Blick fliegt rasch zu ihrem Mann, der so tut, als habe er gerade nicht zugehört. Kurze Stille. Ich verstehe nicht, was sie mir sagen will, aber gegrilltes Hühnchen mag ich sowieso nicht.

»Wir wollen uns Südafrika ansehen, bis runter ans Kap und dann nach Namibia weiter. Habt ihr ein paar Tipps für uns?«, wechsele ich das Thema und breite im Schein der Campinglampe die Landkarte aus. Der Ehemann beginnt sofort mit der Routenplanung und zeichnet uns die perfekte Strecke auf der Karte ein.

»Wieso denn eigentlich nicht hier an die Küste, von Durban nach Mathata und weiter nach Süden durch die Transkei? Das sieht doch nett aus«, fragt Thomas nach.

»Nein! Da dürft ihr auf keinen Fall hin! Zu gefährlich! Dort bringt man euch um!«, warnt er.

»Haltet euch an die Route hier oben, die ist viel besser. Das ist alles Farmland«, pflichtet seine Frau ihm bei.

»Farmland? Was ist daran besonders?«, möchte ich wissen und frage mich, warum wir tagelang durch Ackerlandschaft und Zuckerrohrplantagen fahren sollten.

»Da ist es wunderschön«, schwärmt der alte Herr und streicht mit dem Finger über seinen Streckenvorschlag. »Das ist alles sicher. Das ist weiß.«

»Weiß?« Langsam dämmert mir auch, was seine Frau meinte, als sie von »Flachnasen« sprach.

Noch vor den ersten Sonnenstrahlen beginnen wir am nächsten Morgen den ersten *Gamedrive* unseres Lebens. *Game* ist der englische Begriff für Wild, und ein *Gamedrive* ist nichts anderes als langsames Umherfahren, während man Ausschau nach Wildtieren hält.

Dichter Nebel liegt über den Büschen, überraschend kalte Morgenluft schwappt durch das geöffnete Seitenfenster. Mit Schrittgeschwindigkeit rollen wir auf einer Nebenstraße durch den Park, den Blick gespannt ins finstere Gebüsch gerichtet. Mit jeder Minute wird es heller, der Nebel lichtet sich. Die Sonne hebt sich als glühend roter Ball aus dem Dunst und taucht die Umgebung in wärmendes gelbes Licht. Gemächlich rollen wir nach Norden, den Schlaf noch im Gesicht.

Stopp! Ein ausgewachsener Löwe tritt wenige Meter vor uns auf die Straße. Die Müdigkeit ist weg. Ich bin hellwach. Mein Herz pocht, und ich halte die Luft an. Ohne jede Eile schreitet er direkt auf uns zu, schlendert mit schlaksigem Gang knapp an unserem Fahrzeug vorbei und verschwindet im hohen Gras. Ich wage langsam wieder, normal zu atmen. Noch lange stehen wir mitten auf der kleinen Straße, warten, ob die Raubkatze noch mal aus dem Gebüsch zurückkehrt, aber sie bleibt verschwunden.

Langsam rollen wir weiter über die schmalen Wege bis zu einem Aussichtspunkt.

»Seit die Schwarzen an der Macht sind, geht alles den Bach runter«, schimpft ein alter, etwas beleibter Mann, der dort auf einer hölzernen Bank sitzt. Ein Geländer, ein kleines Dach und ein weiter Blick ins Tal, durch das sich ein Fluss schlängelt.

»Die fressen den ganzen Park leer. Früher waren hier Tiere, das könnt ihr euch gar nicht vorstellen. Und jetzt? Ich seh' nicht eines«, fährt er grantig fort.

»Aber dort unten sind doch, Moment, acht, neun, zwölf Nilpferde im Fluss«, widerspreche ich.

»Was? Nilpferde? Ach, ich hab keine Brille auf. Ohne Brille seh' ich mittlerweile nicht mehr gut.«

Wir sehen offenbar noch ganz passabel, entdecken wenig später fünf Giraffen, deren lange Hälse über die Baumkronen ragen. Genüsslich zupfen sie frische Triebe von den Ästen. In der freien Steppe dahinter weiden Zebras, etwas weiter im Schatten eines Baumes rekelt sich eine müde Hyäne. Am späten Nachmittag erreichen wir das nächste Camp.

»Wir haben reserviert, schauen Sie gefälligst nach!«, befiehlt vor uns eine Dame mit toupierten grau-blonden Haaren der jungen Parkangestellten an der Rezeption.

»Es ist unglaublich«, beschwert sie sich zu uns gewandt, »die können noch nicht einmal einen Computer bedienen.«

Wen sie mit »die« meint, ist unmissverständlich, so viel haben wir mittlerweile begriffen.

Wenn ich darüber nachdenke, fällt mir auf, dass alle Angestellten im Park bisher schwarz waren, auf dem Campingplatz aber ausschließlich weiße Südafrikaner stehen.

Wir sind hin- und hergerissen. Auf der einen Seite sehen wir im Park zum ersten Mal Löwen, Elefanten, Nashörner und Büffel in freier Wildbahn, und ich kann meine Begeisterung kaum zügeln. An den Abenden werden wir vielfach eingeladen und erfahren herzliche, überschwängliche Gastfreundschaft. Andererseits erleben wir offen gelebten Rassismus, in einer Form, wie er uns noch nirgends auf der Welt begegnet ist. Die Apartheid endete 1994, da waren Thomas und ich vierzehn Jahre alt. Das ist noch gar nicht so lange her. Die Rentner, die wir hier treffen, haben fast ihr ganzes Leben lang in einem autoritären System der Rassentrennung und Vorherrschaft der Weißen gelebt. Das mag ihr Verhalten erklären, aber es macht es nicht besser.

Doch es beschränkt sich nicht auf die Rentner. Ein paar Tage später beobachte ich auf einem bewachten Parkplatz, wie ein Weißer, vielleicht Mitte vierzig, sein Fahrzeug abholt. Der schwarze Parkwächter öffnet ihm die Schranke, steht vor der Fahrertür und hält die Hand auf für ein Trinkgeld. Der Fahrer holt ein paar Münzen hervor, aber statt sie dem Parkwächter in die ausgestreckte Hand zu legen und sich für seine Arbeit zu bedanken, wirft er ihm das Geld mit Absicht an der Hand vorbei vor die Füße in den Dreck. Was ist los in diesem Land?

Ich fühle mich mitverantwortlich. Verantwortlich zu zeigen, dass nicht alle Weißen so sind. Dass nicht alle Schwarze für minderwertig erachten. Ich beobachte, wie ich beginne, besonders freundlich zu Schwarzen zu sein. Das ist genauso absurd. Ich will nicht unterscheiden. Ich möchte jedem Menschen mit dem gleichen Respekt begegnen. Das ist allerdings extrem schwer, wenn man spürt, dass der gesellschaftliche Fokus hier stets auf der Hautfarbe liegt. Ich habe mich noch nie so weiß gefühlt wie in diesem Land.

KILOMETER 88 104

ZAUBEREI IM KÖNIGREICH

Thomas

Swasiland, es klingt so schön und liegt so nah. Das letzte wahre Königreich Afrikas. Eine Tagesetappe führt vom Krüger-Nationalpark über einen kleinen Pass an die Grenze. Mit zwanzig Stundenkilometern schieben wir uns Kurve für Kurve hinauf, der Motor dröhnt unablässig, und es werden Erinnerungen an die endlosen Andenpässe wach, über die wir uns im vergangenen Jahr gequält hatten. Die Teerstraße endet, geht in Schotter über und windet sich weiter steil und holprig durch die hügelige und trockene Landschaft, bis wir nach zwei Stunden wieder auf eine Teerstraße kommen. Während wir auf manchen Campingplätzen im südafrikanischen Krüger-Nationalpark keinen Platz finden konnten, ist hier in Swasiland Einsamkeit geboten. Drei Stunden wandern Sabine und ich allein im Malolotja-Naturreservat. Von ausgetretenen Wegen kann man hier nicht sprechen, der kleine Trampelpfad ist überwachsen und kaum zu erkennen. Die Berge um uns staffeln sich im Dunst des späten Nachmittags, als wären sie eine Theaterkulisse, vor der Kühe und Antilopen ein Schattenspiel aufführen.

Im Ezulwini Valley ist mehr los. Am Straßenrand winken uns viele Menschen zu und strecken lächelnd den Daumen in die Luft. Auch der König begrüßt uns. Von einem großen Schild blickt er herab, Mswati III., der letzte wahre König Afrikas.

Ich habe den Eindruck, das Land steckt derzeit im Spagat zwischen uralten Traditionen und der sich aufdrängenden westlich geprägten Moderne. Die faszinierenden, kunstvoll gebauten Bienenkorbhütten sehen wir nur noch im Swazi Cultural Village. Die traditionelle Ehe mit Erst-, Zweit-, Dritt- und noch mehr Frauen ist dagegen weiterhin allgegenwärtig. In vielen Dörfern ist die Konstellation der Häuser auf den Grundstücken zu erkennen. Das Wohnhaus der Erstfrau ist groß und prächtig, die anderen Frauenhäuser rundherum sind meist kleiner und einfacher. Vor dem Supermarkt im Ezulwini Valley stehen hochglanzpolierte SUVs, in den Regalen alles, was das Herz begehrt.

»Wenn ich heirate, muss mein Mann siebzehn Kühe an meine Familie bezahlen«, erzählt Thuli, eine modern gekleidete junge Frau. »Die Bezahlung erfolgt in Raten. Entsteht aus der Ehe kein Nachwuchs, wird der Brautpreis gemindert.« Zuvor jedoch, erklärt sie offen, sei es üblich, dass der Bruder des Ehegatten versucht, für Nachwuchs zu sorgen. Zeigt sich danach, dass die Kinderlosigkeit der Frau anzulasten ist, hätte der Bräutigam für den gezahlten Brautpreis Anspruch auf eine Schwester der Braut.

Vielehe ist üblich in Swasiland. Der derzeitige König Mswati III. ist eher zurückhaltend und hat noch unter zwanzig Frauen. Sein Vater und Vorgänger Sobhuza II. hat es im Laufe seines Lebens auf siebzig Gattinnen gebracht. Hierzu wird jedes Jahr ein Fest veranstaltet, bei dem Zehntausende junge Frauen dem König vortanzen, damit er sich eine weitere Gemahlin auswählen kann.

Im Swazi Cultural Village folgen wir fasziniert einer Gruppe von Männern und Frauen, die solche Kriegs- und

Jungfrauentänze vorführen, während wir im dortigen Restaurant den einheimischen Maisbrei vergeblich suchen. Stattdessen haben wir die Wahl zwischen Burger und Pizza.

In der Touristeninformation komme ich mit einer jungen Frau ins Gespräch. Es beschäftigt mich, was sie mir anvertraut.

»Zauberei ist ein wichtiger Teil des Lebens hier. Auch bei den Entscheidungen der Regierung spielt sie eine große Rolle. Mehr möchte ich dir darüber eigentlich gar nicht erzählen. Weißt du, es gibt weiße und schwarze Magie«, erzählt sie. »Als ich ein Kind war, bekam meine damalige beste Freundin eines Tages den Ruf, schwarze Zauberin zu werden. Ihre Großmutter war selbst Zauberin und hatte sie dafür ausgewählt. Das war schrecklich für sie. Sie war am Boden zerstört, war total verzweifelt, weil sie dazu bestimmt wurde, anderen Leid zuzufügen.« Die junge Frau spricht leise, damit die anderen im Nebenraum nicht mithören können. »Meine Freundin konnte sich nicht wehren. Sie musste dem Ruf folgen und wurde in die Ausbildung geschickt. Danach hatte sie sich sehr verändert.«

Ich spüre ihre Traurigkeit, aber auch eine große Hilflosigkeit, wenn sie von ihren Erinnerungen erzählt. Heiler und Hexen sind in Swasiland Teil der Gesellschaft, Teil des Alltags. Zauberei begegnet uns hier immer wieder.

Im Nationalmuseum erzählt uns eine Besucherin mit edler schwarzer Weste, dass eines der hier ausgestellten Autos des Königs unsichtbar werden kann. Oft sei es schon verschwunden und an anderen Orten plötzlich wieder aufgetaucht. Ein Student mit Ledertasche, den wir am Tag darauf als Anhalter in die nächste Stadt mitnehmen, zeigt im Vorbeifahren auf eine eingestürzte Brücke, erklärt, dass vor Kurzem eine Meerjungfrau darunter hindurchgeschwommen sei und sie mit einem Schlag ihrer Flosse zum Einsturz gebracht habe. Vergangenes Jahr wurde von einem Regierungssprecher bekräftigt, dass, um die Regulationen des Luftverkehrs einzuhalten, nicht nur Spielzeughelikopter und Drohnen, sondern auch Hexen mit ihren Besen nicht höher als 150 Meter fliegen dürfen.

KILOMETER 89 418

AUS DER ZEIT GEFALLEN

Sabine

Mitten in Südafrika liegt ein weiterer kleiner eigenständiger Staat, Lesotho. Wegen seiner malerischen Lage in den Bergen wird es auch das Königreich im Himmel genannt. Eine passende Bezeichnung für ein Land, das aus der Zeit gefallen scheint. Wie auf den Bildern eines alten Märchenbuchs fügen sich kleine steinerne, mit Stroh gedeckte Rundhäuser in die karge Landschaft. Nur die Fensterrahmen leuchten in kräftig bunten Farben und betonen die zwei Fenster der Häuser, von denen sich eines links und eines rechts der hölzernen Eingangstür befindet. Die Bewohner sitzen in Decken gehüllt hinter dem Haus und wärmen sich nach einer bitterkalten Nacht in den ersten Sonnenstrahlen des Tages. Holz ist in dieser baumlosen Gegend rar und zu kostbar, als dass es sich eine einfache Familie leisten könnte, damit zu heizen. Oft reicht das Geld nicht einmal für ein paar Hosen für die Kinder. Nackte Knie spitzen unter den zerschlissenen Decken hervor, wenn die Kinder zusammenlaufen, um uns zuzuwinken und nach Süßigkeiten zu fragen. Neben einer zum Umhang gefalteten Decke tragen viele Basotho Gummistiefel und eine auf den ersten Blick bedrohlich wirkende Sturmhaube. Freundlich lachende Augen lassen diesen angsteinflößenden ersten Eindruck schnell verfliegen. Schmale Fußwege ziehen sich über die Hügel zu den verstreut liegenden Dörfern, die weder an Strom noch an Wasser angeschlossen sind.

Pferde und Esel dienen der Fortbewegung und dem Transport schwerer Lasten.

Steil geht es bergauf und bergab. Langsam, sehr langsam schaukeln wir die einspurigen steinigen Feldwege entlang. Zu Fuß wären wir schneller. Das merken wir, wenn uns Hirten überholen, die auf dem direkten Pfad flotter vorankommen als wir in den weiten Serpentinen.

Idyllisch und märchenhaft schön wirkt das Leben in Lesotho sicher nur für den Betrachter. Dennoch scheinen die Menschen fröhlicher und ausgeglichener als an vielen anderen Orten. Stets werden wir mit einem strahlenden Lächeln begrüßt. Abends sind meine Arme schwer vom vielen Winken. Während wir uns am Morgen ein weiteres Mal in den warmen Daunendecken wälzen, hören wir Hirtenjungen fröhlich pfeifend in der Ferne vorbeiziehen. Woher nehmen diese Menschen die Energie, ihr hartes, beschwerliches Leben anzunehmen? Als wäre die Armut nicht Bürde genug, senkt vor allem die hohe HIV-Rate die durchschnittliche Lebenserwartung erheblich. 1990 lag sie bei sechzig, 2005 nur noch bei etwa 45 Jahren.

Wie kann oder soll man als Reisender unter diesen Umständen den Menschen begegnen? Erfüllt man den Kindern den Wunsch nach Süßigkeiten, oder verteilt man als gesundheitsbewusster Europäer lieber Äpfel? Wem gibt man und wem nicht, wenn die Armut in jeder Hütte zu Hause scheint? Ist eine kleine Gabe besser als nichts, oder betäubt man damit nur das eigene schlechte Gewissen, in einer anderen, wohlhabenderen Welt geboren zu sein? Ist es sinnvoller, eine Hilfsorganisation zu unterstützen und damit auf eine gerechte Verteilung zu hoffen, oder reist man selbst wie der heilige Sankt Martin durchs Land und verteilt abgetragene Kleidung? Wertet man mit solchen Almosen die Arbeit der Menschen ab und zerstört mehr, als dass man hilft? Wieso glauben wir überhaupt, jenen helfen zu müssen, die anders leben als wir? Woher kommt die weitverbreitete Idee, dass unsere Art zu leben für alle Menschen erstrebenswert ist? All diese Fragen schwirren durch unsere Köpfe, während wir uns im Schritttempo durch diese Bilderbuchlandschaft schieben. Fragen, auf die wir keine allgemeingültigen Antworten finden können. Trotzdem sind wir auf unserer Reise ständig gezwungen zu reagieren. Egal, wie wir uns verhalten, wir haben im Nachhinein nie das Gefühl, wahrhaft richtig gehandelt zu haben. Vielleicht gibt es auch keine richtige Art des Umgangs damit. Doch das entbindet uns nicht von der Pflicht, immer und immer wieder darüber nachzudenken.

KILOMETER 91 546
FREIWILLIGENDIENST IM TOWNSHIP

Thomas

»*HI-JACKING HOTSPOT*«, lese ich nun schon wiederholt auf einem Schild. Wir befinden uns also auf einem Straßenabschnitt, auf dem regelmäßig Autos mit vorgehaltener Waffe geraubt werden.

Sicherheit und Kriminalität sind in Südafrika die herausragenden Themen. Die Zeitungen sind voll mit Gewaltverbrechen. Gartenmauern sind besetzt mit Stacheldraht und meterhohen Elektrozäunen. Noch nie habe ich ein Land erlebt, in dem die Angst so allgegenwärtig war. Das überträgt sich. Begründet oder unbegründet. Ich habe kein allzu gutes Gefühl dabei, nachts auf die Straße zu gehen, dabei befindet sich unser Stellplatz am Rand von Pinelands, laut Statistik eines der sichersten Viertel in Kapstadt. Heute fahren wir nach Philippi. Laut Statistik eine der wirklich rauen Gegenden. Dort haben wir eine Verabredung mit Annika und Sebastian.

Das Bild auf der Straße verändert sich. Statt gemauerter Häuser säumen Wellblechbuden den Straßenrand. Der Duft von gebratenem Fleisch weht durch das offene Fenster herein. Vor krummen, vom Rauch geschwärzten Blechdächern stehen halbierte Ölfässer, auf denen Innereien braten. Müllsäcke liegen herum, blaue Tonnen und gebrauchte Kanister stehen vor einem verbeulten Schiffscontainer. Viele Menschen laufen auf der Straße, Frauen mit Schürzen, Männer mit Plastikschlappen. Wir biegen nach rechts auf den Parkplatz eines Bürogebäudes.

Annika hat lange dunkelblonde Locken und Sommersprossen, sie sitzt an einem großen, mit Schreibwaren, Taschenrechner und Tastatur beladenen Holzschreibtisch. Ihr gegenüber sitzt Sebastian. Drei Kiefernzapfen, ein Autoschlüssel und eine CD von Boureima Farka Touré liegen am Rand seines Tisches. Die beiden kommen aus Deutschland, sind neunzehn Jahre alt und absolvieren gerade ein soziales Jahr bei dem Projekt Abalimi, das städtische Kleingärten zur Selbstversorgung in den Cape Flats unterstützt. Wir hatten von dem Projekt gehört und uns mit den beiden verabredet.

Annika und Sebastian sind für ihr Projekt in den Townships Nyanga und Khayelitsha unterwegs, Gegenden von Kapstadt, in die viele Südafrikaner nie einen Fuß setzen würden. Annika erzählt, dass sie Menschen dabei unterstützen, in den Townships Gemüsegärten anzulegen. Überschüsse werden zusammengetragen und in wohlhabenderen Gegenden Kapstadts verkauft.

»Drei Tage die Woche sind wir hier im Büro. An den anderen beiden Tagen fahren wir zu den Gärten raus. Wir befragen die Farmer, um zu sehen, wie produktiv die Gärten sind und ob sie bei irgendetwas Hilfe brauchen«, erklärt Annika.

Nachdem wir uns an einem kleinen Essensstand vier Getränkedosen und vier Sandwichs gekauft und auf ein paar Plastikstühlen Platz genommen haben, fährt Annika fort.

»Township ist nicht gleich Township. Das, was die meisten im Kopf haben, sind Siedlungen, in denen die Menschen in Wellblechhütten leben. Es gibt aber auch Townships, die aussehen wie gewöhnliche Vororte, also mit relativ normalen, kleinen Häusern, die dicht nebeneinanderstehen.«

»Ich denke, ob etwas ein Township ist, hängt von der Lage und der Geschichte ab«, ergänzt Sebastian. »Während der Zeit der Apartheid wurde die nichtweiße Bevölkerung aus der Stadt zwangsausgesiedelt und in neu gegründete Townships umgesiedelt. Sie wurde also aus der Stadt verbannt. Dazwischen liegt meist eine Zuglinie, ein Fluss oder so etwas. Ziel war die räumliche Trennung, also Apartheid von weißer und schwarzer Bevölkerung. So sind die Townships auch heute noch.« Sebastian nimmt einen großen Schluck aus der Getränkedose. »Zwar gibt es keine Gesetze mehr, die es Schwarzen verbieten, in weißen Vororten zu leben, aber es ist de facto immer noch so. Nur ein sehr kleiner Prozentsatz der schwarzen Bevölkerung kann es sich überhaupt leisten, in den teuren Vororten zu leben.«

»Ich weiß nicht, wie es euch geht«, wirft Sabine ein, »aber wir wurden vielfach von weißen Südafrikanern davor gewarnt, in Townships zu gehen. Welche Reaktionen erntet ihr, wenn ihr erzählt, dass ihr hier arbeitet?«

»Das ist unterschiedlich. Die meisten sind überrascht, dass wir uns seit Monaten in Townships aufhalten und trotzdem noch am Leben sind«, sagt Annika und lacht. »Gleichzeitig haben viele gar keine Vorstellung davon, wie das Leben hier aussieht. Ich wurde schon gefragt, was die Menschen in den Townships denn essen würden und ob sie auch Fernseher hätten. Erstaunlich, dass man so wenig voneinander wissen kann.«

»Denkst du, es ist ein Problem, wenn wir als Touristen hier durch die Straßen laufen?«, möchte ich wissen.

»Ganz allein würde ich euch das nicht empfehlen. Aber wenn ihr in Kontakt mit den Menschen seid oder jemanden besucht, ist es total ungefährlich. Na ja, oder eben genauso gefährlich wie überall sonst auch.«

Ich habe das Gefühl, mit zwei jungen Erwachsenen zu sprechen, die sehr klar und selbstbewusst mit ihrer Arbeit in den Townships umgehen. Sie machen den Eindruck, ein wirklich gutes Jahr hier gehabt zu haben.

Zwei Tage später lassen wir auch Kapstadt hinter uns und machen uns auf zum südlichsten Punkt Afrikas. Nein, wir wollen nicht ans Kap der Guten Hoffnung, wir suchen erneut das wahre Ende des Kontinents, und das ist Cape Agulhas. Von hier wollen wir die finale Etappe der Reise beginnen und den langen Heimweg nach Norden angehen.

Cape Agulhas ist für sich genommen kein spektakulärer Ort. Ein kleiner Sockel aus Beton und Steinen, eine kleine Tafel, nichts Aufregendes. Was ihn besonders macht, ist das Wissen, am südlichsten Punkt des Kontinents zu stehen. Wieder einmal geht mein Blick hinaus auf das Meer. Hier treffen sich der Indische und der Atlantische Ozean. Ich bilde mir ein, tatsächlich zu sehen, wie die türkisblauen Wellen aus zwei verschiedenen Richtungen zusammenschlagen und große Rauten bilden.

Lange sitze ich mit Sabine auf den Felsen, höre das Rauschen, schließe die Augen und male mir aus, was vor uns liegt: Afrika. Ein letzter Kontinent, den wir in unserem alten Fahrzeug Meter für Meter durchqueren möchten. Es wird ganz sicher die größte und unwägbarste Herausforderung der ganzen Reise.

KILOMETER 94083

SONNE, SAND UND TOTE BÄUME

Sabine

Kalt, windig und nass liegt die Küste Südafrikas hinter uns. Noch meine ich, die kühle Gischt der Ozeane im Gesicht spüren zu können, da schmecke ich bereits trockenen Staub. Das Grün ist schlagartig aus der Landschaft verschwunden und einem nicht enden wollenden Beige und Braun gewichen. Lebensfeindliche Wüste, übersät mit Steinen, und karge Steppe bedecken weite Teile des Landes.

»Willkommen in Namibia« sind meine ersten Worte, als wir am Flughafen der Hauptstadt Windhoek Anne und Frank abholen, zwei Studienfreunde, die sich spontan gegen New York und für zwei Wochen mit uns entschieden haben. Für die Zeit zu viert räumen Thomas und ich unser Bett und ziehen auf den Küchentisch um, der zu einem schmalen Doppelbett wird. Jetzt noch den Vorhang zwischen Schlafzimmer und Küche herablassen, und schon haben wir zwei kleine Zimmer. So starten wir gemeinsam Mitte August die Rundreise in die Namib, die älteste Wüste der Erde.

Verschlafen klettere ich auf den Fahrersitz. Punkt fünf Uhr morgens öffnet der Campingplatz im Namib-Naukluft-Nationalpark seine Pforten und gibt den Weg frei ins sechzig Kilometer entfernte Sossusvlei. Eine Stunde Fahrt durch die Morgendämmerung liegt vor uns, um pünktlich zum Sonnenaufgang auf der Düne mit dem unspektakulären Namen »45« zu sitzen. Während Anne, Frank und Thomas in ihren Betten hin und her geschüttelt werden, holpere ich mit Tempo siebzig über die Teerstraße, eingereiht in eine Autoschlange, die das gleiche Ziel hat.

Noch den Schlaf in den Augen setzen wir einen Fuß vor den anderen und erklimmen Schritt für Schritt den Dünenkamm. Wir sind nicht die Einzigen. Mehrere Reisebusse spucken ihre Passagiere aus. Wir folgen ihnen im Gänsemarsch. Die Luft ist frisch, der Wind kalt und sandig.

Nach dreißig Minuten sind wir oben angekommen und hellwach, gerade rechtzeitig, um die ersten Sonnenstrahlen zu bewundern. Die Dünen vor uns sind in warmes Morgenlicht getaucht. Der Wind spült mir Sandkörner über die Füße, mit jedem Schritt rutschen kleine Lawinen die Flanke der Düne hinab.

Wenig später erreichen wir das Dead Vlei, das Tote Tal, eine von hohen Dünen umschlossene Tonpfanne, in der über 500 Jahre alte Akazienbäume von einer Zeit zeugen, als der Tsauchab-Fluss das Tal noch regelmäßig flutete, bevor er seine Richtung änderte und die Bäume abstarben. Hier wirkt die Landschaft wie ein überdimensional großes Dalí-Gemälde, in dem Menschen als winzige Figuren umherlaufen. Ein lebendes Bild, vom Flirren der Luft verzerrt, surreal und echt zugleich. Wohin ich blicke, ein neuer spannender Ausschnitt aus Weiß, Orange und Schwarz.

Die frische Morgenbrise ist verflogen, und die afrikanische Sonne brennt unbarmherzig vom wolkenfreien Himmel. Der wenige Schatten der dürren Bäume bietet kaum Schutz. Die meisten Besucher haben das Vlei längst verlassen. Mit Sonnenschirm, Picknickkorb und reichlich Wasser trotzen wir der Hitze. Die Schatten werden länger, das magische Abendlicht bringt feine Konturen auf dem Sand zum Vorschein. Die Kontraste werden mit jeder Minute intensiver, bis die tiefrot glühende Sonne dramatisch hinter den Dünen verschwindet.

Der Tag endet, wie er begonnen hat. Mit Vollgas fahre ich in der Dämmerung zurück zum Campingplatz, der pünktlich eine Stunde nach Sonnenuntergang seine Pforten wieder schließt. Die Nacht bringt erlösende Kühle, doch der Geschmack von Staub und Sand wird uns wohl weiter auf dem Weg durch Namibia begleiten.

KILOMETER 96 682
WER PASST AUF DIE TIERE AUF?

Thomas

Das Handy klingelt. Ich sehe auf die Uhr: 8.30 Uhr morgens. Verschlafen hebe ich ab: »Hmmm?«

»Thomas? Hier ist Paul. Kannst du in die Werkstatt kommen? Dein Kühler ist in Stücke zerfallen«, schallt es aus dem Telefon.

Wie bitte? Gestern war er noch vollkommen in Ordnung. Er sollte doch nur gereinigt werden.

Wir stehen in Windhoek, und es gibt wieder einiges am Lkw zu schrauben. Die zwei Wochen, in denen uns Anne und Frank besucht hatten, wollten wir nicht unter dem Lkw verbringen. Nach den Dünen von Sossusvlei waren wir zusammen in Swakopmund, in der unwirtlichen Einsamkeit von Damaraland und durch das Desolation Valley nach Norden gefahren. Nach ein paar Tagen im Etosha-Nationalpark sind die beiden gestern zurück nach Luxemburg geflogen. Nun werden wir die lange To-do-Liste angehen, denn kein Tag vergeht, ohne dass uns Paula mit neuen Geräuschen daran erinnert, wie sehr die rauen Wellblechpisten ihrer alten Konstruktion das Äußerste abverlangen. Die Gummilager des Stabilisators sind zerbröselt, die Ersatzreifen haben Löcher, ein Ölwechsel steht an, ein Dichtring am Getriebe hat endgültig schlappgemacht, und die Pumpe der Servolenkung verteilt zunehmend Öl im Motorraum. Der Anlasser zickt, die Differenzialsperre schaltet nicht mehr richtig, und die Temperaturanzeige für das Kühlwasser hat ihr altes Leiden wiederentdeckt, springt nach Lust und Laune um zehn Grad hoch und runter. Jetzt ist bei der Reinigung auch noch der Kühler in seine Einzelteile zerfallen. Manchmal möchte ich aufgeben, weil ständig dermaßen viel an diesem Lkw zu tun ist.

Drei Wochen stehen wir in Windhoek, bis schließlich alle defekten Teile repariert oder ersetzt sind. Es dauert einfach immer alles viel länger als gedacht. Jetzt endlich machen wir uns auf in den Norden Namibias.

Auf der ersten Etappe nach Norden testen wir Paula gleich auf Herz und Nieren. Schmale Sandwege, Steinpassagen und tiefe Spuren durch ausgetrocknete Flussläufe führen quer durch das Naturschutzgebiet der Palmwag Konzession. Die Strecke ist in großen Teilen extrem mühsam zu fahren, und wir schaffen in zehn Fahrstunden insgesamt nur 38 Kilometer. So langsam waren wir nicht einmal in der Mongolei. Dafür begegnen wir auch fünf Tage lang fast keinem anderen Menschen. Abends sitzen wir in einem einsamen Flussbett am Feuer, ein Steak brutzelt auf dem Grill. Am Morgen ziehen Giraffen durch das Gebüsch hinter uns. Pure Reiseromantik. Nur die Begegnung mit dem ausgewachsenen Wüstenelefanten, der sich uns in einem Tal gegenüberstellt und nicht zur Seite weichen will, ist weniger romantisch. Demonstrativ reißt er einen großen Zweig von einem der Bäume und lässt uns wissen, dass mit ihm nicht zu spaßen ist. Und auch die frischen Löwenspuren, die am Morgen um Paula herum führen, machen unmissverständlich klar, dass wir hier schnell vom Betrachter zur wehrlosen Beute werden können.

Weite Teile im Nordwesten Namibias sind einsame Wüstengegend und quasi unbesiedelt. Je näher wir jedoch der Grenze zu Angola kommen, umso öfter sehen wir kleine Familienansiedlungen, denn hier lebt das Volk der Himba.

Auch heute ist es heiß und stickig. Zu dem Geschmack von trockenem Staub, den ich seit Tagen auf der Zunge habe, mischt sich der Duft von Weihrauch und Kräutern. Wenn ich mich umsehe, fällt mir noch etwas auf: Hauswände, Bushaltestellen, Sitzmöglichkeiten in der kleinen Stadt Opuwo sind von einer fast allgegenwärtigen dunkelroten Patina überzogen.

Der trocken-heißen Gegend angepasst, tragen viele Himba nur einen Lendenschurz. Die Frauen schützen sich vor der starken Sonne durch eine Paste aus Fett und zermahlenem rötlichem Ockerstein. Sie verleiht ihrer Haut einen samtigen rotbraunen Teint. Und wo immer die Himbafrauen sitzen, liegen oder sich an eine Hauswand lehnen, dort hinterlässt die Paste einen Abdruck. Den Kopf der Frauen zieren schulterlange, ebenfalls mit Ockerpaste eingeriebene Zöpfe und eine Krone aus Tierhaut. Die Himba wirken auf mich fremd und anmutig.

In Opuwo stehen wir im Hinterhof eines kleinen Hotels, dort treffen wir Western. Er ist Anfang dreißig, trägt kurze schwarze Haare und auf der Stirn eine markante Narbe. Um seinen Hals baumelt eine Kette mit einem kleinen geschnitzten Elefanten. Er ist in einem Dorf der Himba geboren, lebt jetzt aber in der Stadt. Im Gespräch erzählt er uns beiläufig, dass er als Kind von seiner Familie weggelaufen sei.

»Ich habe davon geträumt, eine Schule zu besuchen«, sagt Western, zögert kurz und verbessert: »Nein, das ist falsch. Eigentlich habe ich davon geträumt, einmal in meinem Leben in einem Auto zu sitzen. Die Kinder aus dem nächsten Dorf wurden jeden Tag mit dem Auto abgeholt, wenn sie zur Schule gebracht wurden. Das wollte ich auch. Eines Tages bin ich davongelaufen. Zuerst habe ich bei einer Hererofamilie gelebt, später war ich in so einer Art Internat. Das Schulgeld habe ich mit meinen Ziegen bezahlt.«

»Du hattest Ziegen?«, fragt Sabine nach.

»Wir Himba bekommen mit dem Tag unserer Geburt Ziegen geschenkt. Über die konnte ich frei verfügen.«

»Und wie haben deine Eltern reagiert? Waren sie nicht böse auf dich?«, möchte ich wissen.

»Am Anfang schon. Aber nach zwei Jahren haben sie mir verziehen. Wenn ihr euch für unsere Kultur interessiert, kann ich mit euch in eines der Dörfer fahren. Wie wäre es morgen?«

Nach dem Frühstück am nächsten Tag fahren wir zu dritt aus der Stadt. Auf dem Weg erzählt uns Western mehr über sein Volk. Die Himba leben halbnomadisch von Viehzucht und Ackerbau, Wohlstand bemisst sich nach der Anzahl der Tiere. Die Kernfamilie der Himba besteht aus einem Ehemann, mehreren Ehefrauen und vielen Kindern, die gemeinsam in einem Kraal, einem Familiendorf, wohnen, wobei jede Frau eine eigene Hütte besitzt. Eine unverheiratete Frau gehört der Familie ihres Vaters an, nach der Heirat dann der Familie ihres Mannes. Außer- und voreheliche Beziehungen sind üblich. Stirbt der Ehemann, so geht sowohl sein Besitz als auch die Verantwortung für seine Familie an den erstgeborenen Sohn seiner Schwester.

Das klingt für mich erst einmal ungewöhnlich. Aber je länger ich darüber nachdenke, desto mehr verstehe ich die Idee dahinter. Ganz egal, wer stirbt, die Familie bleibt als funktionierende Einheit bestehen, und das ist in dieser kargen Gegend existenziell.

Wir parken Paula einige Meter vor dem Kraal. Elf runde Lehmhütten mit Strohdächern stehen in einem großen Kreis auf einem weitläufigen, eingezäunten Areal. Vor zwei der Hütten sitzen Frauen und Kinder am Boden. Im Schatten eines Unterstands in der Mitte ist eine Gruppe älterer Frauen mit Flechtarbeiten beschäftigt. Unser Besuch wird mit freundlicher Gelassenheit aufgenommen. Ein paar Kinder rennen auf uns zu, sonst verbreitet unsere Anwesenheit keinerlei Aufregung. Wir setzen uns zusammen mit Western zu drei Frauen vor einer Hütte auf den Boden. Western stellt uns vor, die Damen machen eine Bemerkung, lachen, aber lassen sich nicht von ihrer Arbeit abbringen. Eine von ihnen zermahlt mit einem Stein rote Erde zu feinem Pulver, die nächste schneidet mit einem kleinen Messer Löcher in ein Stück Leder, und die dritte flicht eine Art Bast um eine hohle Kalebasse. Einige Meter entfernt brennt ein kleines Feuer. Zwei ältere Mädchen mit zwei nach vorne geflochtenen Zöpfen legen trockene Zweige nach und kochen Pap, den typischen Maisbrei. Andere Kinder kümmern sich um kleinere Geschwister oder spielen gemeinsam mit ihren Brüdern und Schwestern Fußball.

»Baut ihr auch Gemüse an?«, frage ich.

»Zurzeit nicht«, übersetzt Western, »es hat lange nicht geregnet. Es gibt nicht genug Wasser.«

»Wie lange müsst ihr denn zum Brunnen gehen, um Wasser zu holen?«

Die drei überlegen, besprechen sich, dann antworten sie. Ich sehe Western fragend an, weil er uns die Antwort nicht übersetzt, sondern den Kopf schüttelt und lacht.

»Sie sagt: eine Minute. Der Brunnen ist aber etwa drei Kilometer entfernt«, erklärt er dann. »Die Frauen haben keine Vorstellung davon, wie lange ein Minute ist.«

Ich nicke und komme ins Nachdenken. Zeit in Form von Stunden, Minuten und Sekunden ist in unserer Welt allgegenwärtig, sie bestimmt unser Leben. Sie ist kostbar, man darf sie nicht verschwenden, heißt es. Hier im Dorf scheint Zeit, so wie wir sie kennen, nicht zu existieren.

Die Frauen bitten Western darum, uns zu fragen, woher wir kommen und was wir tun. Wir erzählen von unserer langen Reise, dass wir seit vielen Jahren unterwegs sind und im Auto leben. Als Western übersetzt, blicken die Frauen auf und fragen nach: »Wenn ihr so lange unterwegs seid, wer passt dann auf eure Tiere auf?«

»Wir haben keine Tiere«, antworte ich.

»Keine Tiere? Und wo sind eure Kinder?«

»Wir haben keine Kinder.«

Die Frauen schütteln verständnislos die Köpfe. Ihr Gesichtsausdruck verändert sich, ihr Blick ist voller Mitgefühl, voller Mitleid.

So unterschiedlich kann die Perspektive auf ein erfülltes Leben sein. Der westliche Blick sieht die kleinen Lehmhütten ohne Strom- und Wasserversorgung, sieht, dass die Himba nichts besitzen als ein paar Tiere, sieht die Kinder, die nicht in der Schule sitzen, sondern halb nackt und barfuß herumtoben und ihren Eltern bei alltäglichen Arbeiten helfen. Nach westlichem Maßstab sind die Himba arm. Bemitleidenswert arm.

Für die drei Himbafrauen sind hingegen wir die Ärmsten der Armen. Uns gehört kein einziges Tier. Wir tragen hässliche Kleidung und nicht ein einziges Schmuckstück. Wir haben keine Kinder, Sabine ist meine einzige Frau. Falls mir etwas zustößt, ist sie komplett auf sich allein gestellt, denn ich habe noch nicht einmal eine Schwester, deren Sohn dann für Sabine verantwortlich wäre. Alles in allem besitzen wir nichts von dem, was für die Himba von Wert ist. Wir haben einen großen Teil unseres bisherigen Lebens damit verbracht, Abitur und Universitätsabschlüsse zu erlangen. In der Welt der Himba könnten wir nicht einmal überleben.

KILOMETER 101 613

DER NÄCHTLICHE EINBRECHER

Sabine

Ein Wackeln am Fahrzeug weckt mich. Still liege ich auf dem Bett und lausche in die Nacht. Der Vollmond strahlt durch die Fenster und erhellt den Innenraum. Alles ist ruhig. Habe ich mir das Wackeln nur eingebildet? Gerade als ich die Augen wieder schließen will, fällt ein Schatten auf die Bettdecke. Ich stürze aus dem Bett, wecke Thomas mit den Worten: »Da ist was Großes!«

Es ist November und in Sambia der Höhepunkt der Trockenzeit. Im South-Luangwa-Nationalpark scharen sich die Tiere um das letzte Nass. Der sonst breite Luangwa-Strom, der die Grenze des Parks markiert, ist nur noch ein schmales

Rinnsal. Auf der Suche nach Nahrung verlassen Affenbanden, Giraffenherden und Elefantenfamilien den Park und tummeln sich auf unserem Campingplatz. Nachts kommen Nilpferde aus dem Wasser und grasen laut grunzend direkt vor unserer Tür. Gut, dass der Lkw so groß ist, da sind wir sicher.

Ich drehe mich zum offenen Badfenster, und plötzlich liegen keine zwanzig Zentimeter mehr zwischen uns. Ich blicke direkt in das riesige faltige Auge eines ausgewachsenen Elefanten. Zu spät, um das Fenster zu schließen. Der Elefant dreht den Kopf und steckt seinen Rüssel durch die kleine Öffnung. Ich weiche zurück aufs Bett. Der Rüssel wandert durch das Bad, betastet neugierig die Toilette.

»Thomas«, rufe ich, »was soll ich machen? Ein Elefant rüsselt ins Bad!«

»Mach ein Foto«, lautet sein hilfreicher Kommentar.

Wie wohl ein Elefant auf Blitzlicht reagiert, überlege ich kurz, greife zur Kamera und stelle fest, dass der Akku gerade zum Laden entnommen ist. Okay, also beginne ich laut in die Hände zu klatschen, da Elefanten Lärm nicht mögen. Angeblich. Auch Thomas trommelt gegen die Wände. Unser unerwünschter Gast lässt sich nicht irritieren. Unbeeindruckt tastet sich der Rüssel auf der Suche nach Fressbarem weiter durch den kleinen Raum. Soll ich ihn jetzt in den Rüssel kneifen? Thomas und ich blicken uns ratlos an. Ein kräftiges Hupen ertönt. Der Nachtwächter des Camps hat den Elefanten entdeckt und verscheucht ihn mit einer lauten Fanfare. Langsam zieht er den Rüssel zurück, wendet sich ab und verschwindet in der Dunkelheit. Zurück bleibt eine Delle am Fensterrahmen vom Stoßzahn und jede Menge Elefantenrotz im Bad.

KILOMETER 103 571

ZAUBEREI AM MALAWISEE

Sabine

In allen Farben schimmert es. Blau und lila, türkis, grün, silbrig und golden. Stundenlang könnte ich zusehen. Hinter dem feinen, mit großen Felsblöcken durchsetzten Strand erstreckt sich das Farbenspiel, bis es weit draußen, kurz vor dem Horizont, im Dunst verblasst. Eine dunkle Kontur aus Bergen rahmt den Blick, zwischen denen der rötlich leuchtende Himmel mit dem Land kollidiert. Auf der bunten Spiegelfläche wippen dunkle Stämme auf und ab, schaukeln gemächlich im Takt der Wellen. Fischer zupfen an dünnen Angelschnüren.

Dieser See fasziniert mich. Friedlich liegt er da, malerisch und dennoch mächtig, riesenhaft, fast wie ein Meer. Wenn der Wind nur ein wenig stärker wird, rauschen die Wellen knapp einen halben Meter hoch auf den Sandstrand zu. Nicht bedrohlich, doch sie lassen die Wassermassen erahnen, die hier schlummern.

Wir stehen mit Paula im Garten eines Hotels etwas oberhalb des Malawisees und sind seit zwei Wochen fast die einzigen Gäste. Das kleine Restaurant ist leer, und jeden Abend spielt Thomas dort mit Kingston ein paar Runden Billard. Kingston ist Anfang zwanzig und so etwas wie das Mädchen für alles in unserem Hotel. Jedes Mal, wenn Kingston ein besonders guter Stoß gelingt, ruft er »*Mfiba Magic*« und lacht. Zauberei des schwarzen Mannes. Gelingt Thomas ein glücklicher Treffer, johlt er »*Muzungu Magic*«. Zauberei des weißen Mannes. Die beiden haben einen Riesenspaß, auch wenn ganz offensichtlich Kingstons Billardzauber erheblich besser funktioniert.

Die beiden scherzen, aber auf dem Weg durch Afrika begegnet uns immer wieder der Glaube an Hexen und übernatürliche Kräfte. Das macht mich neugierig. Ich habe gehört, dass es in Malawi Schamanen geben soll, und frage Kingston, ob er einen kennt. Kingston hatte uns eingeladen, an seinem freien Tag mit in sein Dorf zu kommen. Jetzt sitzen wir in dem kleinen Haus seiner Mutter zusammen mit seinen Geschwistern, Nichten und Neffen und essen Nshima, das lokale Gericht aus gestampfter Maniokwurzel.

»Na klar kenne ich einen Schamanen, er heißt Amon und wohnt nicht weit von hier«, sagt Kingston. »Ich ruf ihn gleich mal an.«

Als wir Amon treffen, bin ich überrascht. Er sieht aus wie jeder andere junge Mann, völlig unspektakulär. Ich hatte mir einen charismatischen älteren Mann vorgestellt und keinen Neunzehnjährigen in kurzen Hosen und abgelatschten Gummischlappen. Immerhin schlüpft Amon noch in eine weiße Kutte und bittet uns dann herein. Wir betreten einen kleinen Raum und setzen uns auf eine wackelige Holzbank, die an der Wand steht. Vor uns am Boden befinden sich allerlei Behälter mit Pülverchen, Rinden und Kräutern. In der Erde stecken geschnitzte Holzstäbe mit Ketten und Tüchern umwickelt, an den Wänden hängen Poster von Mekka und Jesus beim Abendmahl.

»Jetzt pass auf«, erklärt Kingston aufgeregt zu Thomas gewandt, »jetzt sagt er dir gleich, wie du heißt.«

Amon nimmt eine emaillierte Tasse zur Hand, in der ein paar Steine liegen. Er geht in die Hocke und stülpt sie wie einen Würfelbecher verkehrt herum auf eine kleine Trommel, die vor uns am Boden steht. Er schiebt die Tasse hin und her, lässt sie kreisen. Je ruckartiger er sie bewegt, desto lauter klackern die Steine. Klack, klack. »Peter?« Klack, klack. »Johannes?« Klack, klack, klack. »Thomas? Thomas!«, gibt Amon jetzt die Botschaft der Steine an uns weiter.

»Siehst du«, ruft Kingston begeistert, »er weiß deinen Namen, ohne dass du ihn ihm gesagt hast!«

Faszinierend.

»Als Erstes habe ich etwas für euch«, sagt Amon freudig. »Einen kostenlosen Zauber. Der hilft, damit euch das Geld nie ausgeht.«

Amon nimmt einen Stab in die Hand, an dessen Ende ein dickes Büschel Pferdehaar befestigt ist und streicht damit murmelnd über unsere Füße.

Thomas fällt auf, dass Kingston ganz interessiert zuschaut, und fragt Amon, ob er ihm denn nicht auch den Zauber geben könnte.

»Nein«, wehrt Kingston selbst ab, »bei mir klappt das nicht. Der Zauber wirkt nur, wenn man schon Geld hat.«

»Amon, was machst du, wenn jemand mit Malaria zu dir kommt? Oder wenn sich jemand den Arm gebrochen hat?«, möchte Thomas wissen.

Amon sieht Thomas fragend an. »Nichts. Wegen solchen Sachen kommen die Leute doch nicht zu mir. Damit gehen sie ins Krankenhaus. Zu mir kommen sie, wenn sie einen Zauber brauchen. Fischer, wenn sie einen guten Fang wollen. Oder auch wenn sie einen wichtigen Handel vor sich haben. Oder wenn auf ihnen ein böser Zauber liegt, dann kann ich versuchen, mit einem guten Zauber entgegenzuwirken.«

»Hättest du denn auch einen Zauber für eine gute Weiterreise?«, möchte ich wissen.

»Ja, habe ich schon«, sagt Amon und überlegt, »aber eure Reise ist lang, geht noch durch viele Länder. Besser ich gebe euch die Zutaten für den Zaubertrank mit.« Er öffnet einige Behälter und packt ein paar Holzstückchen in eine kleine Tüte. »Hier. Das nehmt ihr mit, und immer, wenn ihr in ein neues Land fahrt, gebt ihr Wasser darauf. Dann taucht ihr einen Finger in das Wasser und gebt ein, zwei Tropfen davon auf eure Zunge.«

Wir bedanken uns, fragen nach dem Preis für seine Dienste und bezahlen umgerechnet sechs Euro. Kein schlechter Deal, und es spielt ohnehin keine Rolle, da uns das Geld nun nie mehr ausgehen wird. Amon zieht die weiße Kutte wieder aus und gibt uns seinen Facebook-Kontakt. Was für ein verzerrtes Bild von einem Schamanen ich doch hatte.

KILOMETER 104 862

IMMER DER NASE NACH

Thomas

Links, rechts, wieder links. Keine Ahnung, wo wir sind. Seit Stunden irren wir durch die Altstadt von Stonetown. Waren wir an dieser Ecke schon? Ein Klingeln reißt mich aus meinen Gedanken. Mit einem Sprung zur Seite rette ich mich gleichzeitig vor einem vorbeisausenden Fahrrad und einer knatternden alten Vespa mit einem gigantischen geflochtenen Korb als Gepäckträger.

Der Duft von Gewürzen wechselt sich mit dem Gestank von Kloake, Rauch und einer fischigen Brise ab. Letzteres verheißt Gutes, denn unser Hotel liegt direkt zwischen dem großen Fischmarkt und der riesigen Lagerhalle für Nelken, die von Sansibar aus in die ganze Welt verschifft werden. Die Nelken riecht man nur selten, dafür schwängert der Gestank vom Fischmarkt das ganze Stadtviertel, inbegriffen das kleine Hotelzimmer, das wir für unseren Aufenthalt auf der Insel gewählt haben. Paula wartet so lange am Festland auf dem Parkplatz eines Strandhostels.

Hölzerne Segelboote liegen im Hafen, entladen Baumstämme und Holzkohle, Baumaterial vom Festland und den frischen Fang aus dem Indischen Ozean. Händler mit zwei Eimern, ein großer in der Hand, ein kleinerer auf dem Kopf, schwimmen den einlaufenden Booten entgegen, um den Fischern möglichst als Erste die frische Ware abzukaufen. An Land liegen bereits riesige Thunfische neben Rochen und

Riffhaien auf den Markttischen. Winzige Sardinen werden eimerweise angeboten, glänzender Tintenfisch und mächtige Barsche wechseln die Besitzer. Lauthals wird die frische Ware an den Höchstbietenden verkauft.

Zwei Ecken weiter ist der Lärm des chaotischen Treibens bereits wieder genauso verebbt wie meine Orientierung. Erneut mischt sich der Duft von Gewürzen zum Fischgeruch. Kinder tollen durch die schmale Gasse. Auf einer der erhöhten Steinbänke, die sich vor vielen Häusern finden, sitzt ein älterer, in Weiß gekleideter Mann mit traditionell muslimischer Kopfbedeckung und blättert in der Tageszeitung. Wenige Schritte weiter öffnet sich ein kleiner Platz, auf dem frischer Kaffee in kleinen Trinkschalen ausgeschenkt wird. Trotz der sengenden Hitze der Mittagsstunden ist es in den Gassen angenehm kühl. Immer wieder verweilen wir kurz, betrachten eine der kunstvoll geschnitzten Türen, fein gearbeitete Meisterwerke, geziert von Reben, Früchten und verschlungenen Ornamenten, mit Koranversen und komplexen Mäandern.

Kein Winkel, keine Ecke, die nicht eine neue interessante Perspektive eröffnet. Auch der Blick nach oben hält Überraschungen bereit. Riesige, weit ausladende, überreich verzierte Balkone, die in die Gassen ragen und dabei fast aneinanderstoßen.

Moment mal, es riecht wieder nach Fisch. Wir müssen ganz in der Nähe unseres Hotels sein.

KILOMETER 105 668
SILVESTER AM KILIMANDSCHARO

Sabine

Die Woche auf Sansibar war wie Urlaub. Übernachten im Hotel, Essen auf dem Straßenmarkt, Sightseeing, Lustwandeln und Baden an Bilderbuchstränden. Zurück auf dem Festland ist es vor allem eines: heiß. Zu Hause würden wir um diese Zeit frieren, Weihnachten steht vor der Tür. Wir flüchten ins deutlich kühlere Hochland von Tansania, doch Weihnachtsstimmung will nicht aufkommen. Für Silvester suche ich daher ein ganz besonderes Fleckchen.

»Können wir Ihre Lodge mit einem Lkw anfahren?«, wiederhole ich meine Frage. »Er wiegt etwa acht Tonnen. Kein Problem? Haben Sie auch Platz zum Parken? Gut. Dann kommen wir heute Mittag. Ja, wir würden gerne mit zu Abend essen. Bis dann!«

Jetzt wird die Silvesternacht doch noch eine besondere. Am Hang des Kilimandscharo mit Blick über die Landschaft des nördlichen Tansania. Oh, ich freue mich!

Wir verlassen das geschäftige Zentrum von Moshi und biegen in eine Seitenstraße ab. Der Verkehr wird weniger, die Landschaft grüner, die Teerstraße wird immer schmaler und schließlich zum Feldweg.

»Bist du sicher, dass das der richtige Weg ist?«, fragt Thomas, dem erste Zweifel kommen.

»Ja. Einen anderen gibt es nicht«, bestätige ich nach einem erneuten Blick aufs GPS.

Einspurig geht es bergauf zwischen Feldern hindurch. Hin und wieder säumen kleine Häuser den Weg. An einer Abzweigung bleiben wir unschlüssig stehen.

»*Welcome!*«, ruft es da neben mir. Und schon steht ein junger Bursche mit bunter Ballonmütze auf dem Beifahrertrittbrett und lacht durch das geöffnete Fenster.

»Ich bin Dennis. Ich arbeite oben in der Lodge, da wollt ihr doch hin, oder? Könnt ihr mich mitnehmen?«

Ich öffne die Beifahrertür und rutsche ein Stück rüber.

»Na dann, auf zur Lodge!«, ruft Thomas fröhlich und legt hakelig den ersten Gang ein. Wir setzen uns in Bewegung. KAHWUMM!

Stille.

Was war das? Wir blicken uns an. Das Fahrzeug steht plötzlich so merkwürdig schief.

Thomas klettert aus der Kabine und schlägt sogleich die Hände über dem Kopf zusammen. Dennis und ich folgen. Von Gras bewachsen war die kleine hölzerne Brücke gar nicht als solche zu erkennen gewesen. Ein morscher Balken ist unter dem Gewicht zerborsten, Paula hängt mit dem rechten Hinterreifen bis zur Kabine in der Brücke. Das sieht nicht gut aus. Wenn noch einer der Balken nachgibt, kippt Paula nach rechts in den Bach. Wie sollen wir sie da wieder rausbekommen? Entsetzt und sprachlos stehen wir vor der Misere.

Einige Männer eilen herbei und bestaunen unser Malheur.

»Wir brauchen einen langen Balken. Irgendetwas Stabiles, um es über die Brücke zu legen. Dann können wir versuchen, die Kabine hochzubocken, dann die Achse«, überlegt Thomas.

»Ich bin Schreiner«, sagt einer der Männer mit einer großen grünen Mütze, unter der ein riesiger Berg Dreadlocks steckt, »ich schau mal, ob ich bei mir in der Werkstatt etwas finden kann.«

Der Schreiner läuft los und bringt, was er finden konnte. Leider ist das Brett nicht sehr lang, aber es reicht, um den Wagenheber abzustützen.

Dennis wartet mit einer anderen Idee auf: »Der Mann hier sagt, er hat viele große Steine auf seinem Grund, weil er ein Haus bauen will. Er könnte euch die Steine leihen.«

»Leihen?«

»Ja, wir legen so viele Steine unter die Brücke, bis der Lkw wieder Halt findet, und wenn ihr wieder weg seid, holt er sich die Steine zurück.«

»Wie weit ist sein Haus von hier entfernt?«

»Etwa eine halbe Stunde zu Fuß. Ohne Fahrzeug können wir die Steine aber nicht transportieren. Von den Männern hat keiner ein Auto.«

Eine gute Stunde später kommt ein Pick-up-Jeep um die Kurve und hält hinter uns. Weiter kommt er nicht, Paula blockiert die Straße. Unsere Chance. Thomas fragt den Fahrer, ob er helfen kann. Der Fahrer winkt. Aufsteigen! Thomas und sechs Männer springen auf die Ladefläche, der Jeep wendet und ist verschwunden. Ich warte bei Paula und unterhalte mich mit den Umherstehenden. Eine Familie spaziert vorbei. Aus Hamburg, wie sich herausstellt, ebenfalls in der Lodge untergebracht, zu der wir möchten.

»Was? Mit dem Fahrzeug wollt ihr zur Lodge? Ich kann mir nicht vorstellen, dass ihr die engen Kurven fahren könnt, die da noch kommen. Na dann, viel Glück!«

Danke, so viel positives Denken kann ich jetzt gut gebrauchen.

Endlich, nach eineinhalb Stunden ist der Pick-up zurück, mit einer Ladefläche voller Steine.

»Hat etwas länger gedauert«, sagt Thomas außer Atem, »auf der Rückfahrt ist auch noch der Jeep im Schlamm stecken geblieben.«

Vier Männer packen beim Ausladen mit an, drei Männer springen in den Graben und verlegen mit Thomas die Steine. Zwei weitere unterstützen mich dabei, Paula Stück für Stück mit Wagenhebern hochzuwuchten. Was täten wir nur ohne sie?

Sechs Stunden haben wir geschaufelt, Steine geschleppt und die Brücke wieder aufgebaut. Die Sonne geht gerade unter, und Paula hat wieder festen Boden unter den Reifen. Wir sind fix und fertig und unsere Helfer sicherlich auch. Wie können wir uns nur bei ihnen bedanken? Sie alle haben ganz selbstverständlich ihren Nachmittag geopfert, für uns, die wir mit einem viel zu schweren Lkw ihre Brücke zerstört haben.

Kein böses Wort, keine Forderung nach Bezahlung oder Geschenken kam auch nur einem über die Lippen. Nicht einmal Kinder, die nach Süßigkeiten gefragt hätten. Danke sagen finde ich zu wenig. Aber wie sollen wir ihre Arbeit entlohnen? Was ist angemessen? Wir wissen weder, was eine Arbeitsstunde in Tansania wert ist, noch was sie von uns erwarten. Wir wissen noch nicht einmal, wer mitgeholfen und wer nur zugesehen hat.

»Dennis«, frage ich, »kannst du bitte die Männer fragen, ob wir ihre Arbeit bezahlen dürfen und wie viel sie sich vorstellen?«

Ob das eine kluge Frage war? Ich erinnere mich an Erzählungen von Afrikareisenden, die von utopischen Summen für kleinste Hilfeleistungen berichteten.

»Sie sagen, sie wollen sich erst einmal zusammensetzen und das besprechen«, übersetzt Dennis ihre Antwort.

Eine Gruppe aus zwanzig Männern steht zusammen und diskutiert. Nach einigen Minuten tritt einer von ihnen zu Dennis, verkündet ihm das Ergebnis. Er übersetzt für uns:

»Sie haben jetzt besprochen, wer wirklich mitgeholfen hat. Sie sagen, insgesamt haben sieben Männer von heute Mittag bis jetzt mitgeholfen. Sie halten einen halben Tageslohn für angemessen und schlagen vor, dass ihr jedem 4000 Schilling bezahlt.«

Die Männer wünschen sich umgerechnet zwei Euro pro Person. Ich bin beschämt, dass ich auch nur einen Moment an ihrer Aufrichtigkeit gezweifelt habe.

Die Urlauber aus Hamburg hatten leider recht, der Weg wird immer enger. In der nächsten Kurve stoßen wir beim

Rangieren an ein Hausdach aus Wellblech. Uns ist es furchtbar unangenehm, doch der Bewohner des Hauses lacht nur und winkt uns durch. Nach zwei weiteren Stunden kommen wir schließlich bei der Lodge an. Neben den Hamburgern sind wir die einzigen Gäste, das kleine Silvesterbüfett wird gerade eröffnet. Es wird ein skurril-lustiger Abend mit der deutschen Familie und den Hotelangestellten und so ganz und gar nicht das, was ich mir vorgestellt hatte.

»Und?« Thomas und ich stoßen auf der Terrasse auf das neue Jahr an und überblicken das tansanische Tiefland. »Hast du dein besonderes Silvester bekommen?«

»Oh, absolut. Besonders anstrengend. Aber vor allem hoffe ich, dass übermorgen, wenn wir wieder zurückfahren, die geliehenen Steine noch unter der Brücke liegen.«

KILOMETER 109 346
FERNE WELTEN

Sabine

»Ich wünsch mir ein Bild von dir«, sagte meine Großmutter vor sechs Jahren zu mir. Da studierte ich bereits seit drei Jahren Malerei an der Akademie der Bildenden Künste in Stuttgart, und ich hatte bis dato nicht das Gefühl, dass sie das Ganze als allzu sinnvoll erachtet.

»Wirklich? Was soll ich denn malen?«, fragte ich sie und dachte unwillkürlich an so etwas wie die Gebirgslandschaft, die schon immer über ihrem Wohnzimmersofa hängt.

»Ich möchte einen Papagei, der auf der Stange sitzt. Vielleicht in einem Käfig oder an einer Kette. Der Hintergrund soll so schön gelb sein wie mein Schlafzimmervorhang, wenn in der Früh die Sonne daraufscheint«, beschrieb sie mir, was ihr vorschwebte.

Ich dachte lange über ihren Bildwunsch nach. Ein farbenprächtiger Vogel, eingesperrt. Ich habe nie gefragt, warum sie sich für dieses Motiv entschieden hat, aber ich hatte das Gefühl, sie verstanden zu haben.

Viele Wochen hatte ich davor bereits nach einem Diplomprojekt gesucht, das sich nicht nur mit unserer Reise vereinbaren lässt, sondern in seiner Form nur durch die Reise entstehen kann. Jetzt hatte ich es gefunden.

Ich machte es mir zur Aufgabe, Bilder für Menschen zu malen, die ich unterwegs traf. Ich ließ mir ihren Bildwunsch schildern, setzte ihn so gut ich konnte mit Ölfarben auf Leinwand um und schenkte ihnen das Bild. So entstand ein gemeinsames Werk, bei dem ich viel über meine Auftraggeber erfahren konnte und sie über mich.

Es war erstaunlich. Viele, die ich fragte, wussten sofort, was sie wollten. Es war fast, als hätten sie nur darauf gewartet, gefragt zu werden. Ich malte in der Türkei, in Iran und Usbekistan, in Kasachstan und der Mongolei, in den USA und Mexiko, in Kolumbien und Peru. Ich durfte den Wunsch nach Freiheit und Frieden spüren, die Sehnsucht nach getrennt lebenden Kindern und Partnern oder die Verbundenheit mit einem besonderen Ort. War ein Bild fertig, hängte ich es gemeinsam mit dem Ideengeber in dessen Wohnung auf. Mal in der Küche über einem bunten Wandteppich, im Kinderzimmer neben getrockneten Rosen, auf dem Balkon oder am Holzgestänge einer Jurte.

Für mich waren diese Momente immer ganz besondere, denn ein weiteres Puzzlestück fügte sich in mein Bild über den Menschen, sein Leben und sein Land. Jede Begegnung, jedes Bild in den Wohnungen dokumentierte ich mit einer Fotografie von der Wand, an der es hing. Mit der Ausstellung dieser Serie schloss ich beim Heimaturlaub vor zwei Jahren mein Studium der Malerei ab. Ich gab der Ausstellung den Titel »Ferne Welten«.

Das Projekt war damit aber noch nicht zu Ende. Vergangene Woche bin ich wieder mit zwei Arbeiten fertig geworden, die wir jetzt abliefern möchten. Deshalb warten wir gemeinsam mit Allan auf ein Taxi. Er hat sich ein Bild von seiner kleinen Tochter gewünscht. Wieder bin ich gespannt. Unser Ziel ist Kawangware. Eine Wellblechsiedlung, in der sowohl Allan als auch Sabrina, die zweite Teilnehmerin, die hier in Nairobi an dem Projekt teilnimmt, zu Hause sind.

Wir halten an einer belebten Kreuzung und gehen zu Fuß die verschachtelten Wege entlang. Es ist heiß und staubig und riecht nach Fäkalien. Mit einem großen Schritt springen Allan, Thomas und ich über den offenen Kanalisationskanal, der sich durch die Gassen zieht. Wir laufen durch endlose Reihen aus Wellblechhütten. Müll liegt unter der festgetretenen Erde. Zu den Umgebungsgeräuschen mischt sich Gospelgesang und wird mit jedem Schritt lauter. So laut, bis wir unser eigenes Wort nicht mehr verstehen.

»Das ist unsere Kirche!«, schreit Allan, »sie ist gleich gegenüber von unserem Haus.«

Allan ist 32 Jahre alt und wohnt gemeinsam mit seiner etwas jüngeren Frau Sarah und seiner dreijährigen Tochter in einer winzigen Hütte aus Holz und Wellblech. Sie ist gerade groß genug für eine Couch, zwei Sessel, dazwischen ein kleiner Tisch und ein Fernseher im Eck, der zwar mit voller Lautstärke, aber dennoch erfolglos gegen die Kirchenmusik ankämpft. Ein großes Tuch hängt von der Decke und trennt eine fensterlose Nische ab, die als Lagerraum und Küche dient. Nachts wird die Wohnzimmereinrichtung zur Seite geschoben und auf dem Boden geschlafen. WC oder Dusche gibt es keine. Die nächsten Klos sind einen Häuserblock entfernt.

»Nachts können wir nicht zu den Toiletten gehen. Das ist zu gefährlich. Da bleibt man besser zu Hause«, sagt Allan.

Er trägt ein weißes Hemd, Anzughose und Lackschuhe. Tagsüber arbeitet er als Rezeptionist auf dem Campingplatz, auf dem wir gerade stehen. Man sieht ihm nicht an, dass er in einer Wellblechhütte lebt. Niemandem hier in den Gassen von Kawangware sieht man an, dass wir uns in einem der größten Slums Afrikas befinden.

Noch immer ist die Kirchenmusik so laut, dass wir uns kaum verständigen können. Allan und seine Frau freuen sich über das Bild. Sie haben bereits einen Nagel vorbereitet und hängen es an die mit weißer Spitze abgehängte Wand aus Holzbrettern. Es hat seinen Platz gefunden.

»Sabrina hat gerade geschrieben, sie erwartet euch«, ruft uns Allan über den Wohnzimmertisch hinweg zu, »kommt, ich bring euch zu ihr!«

Allan führt uns einmal quer durch das Viertel, vorbei an kleinen Läden, die an der breiteren Hauptgasse liegen. Ein Gemüseladen, ein Laden für Ersatzteile aller Art, ein Metzger, ein vergitterter Getränkeladen. Bunt gemalte Bilder an den Häuserfronten erklären das Angebot. Dazwischen sitzen Frauen, die für ein paar Cent gegrillte Maiskolben verkaufen.

Thomas und ich werden von allen Seiten freundlich begrüßt. Vermutlich verirren sich Weiße kaum hierher, Touristen wohl noch seltener. Kinder rennen auf uns zu, schreien »*Hello*« und strecken die Hand aus zum High Five. Eine Windböe pfeift durch die Gasse, wirbelt den Müll auf und bläst mir die Leinwand fast aus der Hand.

Allan führt uns durch eine grün gestrichene Metalltür in einen gepflegten Innenhof. In Töpfen blühen bunte Blumen, auf der rechten Seite stehen zwei Holzverschläge, hinter denen sich eine Toilette und eine Dusche befinden, die sich ein paar Familien teilen. Luxus in dieser Wohngegend. Auf der linken Seite reihen sich sechs kleine Räume aneinander. Aus dem letzten tritt Sabrina. Sie trägt ein schwarzweiß gepunktetes Oberteil, eine lange Hose und ein rotes Kopftuch über ihrem kurzen, dunklen Haar und bittet uns schüchtern herein. Sabrinas Haus ähnelt dem von Allan, doch ihres besteht aus zwei Zimmern. Auch hier sind Decke und Wände mit Stoffen abgehängt und mit Seiten aus alten Kalendern und Postern von Heiligen dekoriert. Auf dem Sofa, das zusammen mit den Sesseln einen Großteil des Raumes einnimmt, sitzt Mary, Sabrinas Schwester, und ist schon gespannt, das Bild zu sehen. Sabrina hatte sich ein Porträt gewünscht, und ich bin froh, dass ich sie ganz gut getroffen habe. Die beiden haben dafür bereits einen Platz über dem Sofa ausgesucht. Was für ein Zufall, der grüne Hintergrund des Porträts hat exakt den Farbton ihrer Eingangstür.

Sabrina war anfangs nicht sicher gewesen, ob sie an dem Kunstprojekt teilnehmen soll. Erst als sie hörte, dass wir auch ihren Kollegen Allan in der Wellblechsiedlung besuchen, hat sie sich getraut, uns einzuladen. Umso mehr freut es mich zu sehen, dass sie jetzt sogar ein bisschen stolz darauf ist, mitgemacht zu haben. Sie verschwindet im hinteren Zimmer, aus dem es schon verführerisch duftet. Ihre Schwester öffnet die Schublade des Büfetts direkt neben ihr und deckt den Wohnzimmertisch. Wir hatten nicht erwartet, zum Essen eingeladen zu werden. Sabrina serviert Reis mit Hühnchen in Soße. Es schmeckt hervorragend. Ein Gericht mit Hühnchen gilt in Kenia als Zeichen höchster Gastfreundschaft. Da sitzen wir, stammen aus völlig anderen Welten und haben doch einen Weg zueinander gefunden.

KILOMETER 110 592
INITIATIONSRITUS

Sabine

Post! Die Erstpässe samt äthiopischem Visum sind aus Deutschland zurück. Es kann weitergehen. Wir verlassen Kenia Ende März über eine entlegene Piste entlang des Turkanasees und reisen über die grüne Grenze nach Äthiopien ein. Keine Schranke, kein Zaun, keine Grenzabfertigung.

Die Einreiseformalitäten holen wir in der Kleinstadt Omorate nach und wechseln die ersten Birr. Sofort haben wir wieder den typischen Geruch in der Nase, der von den zerknitterten alten Geldscheinen ausgeht. Sechs Jahre ist es her, dass Thomas und ich für einige Monate mit dem Rucksack in Äthiopien unterwegs waren. Was ist uns aus dieser Zeit in Erinnerung geblieben? Leckeres Essen, frisch gerösteter Kaffee und *Spris,* der mit Abstand beste Fruchtsaft der Welt aus Avocado, Mango, Papaya, Ananas und einem Schuss Vimto. Viele einzigartige Begegnungen haben uns Äthiopien lieben lassen und die Erinnerung an völlig verdreckte Toiletten, Bettwanzen und unzählige Flohbisse in den Hintergrund gerückt. Wie wird es uns dieses Mal ergehen?

Über achtzig Volksgruppen leben in Äthiopien, mehr als achtzig Sprachen werden gesprochen. Auf dem Wochenmarkt in Key Afer treffen wir auf verschiedene Stämme, die wir äußerlich nur schwer auseinanderhalten können, denn auch hier vermischt sich Tradition mit Moderne.

Ein markantes Äußeres haben die Mitglieder der Banna. Die Frauen tragen ihre etwa nackenlangen Haare in gleichmäßigen, dünnen Zöpfen, während die Männer ihre Haare bis auf wenige Zöpfe kurz geschoren haben, häufig verziert mit bunten Perlenstirnbändern und unzähligen Haarklammern. An den Halsketten hängen die silbernen Metallglieder von Bändern alter Armbanduhren. Bei der Kleidung vermischen sich Felle, Muschelschmuck und traditionelle Stoffe mit bedruckten T-Shirts europäischer Fußballklubs. Die Männer tragen kurze, farbenfrohe Wickelröcke und die obligatorische hölzerne Kopfstütze in der Hand, die tagsüber als Sitzgelegenheit und nachts als Kopfkissen dient. Auf dem Rückweg vom Markt schlendern wir an einer Bushaltestelle vorbei, an der ein paar Jungs sitzen und Tee trinken. »Hey, wie geht's?«, ruft uns einer von ihnen auf Englisch zu.

»Gut. Gibt's hier auch Kaffee?«, will Thomas wissen.

»Na klar. Setzt euch.«

»Ihr seid zur richtigen Zeit hier.«

»Ach ja?«, lache ich und setze mich auf den blauen Plastikhocker, der mir angeboten wird.

»Ja! Jetzt in der Regenzeit findet in den Dörfern der Banna-People das Bullenspringen statt.«

Neugierig fragen wir nach und erfahren, dass es sich dabei um einen Initiationsritus handelt, bei dem ein junger Mann über eine Reihe von Kühen springen muss, um seine Männlichkeit unter Beweis zu stellen. Erst dann darf er heiraten.

»Das klingt interessant. Gibt es eine Möglichkeit, dabei zu sein?«, erkundige ich mich.

»Ja, es kommen öfter Touristen hierher. In der Regel erwarten die Familien einen Geldbetrag, denn das dreitägige Fest ist sehr teuer.«

»Ich kenn die Familie«, wirft ein Junge namens Buruk ein, »ich kann fragen, ob es in Ordnung ist, dass ihr mitkommt. Es ist ein ganzes Stück außerhalb. Ich kann mitkommen und euch den Weg zeigen.«

Am nächsten Tag treffen wir uns mit Buruk. Er nimmt auf dem Beifahrersitz Platz, und wir biegen von der Hauptstraße ab, folgen einem sandigen Feldweg bis in ein kleines Dorf.

»Jetzt hier links über den Hügel fahren.« Mit ausgestrecktem Arm deutet Buruk direkt auf das kleine Fußballfeld.

Ungläubig folgt Thomas seiner Anweisung. Wir holpern mitten über den Rasen und erreichen einen weiteren Feldweg, kaum breit genug für Paula. Dornenbüsche säumen den Wegesrand und kratzen an der Kabine entlang.

»Halt! An dem Baum da vorne kommen wir nicht vorbei«, warne ich.

Thomas steigt aus und bearbeitet mit unserer kleinen Axt die überhängenden Äste. Er bleibt an den Dornen hängen und reißt sich den rechten Handrücken auf. Stöhnend steigt er mit zerrissenem Hemd und blutender Hand wieder ein.

Kurz nach der Engstelle geht es zu Fuß weiter. Wir laufen über trockenen, sandigen Boden bergauf, bis wir an eine Rundhütte kommen. Auf der Rückseite sitzen ein paar Männer und Frauen im Schatten eines Unterstands und trinken einen braunen warmen Sud aus einer Kalebasse, der auch uns gereicht wird.

Wir sitzen da und wissen nicht so recht, worauf wir eigentlich warten. Ein Blick aufs Handy, es ist vierzehn Uhr. Eine Stunde vergeht, es tut sich nichts.

Einige junge Frauen treten aus der Rundhütte und setzen sich in den Schatten, Nachbarn gesellen sich hinzu. Langsam wird die Gruppe größer, es scheint loszugehen. Die Frauen tragen Maschinengewehre über den Schultern. Es ist gut, dass wir Buruk mit dabeihaben, er spricht Englisch und kann uns einiges erklären.

»Das sind die Kalaschnikows ihrer Männer. Sie tragen sie als Zeichen der Stärke. Maschinengewehre sind sehr wertvoll.«

Eine Gruppe junger Männer kommt barfuß über die trockenen Felder gewandert, in der einen Hand eine Kopfstütze und Sandalen, mit der anderen halten sie ein großes Bündel Zweige, das sie auf ihren Schultern tragen. Die Ruten, erklärt Buruk, sind wichtiger Bestandteil der Zeremonie.

Frauen in jungen und mittleren Jahren laufen zusammen, nehmen sich eine Rute und reichen sie den Männern, die sich in einer Reihe aufgestellt haben. Sie springen vor ihnen in die Luft, blasen in schrill kreischende Metalltröten und verspotten die Männer, mit dem Ziel, sie zum Schlagen zu ermutigen. Die Männer lassen sich lange anschreien und antröten, bis sie unwillig die Ruten erheben und auf die Frauen niedersausen lassen. Die Frauen verziehen keine Miene, wenn der geschmeidige Zweig über der Schulter knickt und auf den nackten Rücken peitscht. Immer wieder holen die Frauen neue Ruten und hören nicht auf, die Männer zu verspotten. Lange, blutende Striemen bleiben auf den Rücken der Frauen zurück.

»Je blutiger der Rücken einer Frau am Ende des Tages«, erzählt Buruk, »desto stärker ist ihre Zuneigung zu Orako, für den die heutige Feier ausgerichtet wird.«

Auch mir soll diese Ehre zuteilwerden, doch ich winke energisch abwehrend mit den Armen und ernte dafür schallendes Gelächter.

Die einzelnen Phasen der Zeremonie verlaufen vielfach gleichzeitig rund um die kleine Hütte der Familie, und wir wissen kaum, wohin wir zuerst gehen sollen. Am Rande des Feldes lässt sich eine Gruppe Frauen auspeitschen, ein paar Meter weiter bemalen sich die Zeremonienmeister des heutigen Tages gegenseitig die Gesichter mit weißer und roter Farbe. Oberhalb des Hauses haben sich nach und nach Freunde und Bekannte der Familie eingefunden und trinken selbst gebrautes Sorgumbier. Symbolisch werden gute Wünsche für die Zukunft Orakos durch ein aufgestelltes Holztor geführt und getragen, eine Kuh und ein Bienenstock. Im selben Moment setzt sich die Feiergemeinde in Bewegung und springt singend, einander in Schlangenlinien folgend das Feld hinab und bildet unterhalb des Hauses einen Halbkreis. Paarweise tanzen die Mädchen auf die Männer zu, die ihnen auf zwei Beinen entgegenhüpfen und dabei zeigen, wie hoch sie springen können. Es wird gesungen und geklatscht, die Stimmung ist ausgelassen.

Die Sonne steht mittlerweile tief am Horizont, und der Höhepunkt, das Bullenspringen, naht. In die Mitte des Halbkreises werden sechs Kühe getrieben, die von etlichen Männern an Kopf und Schwanz festgehalten werden. In eine Reihe gebracht muss Orako vier Mal nackt über die Rücken der Tiere springen, ohne zu stürzen.

Die Spannung steigt. Orako nimmt Anlauf und springt. Ein leichtes Wackeln und Ausbalancieren, als er den dritten Rücken erreicht, ein kurzes Zögern, dann springt er weiter, und die erste Runde ist geschafft. Gekonnt überspringt er die Rücken ein zweites, drittes und viertes Mal und verschwindet in der Menschenmenge, die ihn herzlich beglückwünscht.

Schlagartig werden die Kühe losgelassen, und wir können gerade noch in Deckung gehen, bevor die aufgebrachten Tiere in alle Richtungen davonstürmen. Die Dämmerung naht, und für uns wird es Zeit zu gehen.

Äthiopien ist immer noch genauso intensiv und lebendig, wie ich es in Erinnerung hatte.

KILOMETER 110 677
TELLERLIPPEN

Thomas

Im Tal des Omo-Flusses, unweit von Jinka, leben die Mursi. Wie kaum ein anderer Stamm repräsentieren sie das Bild von Afrika, dem Wilden und Ursprünglichen, irgendwo weit draußen im Busch. Mit ihrem prägnanten Aussehen haben sie es auf unzählige Reisekataloge geschafft. Viele Reisende sind jedoch enttäuscht von ihrer Begegnung mit den Mursi. Sie werden oft als aggressiv, bedrängend und geldgierig empfunden. Woher kommt das?

Wie der Besuch von Schloss Neuschwanstein für die meisten Touristen in Deutschland, gehört heute ein Besuch bei den »Tellerlippen«, wie sie oft genannt werden, zu nahezu jeder großen Rundreise durch Äthiopien. Fast alle besuchen die gleichen zwei, drei Dörfer, welche von der nächstgelegenen Kleinstadt Jinka am einfachsten zu erreichen sind. Fast nie dauert ein Besuch länger als zwanzig bis dreißig Minuten. Fast immer geht es ausschließlich darum, ein paar Bilder von oder mit den so wild und ungewöhnlich aussehenden Mursifrauen zu schießen, deren Lippen und Ohren durch große Tonscheiben in einer Art und Weise gedehnt werden, dass sie für unser Empfinden völlig entstellt erscheinen. Ein paar Bilder für das Fotoalbum, auf die jeder, dem man die Bilder zeigt, ähnlich reagieren wird: »Wow! Krass!«

Zur Hauptsaison fährt ein Geländewagen der Touranbieter nach dem anderen in die Dörfer. Manche der Frauen werden wahrscheinlich Hunderte Male häufiger fotografiert als Heidi Klum zu ihren besten Zeiten. Es ist für die Mursi zum Beruf geworden, sich fotografieren zu lassen. Für einen Beruf wird man gewöhnlicherweise bezahlt. Ebenso wie eine lebende Statue in der Fußgängerzone erwartet, dass man für ein Foto etwas in den Hut wirft, so gehen auch die Mursi davon aus, dafür entlohnt zu werden, wenn sie posieren. Der Preis pro Foto steht in den Dörfern mehr oder weniger fest. Von dem Geld, das die Fremden neben dem generellen Eintrittspreis ins Dorf zurücklassen, bekommt jedoch nur derjenige etwas ab, der auch fotografiert wird. So versuchen alle, irgendwie mit auf das Bild zu kommen.

In Jinka haben wir einen erfahrenen Touristenführer getroffen. Er hat uns geraten, die Kamera im Rucksack zu lassen, uns hinzusetzen, uns mit den Leuten zu unterhalten und das Treiben im Dorf zu beobachten.

»Wenn ihr fotografieren wollt, macht es am Schluss. Ab dem Moment, wenn ihr die Kamera rausholt, wird es anstrengend.«

Samuel, unser Guide, begleitet uns auf dem Weg zu einem Dorf, in dem etwa 140 Mursi leben. Dort angekommen stellt sich ein charismatischer Mann als »*Chief*« vor, die treffendste Übersetzung ist wohl »Dorfoberhaupt« oder »Häuptling«.

»Ihr kommt an einem traurigen Tag. Heute Nacht ist ein Unglück geschehen. Zwei Männer hatten Streit, und der eine hat den anderen erschossen. Wir warten jetzt auf die Polizei, damit sie den Toten abholt.«

»Oh Gott. Das tut uns leid. Wir wollen auf keinen Fall stören«, sind Sabine und ich uns einig. Wir steigen zurück in den Lkw.

»Nein, wartet! Die Polizei kommt erst in zwei Stunden, so lange kann ich euch herumführen«, erwidert der *Chief*.

Ich sehe mich um. Unter einem Baum entdecke ich die orangefarbene Plastikplane, in die der Tote eingewickelt ist.

»Ihr stört nicht. Wirklich. Ich bin nur selten hier. Nur ich kann euch auf Englisch alles erklären. Kommt, wir setzen uns dort hinter die Hütten«, lädt uns der *Chief* ein.

Unsicher folgen wir ihm und nehmen auf Ziegenfellen am Boden zwischen den Strohhütten Platz. Der *Chief* beginnt zu erzählen: »Wir haben vier Könige, je einen im Norden, im Osten, im Süden und im Westen. Sie regieren unsere neunzehn Clans als höchste Instanz, aber auch als spirituelle Führer. Wenn es nicht regnet, müssen sie etwas unternehmen.« Er erklärt, dass ein Mursi-Mann verschiedene Lebensphasen durchläuft. Er wird vom Kind zum Hirten, dann zum Krieger und Entscheidungsträger. Mit etwa achtzig Jahren wird er schließlich zum *Karui*, einem der Ältesten, die bei den Mursi an wichtigen Entscheidungen nicht mehr beteiligt werden.

Die Krieger beweisen sich einmal jährlich im *Donga*, einem spektakulären Stockkampf, bei dem sie versuchen, den heiratswilligen Frauen zu imponieren. Wer sich vermählen will, muss der Familie der Auserwählten 36 Kühe und eine Kalaschnikow als Brautpreis bezahlen.

»Wir brauchen die Gewehre zum Schutz vor Viehdieben und wenn es Konflikte um Weideflächen mit anderen Stämmen gibt«, erläutert er den Grund für dieses ungewöhnliche Geschenk, »wenn es Schwierigkeiten zwischen zwei Mursi-Clans gibt, wird ein dritter als Mediator eingesetzt.« Er hält kurz inne und fährt dann fort: »Das Schwierige an dem Drama der gestrigen Nacht ist, dass nur einer der beiden Männer Mursi war. Der Tote ist ein Ari. Dadurch können wir es nicht selbst regeln und müssen die Polizei einschalten. Wenn es schlecht läuft, kommt es zu weiteren Auseinandersetzungen.« Er wirft einen Blick auf sein Handy: »Die Polizei wird bald da sein. Wollt ihr nicht noch ein paar Fotos machen?«

Bis eben hatte ich den Toten unter der Plane ganz gut verdrängt. Die meisten Dorfbewohner gehen ihrem Alltag nach, außer einer Gruppe Männer, die in einiger Entfernung im Kreis zusammensitzt und beratschlagt. Ihre Maschinengewehre lehnen am Baum.

Seit zwanzig Minuten ist außer uns noch eine Reisegruppe mit zehn Personen im Dorf, die zwischen den Hütten hindurchspaziert. Sie haben ihre Fotos gemacht und steigen zurück in die weißen Jeeps, die neben Paula geparkt sind. Jetzt stehen die Frauen erwartungsvoll vor uns, um fotografiert zu werden.

»Was machen wir jetzt? Ist doch total seltsam. Da drüben liegt einer unter der Plane, und wir machen hier Fotos von den Frauen. Ich fühle mich total fehl am Platz«, flüstere ich Sabine zu.

»Ich mich auch. Aber hier läuft trotzdem alles seinen gewohnten Gang«, erwidert Sabine.

Das Fotografieren läuft genau so ab, wie man es uns erklärt hat. Jede und jeder möchte wenigstens einmal aufs Foto und mit fünf Birr bezahlt werden. So bekommt jeder, was er will. Wir ein paar außergewöhnliche Fotos, die Mursi das Geld, das ihnen zusteht. Zwischendrin wird es chaotisch, weil ständig alle versuchen, sich mit auf die Fotos zu drängen. Ich mag mir nicht vorstellen, welches Durcheinander entsteht, wenn mehrere Personen gleichzeitig fotografieren.

Der *Chief* tritt an uns heran: »Die Polizei kommt. Ich denke, es ist besser, wenn ihr jetzt fahrt.«

Wir bedanken uns für seine große Offenheit und wünschen ihm und seinem Dorf alles Gute. Es wird nicht einfacher für die Mursi. Ein riesiger Staudamm wird am Omo-Fluss gebaut. Zuckerrohrplantagen und Fabriken sollen im Tal entstehen. Sie werden ihnen Land und Wasser streitig machen.

Wir verabschieden uns und fahren über die breite Sandpiste zurück, die für den Bau der Fabriken durch das Tal gezogen wurde. Nach kurzer Fahrt kommt uns ein Lastwagen entgegen, die Ladefläche ist bis auf den letzten Platz mit bewaffneten Männern besetzt.

»Die gehören den Ari an«, erklärt Samuel, »sie sind unterwegs zu dem Toten. Wir hatten Glück, dass wir heute hier waren. Die nächsten Tage wird die Gegend sicher gesperrt sein.«

KILOMETER 114 201
AUF DIE PROBE GESTELLT

Thomas

Äthiopien ist bunt, lebendig und atemberaubend schön. Reich an Kultur, unvorstellbar vielfältig und bringt mich jeden Tag aufs Neue zum Staunen. Äthiopien gibt und nimmt zugleich. Es zehrt an mir, es fordert und lässt mich nicht zur Ruhe kommen.

Drei Monate sind wir im Land, fahren vom Süden bis in die Hauptstadt Addis Abeba. Im Osten besuchen wir einen Freund, den wir vor sechs Jahren kennengelernt haben. Salomon lebt in Harar, der für mich schönsten Stadt des ganzen Landes. Geprägt von der Kultur der Sufis, einer spirituell ausgerichteten Strömung des Islam, ist die Altstadt mit kleinen Schreinen und Moscheen überhäuft. Zwei Wochen sind wir mit Salomon unterwegs und verbringen mit ihm viel Zeit in den Kopfsteinpflastergassen von Jogul, der kunterbunten Altstadt von Harar.

Bei den Felsenkirchen von Lalibela treffen wir Mathias wieder, mit dem wir durch China gereist sind. Mit ihm machen wir uns gemeinsam auf eine Tour durch den Norden des Landes, und Sabine und ich erfüllen uns einen lang gehegten Wunsch. Wir besuchen die Danakilwüste in der Grenzregion zu Eritrea, eine der lebensfeindlichsten Gegenden dieses Planeten. Rund 150 Meter unter dem Meeresspiegel gelegen, verläuft dort der nördliche Teil des Zentralafrikanischen Grabenbruchs durch ein ausgetrocknetes Meer. Wir starren nachts in den kochenden Lavasee des Vulkans Erta Ale und erkunden bei brütender Hitze die bunten Schwefelformationen von Dallol. An einer Lederschnur hangeln Mathias und ich uns den zwanzig Meter hohen Felsabsatz zur Kirche von Debre Damo hinauf, Sabine darf als Frau leider nicht mit auf den Klosterberg. Wir laufen um die Stelen von Axum, dort, wo die Bundeslade versteckt sein soll, besuchen die Burg von Gonder, wandern in den Simien-Bergen durch Gruppen von Blutbrustpavianen und rudern über den Tanasee, aus dem der Blaue Nil entspringt – Äthiopien hat unfassbar viel zu bieten. Ich liebe dieses Land. Aber es macht mich wahnsinnig.

Einen ruhigen freien Stellplatz scheint es in Äthiopien nicht zu geben. Wann immer wir mit dem Fahrzeug haltmachen, sind wir in Kürze umringt. Aus dem Nichts taucht eine Gruppe Menschen auf, die sich vor der Eingangstür des

Fahrzeugs im Halbkreis aufstellt und dort bis zur letzten Minute vor Sonnenuntergang ausharrt. Am nächsten Morgen beginnen die Begegnungen mit Sonnenaufgang. Dann wuselt eine immer größer werdende Schar Halbwüchsiger ums Fahrzeug und wartet darauf, dass der *Ferenji*, so werden Ausländer in Äthiopien bezeichnet, endlich aufwacht und mit dem morgendlichen Unterhaltungsprogramm beginnt. Damit dies bald geschieht, wird sich lautstark unterhalten, ab und an ans Auto geklopft, in die Hände geklatscht und gerufen.

Die zweite große Geduldsprobe Äthiopiens ergibt sich durch den fest verankerten Glauben, dass der *Ferenji* immer reich sei und dem immer armen Äthiopier zu geben habe. Das führt zu der nahezu landesweiten Begrüßungsformel »*Give me*«. Wahlweise konkretisiert durch »*money*«, »*pen*«, »*sweets*«, »*football*«, »*clothes*« oder »*sunglasses*«. Die Wunschliste lässt sich beliebig erweitern und hängt vorwiegend von den Englischkenntnissen des Gegenübers ab. Hier gibt es auch regionale Unterschiede. Im Norden, in dem der Tourismus am stärksten Fuß gefasst hat, ist es besonders extrem. Gebettelt wird nicht nur von Bedürftigen, Betteln ist Volkssport.

Das Ganze wird ergänzt durch die dritte Herausforderung, die verbreitete Überzeugung, dass *Ferenjis* für so ziemlich alles das Doppelte, Drei- oder Zehnfache zu zahlen haben. Das gilt für Sehenswürdigkeiten, für Hotelzimmer ebenso wie für das Mittagessen oder eine Tasse Kaffee, eine Rolle Toilettenpapier oder eine Flasche Wasser. Die immer gleiche Begründung lautet: »Du bist weiß, also musst du mehr zahlen.« Alternativ wird einfach auf meine weiße Haut gezeigt. Das ist keine Logik, das ist Rassismus.

In den ersten Wochen habe ich diese Herausforderung sportlich genommen. Jetzt, nach drei Monaten im Land, merke ich, dass es für mich von Tag zu Tag schwieriger wird, die hartnäckige Bettelei hinzunehmen und gleichzeitig freundlich zu lächeln. Es beginnt, mir auf die Nerven zu gehen, immer und immer wieder zu erklären, dass wir nicht durch Äthiopien fahren, um Bonbons und Fußbälle aus dem Fenster zu werfen. Auf Dauer ist das extrem anstrengend.

Fahre ich also genervt durchs Land? Nein. Die allermeisten Begegnungen sind dennoch freundlich, die Landschaften sind grandios, das Essen ist so fantastisch, dass mein Unmut immer wieder schnell verfliegt und ich in Begeisterung schwelge. Kommen wir dann in eine Gegend Äthiopiens, in der wir nicht sofort mit »*You! Give me!*« begrüßt werden und die Kinder am Straßenrand statt im Chor »*Money! Money!*« zu brüllen, einfach mal nur winken, bin ich schlagartig wieder versöhnt. In diesen Momenten ermahne ich mich zu mehr Gelassenheit und Verständnis und hoffe, nicht allzu schnell wieder auf die Probe gestellt zu werden.

KILOMETER 114 754
GASTFREUNDSCHAFT

Sabine

»Das gibt's doch nicht. Schon die dritte Tankstelle, die keinen Diesel hat«, wundert sich Thomas.

Wir waren mit nahezu leeren Tanks nach Sudan eingereist, da der Sprit hier deutlich billiger ist, doch jetzt sitzen wir in der Klemme. Innerhalb von drei Tagen müssen wir uns in der Hauptstadt Karthum registrieren lassen, und bis dorthin sind es noch etwa tausend Kilometer.

An der achten Tankstelle zeugt eine endlose Schlange davon, dass es hier, zumindest im Moment noch, Diesel gibt. Ich werfe mir ein Kopftuch über, steige aus und bahne mir den Weg durch die Busse und Anhänger, die aus den verschiedensten Richtungen auf die verheißungsvolle Zapfsäule deuten. Mindestens zwei Stunden Wartezeit sagt man mir, aber mit Kanistern würde ich vorgelassen. Während ich anstehe, erfahre ich, dass bald die Regenzeit beginnt und alle Landwirte Treibstoff für ihre Traktoren brauchen, daher die aktuelle Knappheit. Ich bedanke mich fürs Vorlassen, doch weit kommen wir mit vierzig Litern nicht. Wir schütten die Reste aus allen drei Tanks zusammen und kaufen im Hinterhof einer weiteren Tankstelle die überteuerten Reserven auf. Mit bangem Blick beobachten wir die Tankanzeige. Die Nadel befindet sich weit jenseits der Null.

Mit den allerletzten Tropfen erreichen wir nach drei Tagen die Hauptstadt. Geschafft! Zum Glück gibt es hier auch wieder Diesel.

In Khartum vereinigen sich der Blaue und der Weiße Nil, und wir folgen dem breiten Strom von nun an nach Norden. Flankiert von Feldern und Dattelpalmen zieht er sich als grünes Band durch die Sahara.

Unweit des Nil stehen einsam die Pyramiden der sogenannten schwarzen Pharaonen bei Meroe. Dort sind wir allein. Sanddünen schieben sich zwischen den spitz aufragenden Königsgräbern hindurch. Sudan wirkt wie ein Land, in dem Tourismus ein Fremdwort ist.

»Begleitet ihr mich noch zu meinem Freund Seth? Er ist Arzt im städtischen Krankenhaus«, fragt Magzoub mit erwartungsvollem Blick.

Wir sitzen an einem Straßenstand mit Wasserpfeifen in dem kleinen nubischen Ort Abri, eingehüllt in aromatisierten Rauch. Tagsüber war es hier wie ausgestorben. Jetzt, kurz nach 22 Uhr, sind die Straßen mit Leben gefüllt. Es ist der 30. Juni, und seit dem Tag unserer Einreise vor knapp zwei Wochen ist Ramadan. Solange die Sonne scheint, sind Geschäfte und Lokale geschlossen. Wer kann, döst tagsüber im Schatten vor sich hin. Erst wenn der Muezzin am Abend ruft, erwacht der Ort. Magzoub, der Besitzer des kleinen nubischen Gästehauses, vor dem wir parken dürfen, hatte uns zum Abendessen eingeladen, und jetzt zeigt er uns Abri bei Nacht.

»Ja, warum nicht?«, antwortet Thomas achselzuckend.

Magzoub leiht sich das klapprige Toyota-Taxi eines Nachbarn, und wir scheppern über die staubigen Feldwege des Ortes. Auch im Krankenhaus herrscht reges Treiben. Anders als bei uns gibt es für die Patienten keine Vollverpflegung. Das ist Aufgabe der Angehörigen, die sich jetzt hier aufhalten. Wir treffen Seth, der gerade mit zwei Krankenschwestern die Visite beginnt.

»Ah! Schön, dass du Gäste mitbringst. Dann begleitet mich doch auf meinem Rundgang«, begrüßt er uns.

Das Krankenhaus ist ein einstöckiger Bau, der sich U-förmig zu einem Innenhof hin öffnet. Wir betreten ein längliches Zimmer im Männertrakt. Auf einfachen Betten liegen zwei Patienten, die uns als Südsudanesen, die vor dem dortigen Bürgerkrieg geflohen sind, vorgestellt werden. Sudan hatte sich 2011 geteilt, und während in Nordsudan halbwegs stabile Zustände herrschen, kämpfen im Süden seit der Teilung mehrere Volksgruppen um die Macht.

Seth lässt sich von der bereitstehenden Schwester die Krankenakte reichen und beginnt, den Gesundheitszustand der beiden vorzulesen, als wäre es das Selbstverständlichste der Welt, die Details eines Patienten auszuplaudern. Wenig später betreten wir die Frauenabteilung. Hier ist mehr los. Die Betten sind links und rechts an den Wänden aufgereiht und mit Sichtschutz abgetrennt. Auf ihnen liegen verschleierte Frauen, meist umgeben von Verwandten. Die Klimaanlagen surren. Seth hält vor einem der Betten, fragt die Frau, wie es ihr geht, und lässt sich erneut die Krankenakte reichen. In der Kinderabteilung liegt ein kleines Mädchen mit Verbrennungen am ganzen Rücken, es ist in ein offenes Feuer gefallen. Mutter und Tante kümmern sich, doch ob die Ärzte hier viel ausrichten können?

Magzoub und sein Freund sind sehr stolz auf das kleine Krankenhaus, das sogar ein eigenes Labor hat, und auf die gepflegten Krankenzimmer, die noch weit mehr Kapazität hätten, als aktuell benötigt wird.

»Seth hat sich sehr über euren Besuch gefreut, und für euch war es doch sicher interessant, oder?«, fragt Magzoub, als wir wieder im Toyota sitzen. »Hättet ihr noch Lust, mit zu meinen Verwandten zu kommen? Meine Cousine kann wunderschön mit Henna malen. Sabine! Das wär doch was!«

»An sich gern, aber es ist schon fast Mitternacht. Lieber morgen«, antworte ich und kann nur mit Mühe ein Gähnen unterdrücken.

»Nein, es ist Ramadan, da ist jetzt die beste Zeit!«, sagt Magzoub, fährt mit uns zurück ins Zentrum und klopft an eine eiserne Tür. Er führt uns in den Innenhof eines großen nubischen Hauses, das typischerweise von einer hohen weißen Lehmmauer umgeben ist und auf beiden Seiten einen Innenhof hat. Einen öffentlicheren Innenhof, den jeder Gast betritt, und einen privaten zur Rückseite des Hauses hin. Drei kleine Kinder liegen schlafend auf Betten im Innenhof, die älteren Töchter werfen sich gemächlich ein Kopftuch über, und wir folgen der Mutter durch das Haus in den hinteren Außenbereich. Auf dem Weg dorthin werden uns Datteln und frisches eiskaltes Wasser gereicht. Wir nehmen auf einem der Betten Platz. Magzoub unterhält sich und übersetzt immer wieder die Fragen seiner Cousine, die damit beginnt, meine Hände und Beine aufwendig zu verzieren. Dabei sorgt meine Armbehaarung für allgemeine Belustigung. Nein, wie ich aussehe! Wieso ich meine Arme nicht wachsen würde, das könne meinem Mann doch nicht gefallen. Die Erheiterung ist groß – wie man sich nur so gehen lassen kann … Jetzt hat auch die Nachbarin von uns gehört und kommt vorbei. Ihr werden natürlich sofort meine Armhaare gezeigt.

Unsere Anwesenheit in Abri spricht sich rum wie ein Lauffeuer. In den nächsten Tagen werden wir von allen Seiten begrüßt. Als Thomas am letzten Abend unseres mehrtägigen Aufenthalts seine neue handgenähte Dschellaba, das traditionelle weiße Kleid der nubischen Männer trägt, können wir uns vor Einladungen gar nicht mehr retten. Wir sind auf dem Weg zu Magzoub, der uns zum Abendessen zu sich gebeten hat, da wird uns von südsudanesischen Arbeitern Tee angeboten.

»Gern, aber wir haben nur zehn Minuten.« Kaum haben wir uns verabschiedet, tritt ein stattlicher Nubier vor sein Tor, begrüßt uns und bittet uns in sein Haus.

»Vielen Dank, aber wir müssen zu einem Freund.«

»Ja, ja«, sagt dieser und lässt Thomas' Hand nicht los, bis wir in seinem prachtvollen Innenhof stehen. Uns werden süße Datteln gereicht, man wünscht uns einen schönen Aufenthalt im Sudan und lässt uns auch schon wieder weiterziehen.

Die Gastfreundschaft der Sudanesen ist überwältigend. Jeden Tag aufs Neue bekommen wir die Offenheit und enorme Großzügigkeit zu spüren, stets höflich, nie unangenehm aufdringlich.

Sehe ich nun aus Paulas Fenster, liegt vor uns der Nil. Die Temperatur sinkt mit Einbruch der Dunkelheit langsam unter die Vierzig-Grad-Marke, einige Mücken surren zwischen den Lehmziegelhütten, und in der Ferne ruft der Muezzin zum Nachtgebet.

KILOMETER 116 691
ALLEIN IM TEMPEL

Sabine

Ägypten wird das letzte afrikanische Land auf unserer Reise sein, wir wollen es in vollen Zügen genießen. Doch ist das zum jetzigen Zeitpunkt überhaupt möglich? Im Internet lese ich von Terroranschlägen auf Sehenswürdigkeiten. Das Auswärtige Amt warnt vor Überlandfahrten, und von Reisefreunden wissen wir, dass sie weite Teile des Landes nur mit bewaffneter Polizeieskorte queren konnten. Will ich ein Land unter diesen Umständen überhaupt bereisen?

Wir haben Reisende befragt, die gerade erst in Ägypten waren. Wir haben Ägypter gefragt, die wir von zu Hause kennen, und andere, die wir zufällig getroffen haben. Wir wollten wissen, wie sie die Sicherheitslage in ihrem Land einschätzen. Doch schlussendlich kann uns niemand die Entscheidung abnehmen.

Seit zwei Tagen sind wir nun in Ägypten. Ich habe den Eindruck, die Einheimischen freuen sich über jeden, der sich hierher wagt. »*Welcome to Egypt*«, diese drei Worte höre ich mehrmals täglich. Wer sich momentan ins Land traut, wird nicht nur besonders freundlich empfangen, sondern braucht die weltberühmten Kulturgüter mit fast niemandem zu teilen.

Wir stehen vor Abu Simbel, einem der beeindruckendsten Bauwerke der Menschheitsgeschichte, und haben die Felsentempel ganz für uns allein.

»Das war vor der Revolution von 2011 anders«, erklärt der Museumsdirektor, der am Abend auf den Parkplatz kommt und mit uns Tee trinkt. »Habt ihr die Anzeigetafel über dem Eingang gesehen? Sie ist euch wahrscheinlich nicht aufgefallen. Jetzt ist sie abgeschaltet. Vor der Revolution zeigte sie an, wenn die kritische Zahl von 200 Besuchern im Tempelinneren erreicht war.«

»Warum darf man in den Tempeln eigentlich nicht fotografieren?«, will ich wissen.

»Die Verbotsschilder stammen auch noch aus dieser Zeit. Wenn alle fotografieren, halten sich die Besucher viel länger in den Tempeln auf. Heute spielt das keine Rolle mehr, die Zeiten haben sich geändert«, schnauft er resigniert. »Wisst ihr, dass die Tempel ursprünglich weiter östlich standen und wegen des Staudamms versetzt werden mussten? Wartet kurz, ich bringe euch ein paar Bilder.« Der Museumsdirektor verschwindet und kehrt wenige Minuten später mit alten Postkarten zurück. »Schaut euch das an. Wissenschaftler aus der ganzen Welt haben geholfen.«

Er zeigt uns die Fotos, auf denen man sieht, wie der ganze Tempel in Quader geschnitten und versetzt wurde. Ich schüttele staunend den Kopf. In nur fünf Jahren, von 1963 bis 1968, wurden die Tempel abgebaut und an diesem Ort, 64 Meter höher als ursprünglich, wieder zusammengesetzt.

Mit dem Direktor sitzen wir noch lange vor Paula am Parkplatz. Er schenkt uns die Bilder und bringt uns noch einen USB-Stick mit einem Film über Abu Simbel vorbei. Wie schade, dass die Tempel momentan nur noch von einer Handvoll Menschen täglich besucht werden.

Ein ähnliches Bild bietet sich in Luxor. Wir sind für eine Woche die einzigen Gäste auf dem Hotelparkplatz. Der Besitzer hält sich über Wasser, indem er den Pool der Anlage während der Sommerferien an Familien vermietet, die mit ihren Kindern Schwimmen üben. Der Eigentümer des Souvenirladens am Eck sitzt am Abend mit dem Hotelbesitzer zusammen und erzählt uns, dass er seit Jahren geschlossen hat: »Seit die Feriengäste ausbleiben, mache ich kein Geschäft mehr. Aber es geht nicht nur mir so. Selbst die Obst- und Gemüsepreise sind gefallen, weil niemand hier mehr Geld hat. Ein Kilo Tomaten kostet nur noch 25 Cent.«

Als die Touristen noch in Scharen kamen, muss das Geld in Luxor auf der Straße gelegen haben. Einkommensquellen neben dem Tourismus gäbe es in Luxor kaum, sagt er. Die Zahl der Urlauber soll landesweit im Vergleich zu früher auf 25 Prozent gefallen sein. Das glauben wir spätestens, als wir im Tal der Könige als Einzige in das weltberühmte Grab Tutanchamuns hinabsteigen.

Leider hat die touristische Flaute ihren Grund. Wir hören alle paar Tage von verübten oder vereitelten Anschlägen. Gestern erst wurde eine Bombe vor der italienischen Botschaft gezündet. Tagtäglich sehen wir die Nervosität in den Gesichtern der jungen Polizisten, die hilflos versuchen, mit Straßenkontrollen für mehr Sicherheit zu sorgen. Bewaffnete Eskorten bleiben uns erspart. Die angespannte Stimmung überträgt sich jedoch unweigerlich.

KILOMETER 119 139

IN DER SACKGASSE?

Thomas

Vieles hat sich verändert, seit wir 2009 die Reise begonnen und darüber nachgedacht hatten, wie der Rückweg von Afrika nach Europa aussehen könnte. Heute herrscht Krieg in Syrien, Chaos in Libyen, und die Situation in Irak ist unverändert schlecht. Der Landweg nach Europa ist damit abgeschnitten. Aufgrund der ungewissen Sicherheitslage in Ägypten verkehren aktuell auch keine regelmäßigen Fähren mehr übers Mittelmeer. Stecken wir in einer ausweglosen Sackgasse?

Es bleibt noch eine Möglichkeit: Zwischen Ägypten und Israel gibt es einen sicheren Grenzposten bei der Stadt Taba. Ab Israel verkehren regelmäßig Frachtschiffe nach Italien, doch zwischen uns und Israel liegt die Sinai-Halbinsel, die als unruhig und gefährlich gilt.

Sollten wir es bis zur israelischen Grenze schaffen, könnten bei der Einreise jedoch Visa aus muslimischen Ländern zu einem Problem werden. Da wir das wussten, hatten wir für diesen Fall, dass wir doch noch nach Israel einreisen müssen, auch nach den USA penibel darauf geachtet, dass unsere Zweitpässe frei von Stempeln und Visa bleiben, die möglicherweise zu Problemen führen könnten. Doch da ist noch ein unangenehmes Detail. Erstpässe haben eine Gültigkeit von zehn, Zweitpässe nur von sechs Jahren. Die sauberen Zweitpässe sind seit genau zwei Monaten abgelaufen. Uns bleiben somit für die Einreise nach Israel nur die Erstpässe, in denen prachtvolle Visa von Iran, Sudan, Malaysia und Indonesien kleben.

Wir sitzen auf einem Boot und steuern auf ein Ziel zu, an das wir nie wollten. Die Ereignisse haben sich während der letzten Stunden überschlagen. Ich habe Schwierigkeiten, die Situation zu erfassen.

Ja, es war möglich, durch den Sinai zu fahren. Einheimische hatten uns geraten, uns auf der Straße an der Südküste entlangzutasten. Alle paar Kilometer gab es Straßensperren von Polizei und Militär. Die Checkpoints sind bewacht von schwer gepanzerten Fahrzeugen und nervösen Scharfschützen auf kleinen Türmen. Aber wir haben es bis zur Grenze geschafft.

Warum um alles in der Welt sind wir dann jetzt nicht in Israel, sondern sitzen auf einem Boot nach Jordanien?

Weil wir ein Iranvisum im Pass haben? Nein. So weit kamen wir gar nicht. Wir wurden abgewiesen, weil Paula zu groß ist. Zu groß für die Röntgenmaschine, die alle Fahrzeuge passieren müssen. Lange Diskussion, Anruf bei der zuständigen Behörde in der Hauptstadt, alles ergebnislos. Keine Chance. Wir standen im Niemandsland, einen Meter vor Israel. Die Israelis konnten uns nicht reinlassen, auf der anderen Seite waren alle Papiere abgefertigt, ausgestempelt, eingezogen.

Die Grenzbeamten am israelischen Posten meinten, wir sollten an die nächstgelegene Grenze Richtung Norden fahren, dort gäbe es ein größeres Röntgengerät, dort könnte man auch Lastwagen abfertigen. Der ägyptische Zöllner wiederum fiel fast von seinem zerschlissenen Drehstuhl, als wir ihm von diesem Vorschlag erzählten.

»Seid ihr verrückt? Ihr könnt doch nicht von hier auf der Straße nach Norden fahren! Das ist militärisch kontrolliertes Gebiet. Wenn ihr es versucht, werdet ihr im besten Fall verhaftet, im schlechtesten Fall erschossen! Nein, das geht nicht.«

»Haben wir eine Alternative?«, fragte Sabine.

Er sah uns fragend an. »Wie lange ist eure Importgenehmigung für das Fahrzeug noch gültig?«

»Bis 30. Juli. Morgen läuft sie ab«, sagte Sabine.

»Wartet, ich spreche mal mit den Kollegen.« Der Drehstuhl klapperte, und er verschwand im Büro nebenan. »Ich weiß nicht, ob es funktioniert«, sagte er, »aber ihr könnt es versuchen. Ihr lauft jetzt alle Stationen rückwärts ab und lasst euch alle Papiere wiedergeben. Ich sage den Kollegen Bescheid, sie sollen euch die alte Importgenehmigung wieder aushändigen. Passt auf ...«

Er erklärte, dass es von Nuwaiba täglich ein Schiff nach Jordanien gibt. Der Hafen liegt etwa zwei Stunden Fahrt südlich der Grenze. Wir könnten übersetzen, durch Jordanien fahren und von dort erneut versuchen, nach Israel einzureisen. »Morgen müsst ihr draußen sein. Wenn ihr Glück habt, könnt ihr es schaffen.«

Der ganze Prozess der Ausreise lief im Eiltempo rückwärts. Stempel wurden annulliert, Nummernschilder wieder ausgehändigt, Ausreiseformulare zurückgenommen, Gebühren zurückbezahlt, Ausreisekarten aus einem riesigen Stapel herausgesucht, und dann rasten wir mit Vollgas zum Hafen von Nuwaiba. Dort wurden Zollbeamte im Feierabend aktiviert, Tickets am geschlossenen Schalter gekauft, für eine Fähre, die eigentlich längst abgefahren sein sollte. Die Touristenpolizei tat ihr Möglichstes, klopfte so lange an die Türen der Büros, bis der zuständige Mitarbeiter auch nach Ende der offiziellen Öffnungszeit noch seine Unterschrift dort hinsetzte, wo sie sein muss. Zeitgleich mit dem letzten Stempel auf dem letzten Papierstück lief die Fähre mit vier Stunden Verspätung in den Hafen ein.

Jetzt sind wir auf dem Weg nach Jordanien.

KILOMETER 119 140

HITZE, WÜSTE, WARMES WASSER

Sabine

Wir erwachen in der Straße vor dem Hafengelände. Um halb zwei sind wir heute Nacht mit der Fähre angekommen. Bis halb vier lief ich mit Thomas durch die Zollgebäude, bis wir alle Einreiseformalitäten abgewickelt hatten. Raus durch die Schranke, einmal um die Ecke, Parken am Straßenrand und sofort ins Bett.

Schon am Morgen kocht die Luft. Seit Wochen schwanken die Temperaturen zwischen 42 und 47 Grad. Der Fahrtwind bringt leichte Abkühlung, doch sobald wir stehen, klettert das Thermometer in der Wohnkabine bis zum Anschlag.

Auf dem Weg zur israelischen Grenze liegt Wadi Rum, eine Wüste im Südwesten Jordaniens. Wo es uns nun schon mal hierher verschlagen hat, nutzen wir die Chance.

Keine Straßen, nur Fahrspuren, die sich im Nichts verlieren. Es erinnert mich an den Beginn der Reise, als wir mit

Paula die Dascht-e Lut, die große Sandwüste Irans, kreuzten. Seither liegen etliche Wüsten und Steppen hinter uns, in der Mongolei, in Bolivien oder in Namibia. Die Weite und Einsamkeit dieser lebensfeindlichen Gegenden fasziniert mich jedes Mal von Neuem. Die Ruhe der Nacht, ein Sternenhimmel, der nur für uns zu leuchten scheint. Nach Wochen der Unsicherheit in Ägypten schenkt uns Jordanien Sicherheit. Fremd sein und mich dennoch geborgen fühlen gibt mir ein Gefühl völliger Freiheit.

Herausfordernd liegt die endlose Sandfläche vor uns, auf der riesige Felsformationen verteilt liegen, als hätte sie jemand achtlos fallengelassen. Mit Schwung geht es über Sandfelder, vorbei an riesigen Felswänden, die steil dem Himmel entgegenragen. Der Wind bläst durchs offene Fenster, und selbst wenn er warm ist, es ist herrlich.

»Lass uns dort oben ein Foto machen, wie der Lkw auf dem Dünenkamm steht«, sagt Thomas.

Mit Anlauf geht es bergauf, Paula wird langsamer. Vollgas. Wir stecken fest. Bei jedem Versuch loszukommen, graben sich die Reifen weiter ein, bis schließlich die Achse und Tanks aufsitzen. Die Luft ist längst aus den Reifen, jetzt hilft nur noch der Griff zur Schaufel. Manchmal kommt es mir vor, als hätten wir es uns zur Aufgabe gemacht, in jedem Fleckchen Sand dieser Welt mindestens einmal stecken zu bleiben.

44 Grad im Schatten, doch von Schatten keine Spur. Der Sand ist glühend heiß und brennt durch die dünne Stoffhose, während wir beide auf Knien die Reifen freischaufeln. Wir schaufeln, trinken, schaufeln, trinken. Sechs Liter später ist Paula wieder frei, und wir sind fix und fertig. Genug Sand, genug Wüste.

Wir brutzeln weiter vor uns hin in der einstigen Hauptstadt der Nabatäer, der weltberühmten Felsenstadt von Petra. Selbst das Tote Meer bringt keine Abkühlung. 400 Meter unter Null liegt die Temperatur laut offiziellen Messungen bei 49 Grad. Die Nachrichten verkünden, es sind die heißesten Tage seit zehn Jahren. Die Strände sind verwaist, manche wegen der Hitzewelle sogar gesperrt. Keine zehn Minuten halte ich es in der warmen Salzbrühe aus. Genug Hitze, genug Sand, genug warmes Wasser. Ab zur Grenze nach Israel.

KILOMETER 119 713

KONFLIKT DER RELIGIONEN

Sabine

Ich stehe mit Thomas vor einem kleinen weißen Häuschen, an dessen Seite eine Klimaanlage ihr Bestes tut, um den Polizeibeamten darin am Leben zu erhalten. Es ist ein adretter, junger Mann Anfang zwanzig, der uns freundlich begrüßt. Er stellt ein paar allgemeine Fragen über uns und die Reise, blättert im Pass durch unsere Visa. Er fragt nach unseren Berufen, und als Thomas erzählt, dass er Architektur studiert hat, holt er einige Pläne unter dem Schreibtisch hervor. Sie blättern gemeinsam durch ein paar Grundrisse. Die Visa muslimischer Länder in unseren Pässen sind kein Problem. Er nickt freundlich und verweist uns an die nächste Stelle zur Fahrzeugkontrolle.

Die Röntgenmaschine ist groß genug für Paula, aber röntgen allein reicht nicht. Alles Gepäck muss aus dem Fahrzeug ausgeladen und separat durch eine andere Röntgenmaschine im Zollgebäude geschleust werden. Stück um Stück. Dinge, die wir zum Teil seit Jahren nicht mehr in der Hand hatten, packen wir in Plastikkisten, fahren sie mit Rollwägelchen zum Röntgengerät, eine junge Polizistin stellt eine Kiste nach der anderen auf das Förderband. Dahinter stapelt sich all unser Unrat auf einem riesigen Berg. Erstaunlich, wie unendlich viel Zeug man in einem fahrbaren Zuhause unterbringen kann.

Im Fahrzeug ist es unerträglich. Es geht kein Lüftchen. Nach zwei Stunden, die ersten Schränke leeren sich langsam, heißt es plötzlich: »Stopp! Das nimmt ja gar kein Ende. Den Rest kontrollieren wir im Fahrzeug.«

Mutig klettert die junge Soldatin über die Treppe in den Lkw. Sie lässt sich das erste Fach zeigen, nickt stumm, flieht stöhnend zurück ins klimatisierte Wärterhäuschen und schickt den nächsten Kollegen los. Im Fünfminutentakt wechseln sie sich ab.

Sechseinhalb Stunden dauert die Abwicklung an der Grenze. Dann heißt es endlich: »Willkommen in Israel«.

Vor etwa einem Jahr hatten wir bei einer Reifenpanne in Namibia Chaim und Johanna kennengelernt. Die beiden stammen aus Jerusalem und hatten uns eingeladen, sie zu besuchen, sollten wir jemals nach Israel reisen. Damals erschien uns der Weg über die Sinai-Halbinsel nach Israel völlig unwahrscheinlich. Jetzt sind wir tatsächlich hier.

Gemeinsam fahren wir auf den Ölberg und überblicken die Stadt. Von hier soll Jesus in den Himmel aufgefahren sein. Ein merkwürdiges Gefühl, Orte, die ich bisher nur aus der Bibel kannte, mit eigenen Augen zu sehen. Mit einem Mal bekommen biblische Erzählungen einen realen Bezug. Glauben und Wirklichkeit vermischen sich zu einem unübersichtlichen Geflecht aus Überlieferung, Legenden und meiner realen Umgebung. Langsam beginne ich zu begreifen, warum sich die drei großen Weltreligionen um dieses Fleckchen Erde streiten.

Nicht nur die Religionen untereinander kommen sich hier in die Quere. Die einzelnen Glaubensgemeinschaften sind in sich tief gespalten. Die Grabeskirche selbst ist aufgeteilt in sechs christliche Konfessionen. Wenn auch nur ein zerbrochenes Fenster repariert werden muss, ist man sich nicht einig, wer die Kosten tragen soll. Ähnliches im Judentum. Jede Strömung vertritt eine eigene Haltung zum Staat Israel und zum ganz alltäglichen Leben. Im Viertel der tausend Türen, dem Stadtteil ultraorthodoxer Juden, dominieren Männer mit schwarzen Mänteln, Schläfenlocken und hohen Hüten das Straßenbild. Frauen mit uniformen Perücken schieben Kinderwägen durch die heruntergekommenen Straßenzüge, im Schlepptau sechs bis acht Kinder, die aussehen wie kleine Kopien ihrer Väter und Mütter. Große Schilder in den Gassen weisen darauf hin, dass man sich hier sittlich zu kleiden hat. Wir biegen um zwei Ecken und stehen in einer modernen, europäisch anmutenden Stadt. Eine breite, schicke Einkaufsstraße führt an teuren Boutiquen vorbei, der Kleidungsstil ist freizügig leger. Abends spielen Livebands, wo tagsüber auf dem Markt Gemüse verkauft wird. Die israelische Jugend trifft sich auf ein frisch gezapftes Bier. Noch ein paar Straßen weiter landen wir im muslimischen Basar. Wasserpfeifen blubbern, Hackfleischspieße verströmen ihren verführerischen Duft, Schritte hallen durch die schmalen Gassen. Eine Ecke und einen Torbogen entfernt stehen wir plötzlich mitten im christlichen Viertel, das man als Fremder nur an den golden glitzernden Heiligenbildern erkennt, die hier angeboten werden. Wann haben wir auf unserer Reise schon ein solches Nebeneinander der Kulturen erlebt?

»Nein. Ungläubige dürfen nicht in unsere Moschee. Das liegt nicht an uns. Die Juden machen immer Ärger«, begründet der Aufseher am Tempelberg, dass wir das muslimische Gotteshaus nicht betreten dürfen.

»*Jesus is the best*«, murmelt der Priester barsch zu Chaim, als wir gemeinsam die Grabeskirche besichtigen.

»Kauft nicht bei Moslems oder Juden, kauft bei uns arabischen Christen. Wir werden von allen unterdrückt. Die Araber verachten uns als Christen, die Juden verachten uns als Araber«, drängt uns der Verkäufer in einem Souvenirladen.

»Natürlich trage ich eine Waffe bei mir. Als Siedler brauche ich sie zu meinem Schutz«, hören wir einer lautstarken Diskussion im Bus zu.

Echte Berührungspunkte aber gibt es wenige, zu unterschiedlich sind die Ansichten und die Vorstellung davon, was Jerusalem sein soll. Diese Stadt vereint auf kleinstem Raum das ganze Konfliktpotenzial der großen Religionen, und diese Spannung spüre ich mit jedem Schritt.

»Heute ist ein trauriger Tag«, erzählt uns Johanna bedrückt. »Ein palästinensisches Mädchen ist getötet worden. Innerhalb der nächsten Tage wird es sicherlich einen Vergeltungsschlag geben.«

»Mein Sohn ist mit seiner Familie nach Kanada gezogen«, fügt Chaim hinzu, »er hat die Situation nicht mehr ertragen. Er versteht nicht, was mich hier noch hält. Aber ich bleibe. Ich will Israel nicht den Orthodoxen und Ultraorthodoxen überlassen. Es muss einen Weg geben, ein friedvolles Israel zu erschaffen.«

KILOMETER 120 304
DIE LETZTEN METER

Thomas

Es ist erstaunlich ruhig. Die Lüftung surrt leise. Etwa 25 Meter unter uns stampft der mächtige Schiffsdiesel. Das Wasser im Glas auf dem Couchtisch zuckt in dessen Takt und bildet winzige Wellen. Vor dem Bullauge hinter der bunten Couch ziehen die großen Verwandten vorbei. Eine Welle nach der anderen auf dem funkelnden Blau.

Wir sitzen auf einem Frachtschiff, Paula steht mit Ketten festgezurrt sechs Decks tiefer, einige Meter hinter der riesigen Laderampe, die wir heute Morgen gerade noch rechtzeitig erreichen konnten. Wir verlassen Israel, wir verlassen den Nahen Osten und steuern auf Europa zu.

Erstaunlich komfortabel ist es in unserer vorübergehenden schwimmenden Unterkunft. Ein Stockbett, eine Couch mit Tischchen, Kühlschrank und ein kleines Bad. Dazu ein Schrank mit Rettungsanzug, Helm und zwei Schwimmwesten. 3,6 mal 3,5 Meter, das macht etwa dreizehn Quadratmeter. Unsere Schiffskabine kommt mir riesig vor, der Lkw ist ein ganzes Stück kleiner. Wir haben eine knappe Woche auf See, um anzufangen zu begreifen, was hinter uns liegt.

Mit einem lauten Knall setzt die Rampe auf. Da liegt es vor uns: das gute alte Europa. Die schweren Eisenketten, die Paula während der Überfahrt fixiert haben, fallen mit lautem Scheppern zu Boden, ich starte den Motor, und wir rollen aus dem Rumpf des Schiffes über die Rampe auf das Hafengelände von Monfalcone.

Eine letzte Zollabwicklung, eine letzte Kontrolle. Seit sechs Jahren zum ersten Mal keine Stempel in die Pässe. Nun fehlen nur noch die letzten paar Hundert Kilometer. Die Grenze zu Österreich. Einmal über die Alpen. Auf den Pässen winken uns Menschen aus den entgegenkommenden Autos. Ein Tunnel, dann das Schild: Bundesrepublik Deutschland. Ein letzter Stopp bei Freunden in Freising. Autobahn, Ausfahrt Amberg, Landstraße, Ortsschild Thansüß. Auf den letzten Metern überlagern sich alle Gefühle. Vor sechs Jahren sind wir hier aufgebrochen in eine unbekannte Zukunft. Gespannte Vorfreude, aber auch Ängste, Zweifel und Unsicherheit beherrschten damals meine Gedanken. Ich weiß jetzt schon, dass ich noch lange brauchen werde, um all das zu verstehen, was wir seither erlebt haben. Sabine sitzt neben mir. Wir sehen uns an. Drücken gemeinsam den Knopf am Armaturenbrett zwischen uns. Der Motor geht aus.

Paula steht jetzt am gleichen Ort wie am Tag der Abreise. Sie hat ein paar Dellen und Schrammen bekommen, und sie ist ein wenig rostiger als damals. Auf dem alten Armaturenbrett vor uns liegt der Staub von 54 Ländern. Unsere Eltern schließen Sabine und mich in die Arme. Welche Sorgen müssen sie sich gemacht haben?

Jetzt sind wir wieder an dem Ort, an dem ich jeden Stein, jeden Weg, jeden Baum und jeden Strauch kenne. Ich gehe den Weg in den Wald, den ich schon unzählige Male in meinem Leben gegangen bin. Setze mich auf die altbekannte Bank. Tränen rollen mir über die Wangen. Ich blicke vorbei am alten Nussbaum über die sanften Hügel nach Osten. Dorthin sind wir aufgebrochen. Wir sind einmal um die Erde gefahren und aus der anderen Richtung zurückgekehrt. Ich weiß es. Begreifen kann ich es noch nicht.

KILOMETER 120973
EPILOG: HÄTTEN WIR GEAHNT …

Sabine und Thomas

Hätten wir geahnt, dass wir sechs Jahre unterwegs sein würden, wären wir nie aufgebrochen. Heute möchten wir keine Sekunde missen und sind glücklich, dass wir damals den Mut gefasst haben. Der Wunsch, die Welt kennenzulernen, war größer als Ängste und Bedenken, die uns hätten zurückhalten können. Was uns geholfen hat, war das Bewusstsein, die Reise jederzeit abbrechen zu können, falls uns das Unterwegssein keine Freude mehr macht. Jetzt ist das große Ziel erreicht. Wir sind mit Paula einmal rund um die Erde gefahren.

Es war nicht immer einfach, und es gab Situationen, in denen wir niedergeschlagen, traurig und frustriert waren. Verzwickte Einreisebestimmungen, endlose Grenzabwicklungen, nervenaufreibende Fahrzeugverschiffungen und dazu die ständigen Reparaturen. Täglich mussten wir einen Platz für die Nacht finden. Immer waren wir auf der Suche nach Trinkwasser, Essen, Diesel. So vieles war nicht so leicht und selbstverständlich verfügbar wie in Zentraleuropa. Auch die Abschiede haben immer wieder Kraft gekostet. Von unseren Familien und Freunden zu Hause, aber auch von Menschen, die wir unterwegs kennenlernten und an deren Schicksal wir Anteil nahmen, und von Gleichgesinnten, die mit uns ein Stück des Weges rollten.

Mit der Zeit haben wir mehr und mehr Vertrauen gewonnen. In uns, in Paula und in die Welt. Es war *normalna*, wie die Russen so schön sagen, für unbestimmte Zeit in einem

Schneesturm festzustecken, mit dem Fahrzeug in eine Brücke einzubrechen, durch ein ausgetrocknetes Flussbett in der Steinwüste zu fahren, tagelang, ohne auch nur einem Menschen zu begegnen. An die fünfzig Grad plus, fünfzehn Grad minus, Wolkenbruch zur Monsunzeit, Blizzard oder Sandsturm. Kein Tag war vorhersehbar.

Sechs Jahre war es selbstverständlich, 24 Stunden täglich gemeinsam zu verbringen, zusammen unbekannte Wege zu gehen, neue Menschen kennenzulernen. Geht man sich da nicht auf die Nerven?

Wir sind dankbar, so viel intensive Zeit geschenkt bekommen zu haben und so viele Erinnerungen teilen zu dürfen. Gemeinsam sahen wir Orte, die wir uns nicht einmal im Traum hätten vorstellen können. Wir lebten in den einsamsten Wüsten, an den schönsten Flecken dieser Erde und in den absurdesten Metropolen der Welt. Wir übernachteten neben chinesischen Bordellen, stinkenden Kohlekraftwerken und in den schmutzigsten Lkw-Schrauberviertelnz wischen tropfenden Altölfässern und brennenden Abfällen, in denen räudige Hunde nach Essbarem suchten.

»Kann man sich nach einer so langen Reise zu Hause überhaupt wieder einleben?«, werden wir oft gefragt. Wir fühlen uns sehr wohl. Wir sind nicht gereist, weil es uns in der Heimat nicht gefällt, sondern wir sind losgezogen, weil wir neugierig waren auf die Welt da draußen. Wir durften erfahren, dass sie in vielen Aspekten weit besser ist, als sie uns zuvor erschien. Wir sind dankbar für all die herzlichen Begegnungen mit Menschen, die uns weitergeholfen, begrüßt, unterstützt und mit Gastfreundschaft überschüttet haben. Die uns einen Einblick in ihr Leben gewährt haben und mit ihrer Herzlichkeit in uns ein Bild der Welt geschaffen haben, das ein Gefühl großer Zuversicht vermittelt.

Auch der Blick auf die eigene Heimat hat sich verändert. Wenn das Selbstverständliche nicht mehr selbstverständlich ist, dann wird es zum Privileg. So schätzen wir vieles mehr denn je. Trinkwasser aus der Leitung, eine warme Dusche, eine Heizung. Die Möglichkeit, auf die Straße zu gehen, egal, zu welcher Uhrzeit. Von befestigten Wegen abweichen zu können, ohne Angst zu haben, auf eine Landmine zu treten. Ein Land ohne Elektrozäune auf den Mauern, ohne Schusswaffen in den Hosentaschen. Ein etabliertes Sozialsystem, das allen Mitgliedern der Gesellschaft ermöglicht zu überleben, ohne zu hungern, und das darüber hinaus allen eine gesundheitliche Basisversorgung bietet. Warum sollte es uns hier nicht gefallen?

Wir haben tausend Ideen und freuen uns auf die unzähligen Möglichkeiten, die es hier gibt. Langweilig wird es ganz sicher nicht. Und wenn wir Lust bekommen, erneut loszuziehen, haben wir gelernt, dass das gar nicht so schwierig ist. Paula steht bereit. Vielleicht noch einmal um die Welt. Warum nicht? Jetzt wissen wir zumindest, wie lange es dauert.

60
80
40
20
0
120
km